REGRESO
DE LOS
DIOSES

EL
REGRESO
DE LOS
DIOSES

JONATHAN CAHN

CASA
CREACIÓN
Para vivir la Palabra

Para vivir la Palabra

MANTÉNGANSE ALERTA;
PERMANEZCAN FIRMES EN LA FE;
SEAN VALIENTES Y FUERTES.
—1 CORINTIOS 16:13 (NVI)

El regreso de los dioses por Jonathan Cahn
Publicado por Casa Creación
Miami, Florida
www.casacreacion.com
©2022 Derechos reservados

ISBN: 978-1-955682-55-8
E-book ISBN: 978-1-955682-62-6

Desarrollo editorial: *Grupo Nivel Uno, Inc.*
Adaptación de diseño interior y portada: *Grupo Nivel Uno, Inc.*
Cover Design: *Justin Evans*

Publicado originalmente en inglés bajo el título:
The Return of the Gods
Publicado por FrontLine
Charisma Media
600 Rinehart Road,
© 2022 by Jonathan Cahn
Todos los derechos reservados.

Visita la página del autor: jonathancahn.com y booksbyjonathancahn.com.

Impreso en Colombia

22 23 24 25 26 LBS 9 8 7 6 5 4 3 2 1

Contenido

PRIMERA PARTE: EL MISTERIO

1. El misterio 9
2. El regreso de los dioses 12

SEGUNDA PARTE: LOS ESPÍRITUS

3. Los *shedim* 17
4. Una civilización poseída. 22
5. El ocaso de los dioses 26
6. La casa de los espíritus 32

TERCERA PARTE: LA TRINIDAD OSCURA

7. Una palabra antes de la revelación. 39
8. La trinidad oscura. 41

CUARTA PARTE: EL POSEEDOR

9. El poseedor. 47
10. El poseedor regresa. 50
11. Un intercambio de dioses 56
12. La bestia fundida 59
13. La magia profunda 64
14. Los maestros 70
15. El arco 75
16. La civilización del becerro de oro. 79

QUINTA PARTE: LA HECHICERA

17. La hechicera 85
18. El regreso de la hechicera. 89
19. La gran seducción 93
20. La prostituta sagrada. 98
21. El embriagador 103

SEXTA PARTE: EL DESTRUCTOR

22. El destructor 109
23. El sacrificio abominable. 113
24. El regreso del destructor. 118
25. Los hijos de los altares 122
26. El valle de Hinom 128

SÉPTIMA PARTE: EL TRANSFORMADOR

27. El transformador. 135
28. La metamorfosis de la mujer 139
29. La metamorfosis del hombre 144
30. El andrógino 148
31. Sacerdotes, dioses y sombras 152
32. Los alterados. 158

OCTAVA PARTE: LA EXPLOSIÓN

33. La noche de la diosa 167
34. La puerta maravillosa. 170
35. El eshdam 173
36. La casa del Harimtu 177
37. Stonewall, el muro de piedra 180
38. La cabeza del león 183
39. Los avatares 186
40. La danza de la diosa. 192
41. La luna, el sol y el hechizo 197

NOVENA PARTE: EL DOMINIO

42. Las procesiones de los dioses 203
43. Los espectáculos de los encantados 207
44. La guirnalda púrpura y el hacha de doble filo. 212
45. Junio 217
46. El signo 227
47. Los días de la diosa 233
48. La gran metamorfosis 240

DÉCIMA PARTE: LA GUERRA DE LOS DIOSES

49. La venganza de los dioses. 247
50. Toda rodilla se doblará 253
51. Los altares de los dioses 260
52. El otro Dios 264

Epílogo. 273
Notas 277
Acerca del autor 283

Primera parte:

EL MISTERIO

Capítulo 1

El misterio

¿SERÁ POSIBLE QUE detrás de lo que le está pasando a Estados Unidos de América y al mundo se esconda un misterio oculto en las antiguas inscripciones de Medio Oriente?

¿Es posible que las antiguas entidades conocidas como los "dioses" sean más que ficción y posean una realidad independiente?

¿Es probable que hayan regresado a nuestro mundo?

¿Podrían esas entidades estar detrás de lo que vemos en nuestras pantallas de televisión y en los monitores de las computadoras, lo que encontramos en nuestros centros comerciales, lo que se les enseña a nuestros niños en sus aulas, lo que anuncian e implementan nuestros líderes? ¿Podrían estar detrás de los acontecimientos actuales, las noticias y los movimientos de nuestro tiempo y de lo que, incluso ahora, está influyendo en nuestras vidas sin que nos percatemos de ello?

¿Será posible que una de esas antiguas entidades visitara alguna vez la ciudad de Nueva York e iniciara una revolución cultural que está transformando nuestro mundo?

¿Quiénes son el Poseedor, la Hechicera, el Destructor y el Transformador? ¿Y qué tienen que ver con lo que está ocurriendo en nuestra cultura?

¿Podría existir un misterio que se oculte detrás, que explique la señal del arcoíris y la razón por la que está saturando nuestra cultura en la actualidad? ¿Es posible que ese misterio se remonte a los templos de la antigua Mesopotamia?

¿Podría el misterio de los dioses haber determinado los resultados y el momento en que la Corte Suprema de Justicia estableció sus dictámenes y hasta sus días exactos?

¿Será posible que la dinámica de la mitología antigua se haya desarrollado realmente en nuestras plazas públicas y en las calles de nuestra ciudad en tiempo real?

¿Podrían esos dioses, o entes, ser en realidad los impulsores y catalizadores invisibles de la cultura moderna?

¿Podrían incluso ahora, en este momento, estar trabajando y transformando al mundo moderno sin que se les reconozca? ¿A qué conduce todo esto?

Ahora nos embarcaremos en una travesía que comenzará con los antiguos entes conocidos como *shedim*. Desprenderemos el velo para descubrir la primera y más importante revelación que subyace tras el misterio de los dioses. Veremos la antigua transformación de los dioses que cambiaron la historia del mundo. Develaremos una antigua advertencia de dos mil años que involucra una casa de espíritus y lo que predice sobre el mundo moderno.

Veremos entonces cómo los dioses del antiguo misterio han venido a nuestro mundo. Descubriremos la *trinidad oscura* y cómo ha modificado nuestra cultura.

Revelaremos la manera en que los dioses están trabajando y moviéndose en todo lo que sucede alrededor nuestro, cómo inician levantamientos sociales y revoluciones culturales, invadiendo nuestra política, transformando nuestro mundo e incluso nuestras vidas.

Por último, develaremos el significado y la importancia de todo eso, lo que presagia, a qué conducirá y qué debemos saber y hacer a la luz de ello.

Advertencia: El misterio revelado en este libro tocará las vacas sagradas de nuestra cultura y nuestra época. Abordará lo que se considera inexpugnable, hablará lo que se juzga inefable, cuestionará lo incuestionable y revelará lo que aún no ha sido revelado.

Abordará los temas más radicales y controvertidos de nuestro tiempo, los primeros frentes de la convulsión cultural, las fuerzas catalíticas que ahora están transformando la sociedad, la civilización, la historia y la vida tal como se han conocido hasta ahora.

A medida que avanza, el misterio se volverá más intenso y más explosivo. De modo que, la última parte de la revelación, lo será aún más que la primera.

Al mismo tiempo, tocará esas vacas y temas sagrados de una manera en que normalmente no se abordan, iluminados por la luz de un misterio que se remonta a las edades, a los tiempos antiguos.

Lo que uno haga con las revelaciones está bajo su propio control. El propósito de este libro es revelarlos.

Capítulo 2

El regreso de los dioses

Los DIOSES HAN regresado. Estuvieron fuera por mucho tiempo. Los antiguos los exiliaron. Vagaron por lugares áridos y desolados, por desiertos y soledades, entre callejones y ruinas, entre tumbas y sepulcros. Perseguían el subsuelo, los dominios oscuros de lo prohibido, el tabú y los muertos. Habitaban las sombras de las tinieblas.

En sus días de gloria, dominaron tribus y naciones, reinos e imperios. Subyugaron culturas y oprimieron civilizaciones, infundiéndoles sus espíritus, saturándolas con sus imágenes, poseyéndolas.

Se sentaron entronizados en templos de mármol y santuarios de madera y piedra, junto a árboles y ríos sacrosantos, en arboledas sagradas y santuarios en las cimas de las montañas. Sus estatuas e imágenes talladas miraban a sus adoradores que se acercaban a sus altares con ofrendas y tributos, sacrificios y sangre, incluso víctimas humanas.

Los reyes se inclinaban ante ellos, los sacerdotes les cantaban alabanzas y celebraban sus rituales; los ejércitos partían a la guerra y arrasaban ciudades en su nombre; además, los niños, los ricos y los pobres, los libres y los esclavos por igual los exaltaban, los adoraban, suplicaban sus favores, invocaban sus poderes, danzaban al son de sus fiestas, soñaban con ellos, los amaban, les servían, les temían, se extasiaban con ellos y eran poseídos por ellos.

Pero los días de su dominio llegaron a su fin. Fueron expulsados de los lugares altos, desterrados de los palacios de los reyes, echados de las plazas públicas, desalojados de sus templos y apartados de la vida de sus súbditos.

Sus bosques fueron descuidados, sus santuarios abandonados, sus altares desahuciados y sus templos arruinados. Ya no eran adorados ni temidos. Ya no se cantaban sus himnos, ni se participaba en sus festejos, ni se observaban sus días sacros. Ya nadie les creía.

Enviaron a los dioses al exilio. Con el tiempo se convirtieron en recuerdos, ecos y fantasmas. Y luego fueron olvidados.

En los días de su ausencia, surgieron y cayeron reinos, desaparecieron naciones, se derrumbaba un imperio y nacía una nueva civilización. El mundo que dejaron había desaparecido. En su lugar, había surgido otro que les era completamente extraño. En su ausencia, el hombre cartografió la tierra, venció a la naturaleza, diseccionó el tejido de la vida y codificó el universo. Los bosques ya no estaban encantados, los santuarios ya no eran sagrados y la naturaleza ya no era mágica. El científico ahora vestía el manto del profeta y las prendas de los sacerdotes fueron reemplazadas por batas de laboratorio. El mundo había sido desencantado.

Fue así que, después de haber desmitificado la tierra y sumergirla en sus nuevos poderes, el hombre decidió que no necesitaba a ningún dios. Y fue entonces y por eso que la antigua puerta se entreabrió. El portal largo tiempo cerrado de los dioses fue reabierto. Así fue su conjuro, su invocación y su regreso.

Y así empezó. Regresaron de los lugares desolados y de los reinos oscuros y prohibidos. Surgieron del subsuelo y de las moradas de los muertos. Salieron de las sombras.

Empezaron a llegar poco a poco, ya que la puerta —al principio— solo se había abierto ligeramente. Si su entrada hubiera sido demasiado rápida, habría sido repelida y la puerta se habría cerrado. Pero al entrar con pasos calculados, pudieron mantener la puerta entreabierta y luego abrirla aún más. Y a medida que se disipara la impresión que seguía a cada uno de sus pasos, la resistencia a su regreso sería superada.

El mundo en el que ahora entraban era diferente del que habían dejado. En el anterior, las ciudades brillaban con la luz de las lámparas de aceite y las paredes estaban adornadas con imágenes talladas. Pero en el mundo en el que entraron ahora, las ciudades estaban iluminadas con corriente eléctrica e imágenes luminosas que se movían a través de vallas publicitarias y pantallas de cine, televisores y monitores de computadoras.

Los dioses no podían gobernar al mundo moderno como lo habían hecho con el antiguo, no de la misma manera. Pero iban a gobernarlo. No regresarían a los lugares altos ni a los bosques ni a sus antiguos santuarios y templos. Habitarían los nuevos centros de poder por los que el mundo moderno era regido y harían de ellos sus tronos. Se encontrarían con los impulsores e influyentes de la cultura moderna y los convertirían en sus instrumentos.

Para ganar dominio sobre el mundo moderno, no podían aparecer como lo hicieron en la antigüedad. Aunque todavía quedaba un resto de los que los adoraban y los llamaban por sus nombres, estos estaban en los suburbios. Para la mente moderna, los dioses no existen, y pocos les servirían si creyeran lo contrario. Así que los dioses volvieron disfrazados. Alteraron su apariencia. Tomaron nuevas identidades y se dieron nuevos nombres. Vinieron como espíritus de iluminación, libertad y poder; llegaron como deidades seculares, dioses nuevos, alternos, ídolos que otorgaban la divinidad, deidades que negaban serlo y que declaraban que no había numina; vinieron como dioses del mundo moderno.

Y así regresaron los dioses. Y una vez de vuelta, empezaron a operar con su magia oscura, aguijoneando e impulsando, tentando y seduciendo, arrastrando, arrancando lo plantado y plantando lo inicuo, volcando, transformando, moviendo los antiguos límites, derribando los antiguos setos y abriendo, a la fuerza, las puertas antiguas. Y a medida que las semillas de su plantación fructificaron y sus espíritus infundieron más y más del mundo moderno, se hicieron aún más poderosos.

Y así, los dioses habitan ahora entre nosotros. Ocupan nuestras instituciones, recorren los pasillos de nuestros gobiernos, emiten votos en nuestras legislaturas, guían nuestras corporaciones, miran desde nuestros rascacielos, actúan en nuestros escenarios y enseñan en nuestras universidades. Saturan nuestros medios, dirigen nuestros ciclos de noticias, inspiran nuestros entretenimientos y dan voz a nuestras canciones. Actúan en nuestros escenarios, en nuestros teatros y estadios; iluminan nuestros televisores y pantallas de computadoras. Incitan a nuevos movimientos e ideologías y convierten a otros a sus fines. Ellos instruyen a nuestros hijos y los inician en sus caminos. Instigan a las multitudes. Conducen a la gente racional a la irracionalidad y a algunos al frenesí, tal como lo hicieron en la antigüedad. Exigen nuestra adoración, nuestra veneración, nuestra sumisión y nuestros sacrificios.

Los dioses están por doquier. Han permeado nuestra cultura. Han dominado nuestra civilización.

Los dioses están aquí.

◆◆◆

Para conocer el misterio de los dioses, debemos remontarnos a la antigüedad y a las entidades conocidas como *los shedim*.

Segunda parte:

LOS ESPÍRITUS

Capítulo 3

Los shedim

Los DIOSES ESTABAN en todas partes.

El planeta de los dioses

Ellos encantaban al mundo antiguo. El hecho de que en los últimos dos mil años no hayan estado en todo lugar es una excepción a la regla. Durante la mayor parte de la historia registrada, los dioses estuvieron por doquier y entronizados en la cúspide de todas las culturas y civilizaciones importantes, desde el dios Enlil de Sumer hasta Ra de Egipto, Amarok del Ártico, Kukulkan de Centroamérica, Wotan del norte de Europa, Dioniso de Grecia, Obatala de África, Tiamat de Babilonia, Bixia de China, Oro de Polinesia, Ahura Mazda de Persia, Perun de Rusia, Shamash de Asiria, Dagda de Irlanda, Juno de Roma, Shiva de India y una incontable multitud de otros.

Dondequiera que había gente, había dioses. Reinaban sobre las naciones, sobre las ciudades, sobre las culturas, sobre la naturaleza, sobre el inframundo y sobre los cielos. Su presencia impregnaba la vida de sus súbditos. El pueblo estaba atado a ellos.

Que los dioses pudieran aparecer en cada región de la tierra, trascendiendo las muchas diferencias, distinciones y barreras culturales, para convertirse en una parte casi universal de la vida humana es un fenómeno extraño y peculiar. Para la sensibilidad moderna, el fenómeno de los dioses es el producto de la imaginación del hombre, sus proyecciones, sus miedos, deseos y fantasías. Eso es sin duda parte de la historia.

Sin embargo, ¿y si hubiera algo más? ¿Y si hubiera otra dinámica en la mezcla, otro reino?

Los devastadores

En el Libro de Deuteronomio, Moisés habla de un pueblo que se aparta de Dios y se vuelve hacia otra parte:

Sacrificaron a *shedim*, no a Dios, a dioses que no conocían,
a nuevos dioses, nuevos dioses que habían venido.[1]

Todos ellos, al alejarse de Dios, adoran a otros dioses. Esos otros
se identifican como los "shedim". En todas las escrituras hebreas, esta
palabra aparece solo una vez más, en el Libro de los Salmos:

Sirvieron a sus ídolos, que se convirtieron en una trampa
para ellos. Incluso sacrificaron a sus hijos y a sus hijas a
shedim.[2]

La palabra *shedim* representa los dioses e ídolos de las naciones a los
que se tornó el pueblo de Israel cuando se apartó de Dios. ¿Qué significa eso?

Shedim proviene de la raíz hebrea de la palabra *shud*, que significa
actuar violentamente, arrasar, devastar, tiene que ver con aquello que
trae destrucción. En los antiguos escritos babilónicos, la palabra *shedim* o *shedu* habla de espíritus, protectores o malévolos. El último caso
coincidiría con la raíz de la que deriva la palabra *shedim*. Un espíritu
malévolo que arrasaría, devastaría y traería destrucción.

Los daimonia

Cuando los antiguos eruditos judíos tradujeron la Biblia hebrea al griego, en una traducción conocida como la *Septuaginta*, tuvieron que
encontrar la palabra correcta en griego para representar a *shedim*. El
vocablo que usaron podría referirse a un espíritu, un principado, una
entidad oculta, un dios. La palabra era *daimonion*. Es de aquí que obtenemos la palabra *demonio*, un espíritu malévolo o maligno. En el mundo judío los shedim son espíritus demoníacos. Así que la *Septuaginta*
traduce Deuteronomio 32:17 de la siguiente manera:

Sacrificaban a *daimoniois*, no a Dios, sino a dioses que no
conocían, a dioses nuevos, dioses que recién habían venido a ellos.[3]

Y el Salmo 106:36-37 se traduce:

Sirvieron a sus ídolos, que se convirtieron en una trampa para ellos. Incluso sacrificaron a sus hijos e hijas a los *daimoniois*.[4]

El apóstol Pablo, al escribirles a los creyentes en la ciudad de Corinto, habló de los sacrificios que se ofrecían en los altares del mundo gentil o pagano:

...lo que los gentiles sacrifican, lo sacrifican a la *daimonia* y no a Dios, y no quiero que tengáis compañerismo con la *daimonia*.[5]

Entonces Pablo escribe que cuando los gentiles ofrecían sus sacrificios a sus dioses, en realidad los estaban ofreciendo a los *daimonia*, la misma palabra usada en la *Septuaginta* para representar el hebreo *shedim*, los espíritus oscuros o malévolos.

Los antiguos griegos veían a los daimonia de la misma manera que los babilonios a los demonios: como espíritus que podían ser buenos o malos, mientras que en la Biblia la palabra se usa solo para significar espíritus del mal.

Las palabras del apóstol Pablo en 1 Corintios son sorprendentemente similares a las que pronunció Moisés en Deuteronomio 32 y el salmista en el Salmo 106. Los tres pasajes hablan de los espíritus, los shedim, los daimonia, como a los que se adoraba y se les ofrecía sacrificios. En Deuteronomio y Salmos, los que ofrecen sacrificios a los shedim son israelitas que se han apartado de Dios. En 1 Corintios los que sacrifican a los daimonia son del mundo pagano.

Las entidades

Los tres revelan una conexión profunda y de largo alcance. Cuando los israelitas ofrecían a sus hijos como sacrificio, lo hacían en los altares de dioses específicos. Asimismo, los ídolos a los que el mundo gentil ofrecía sacrificios representaban deidades concretas, dioses del mundo pagano.

En otras palabras, los dioses de la antigua Canaán y Fenicia a los que los israelitas sacrificaban no eran simplemente productos de la imaginación pagana, sino entidades espirituales reales. Del mismo modo, los dioses que los gentiles adoraban y sacrificaban en el imperio romano del primer siglo, deidades con nombres como Júpiter, Apolo, Vesta y Baco, no eran simplemente personajes imaginarios o inventados de la mitología pagana, sino que estaban conectados a entidades espirituales, los daimonia, que eran espíritus demoníacos. Desde el hebreo del Antiguo Testamento hasta el griego del Nuevo Testamento, la revelación es clara y congruente: detrás de los dioses del mundo pagano estaban los shedim, los daimonia, los espíritus.

La adoración está conectada con la espiritualidad. Y esta con el Espíritu o con los espíritus, los cuales— como se revela en la Biblia— pueden ser de luz o de oscuridad. Los espíritus de luz se llaman ángeles. Los espíritus de las tinieblas se llaman demonios. Y mientras que las entidades angélicas están, por naturaleza, unidas a la adoración de Dios, las demoníacas están, en guerra con la misma. Por lo tanto, ellos lo alejarían a uno de la adoración de Dios, aunque sea a través de los medios y la forma de otros dioses.

La llave antigua

¿Podría lo que las Escrituras revelan sobre los shedim y los daimonia proporcionar la clave del fenómeno y misterio de los dioses? ¿Podría ser la razón detrás de su universalidad, por qué han trascendido el vasto espectro de la cultura humana y se han manifestado en todas las regiones de la tierra? ¿Será la clave detrás de las muchas similitudes y convergencias entre el culto a los dioses y el mundo de lo oculto, la superposición de los antiguos ritos paganos a los dioses y la brujería?

Por supuesto, esto no quiere decir que la mitología sea real, es mito, como lo expresa el vocablo mismo. Pero, ¿es posible que los mundos mitológicos del culto pagano tengan conexiones con el reino espiritual, las sombras de los shedim y de los daimonia? ¿Podría el uno verse afectado por el otro y viceversa?

¿Podría la mitología de los dioses contener una revelación acerca del reino de los espíritus? ¿Y podría el reino de los espíritus emplear las mitologías de los dioses? En otras palabras, ¿es posible que las mitologías de los dioses hayan seguido, en formas y grados variados, a los espíritus, los shedim y los daimonia? ¿Y es posible, también, que los shedim y los daimonia —los espíritus— hayan seguido, de alguna manera y en diversos grados, a los dioses y hayan utilizado sus mitologías para otros fines?

Nota: De ahora en adelante, cuando se hable de los dioses o de uno específico como poseedores de agencia, conciencia y voluntad, se refiere a los espíritus y principados que yacen y operan detrás de ellos.

Si los dioses son espíritus y los espíritus son dioses, entonces, ¿qué sucede cuando se les dan personas o naciones?

¿Es posible que pueblos, naciones o civilizaciones enteras sean poseídas?

Capítulo 4

Una civilización poseída

Si los dioses del mundo antiguo estaban unidos a los espíritus, entonces, ¿qué pasó con esos pueblos y esas naciones que estaban bajo su dominio? La palabra *daimonizomai* se usa en el Nuevo Testamento para hablar del efecto de un principado espiritual en un individuo. Se puede traducir como "endemoniado", "demonizado" o "poseído". Por tanto, si detrás de los dioses del mundo antiguo había espíritus, podríamos suponer que los signos de *daimonizomai* —o la demonización propiamente—, se manifestaban en aquellas culturas que adoraban y servían a los dioses: los signos de la posesión. Y eso es exactamente lo que encontramos.

Poseídos por los dioses

El fenómeno de la posesión se puede hallar en la mayoría de las culturas paganas del mundo. Donde hay dioses es muy probable que haya posesión. Uno puede encontrar ese fenómeno, virtualmente, en todas las regiones y grupos de personas; desde los oriundos de Mesopotamia hasta los griegos, los romanos, los zambianos, los taiwaneses, los esquimales y los pueblos de África, Asia, Sudamérica, Norteamérica y Europa. Es un ejemplo de un extraño fenómeno que se manifiesta en prácticamente cada lugar y grupo de personas que lo habitan. Más allá de eso, los signos y las manifestaciones de la posesión registrados en casi todas las culturas y países del orbe son notablemente congruentes.

Si detrás de los dioses estuvieran los principados, entonces esperaríamos que aquellos que los adoraban de manera particular y se comunicaban con ellos, serían especialmente vulnerables a la posesión. Y eso también es precisamente lo que observamos. En efecto, en el mundo pagano el fenómeno de la posesión estaba muchas veces ligado a los dioses. Los antiguos sumerios experimentaban la posesión de la diosa Inanna. Los antiguos griegos sentían la posesión del dios Dionisio.

Cuanto más cerca estaba uno de la deidad, más peligro corría de experimentarla. Los sacerdotes y sacerdotisas de las deidades, tanto masculinas como femeninas, eran especialmente vulnerables. ¿Cuáles son los signos de posesión? La Biblia da varios relatos que los revelan. Los síntomas de posesión incluyen convulsiones, temblores y frenesíes violentos. Estos mismos signos aparecen en los relatos paganos de individuos poseídos por los dioses. De hecho, los temblores, las convulsiones y los frenesíes violentos eran a menudo las características más dramáticas y llamativas del culto pagano.

El oráculo de Delfos

La vidente más famosa del mundo pagano fue la sumo sacerdotisa del templo de Apolo en Delfos, el oráculo de Delfos. Era conocida como la Pitia por la mítica pitón gigante que se decía que custodiaba el lugar sagrado de Delfos. La pitón expresaba la revelación y la profecía de los dioses.

Según la mitología griega, el dios Apolo mató a la pitón, estableciendo así su propio templo y su propio oráculo profético en ese lugar. Así, el dios tomó el nombre de la serpiente y se convirtió en el Apolo pitio que, como tal, tomaría posesión del oráculo y hablaría a través de él. Para el mundo grecorromano, el Oráculo de Delfos era el epítome de la revelación divina. Reyes y emperadores acudían a Delfos para consultar a Pitia y recibir revelaciones de los dioses.

Señales de la serpiente

En el mundo pagano, la serpiente a menudo se consideraba una fuente de sabiduría divina. Pero en la Biblia es un símbolo de la oscuridad, del reino satánico o demoníaco. Antes de pronunciar sus profecías, la Pitia caía en un delirio frenético, estremeciéndose en forma violenta, gimiendo, chillando, echando espuma por la boca y pronunciando palabras ininteligibles. Todos ellos signos clásicos de la posesión espiritual. Y, de hecho, incluso el oráculo afirmó estar poseído por un espíritu, el espíritu del dios. De modo que el reino más elevado de la revelación en el antiguo mundo pagano estaba ocupado por una mujer poseída por un espíritu. De nuevo, vemos el misterio de los shedim y los daimonia. Los dioses y los espíritus se movían como uno solo.

Fenómeno de masas

Esto abre una verdad aún más grande. Si los oráculos, los sumos sacerdotes y las sacerdotisas estaban poseídos por los espíritus, y cada uno de ellos era el más alto receptor de la espiritualidad de su nación, entonces, ¿qué pasa con esa nación? El dominio de los dioses y los espíritus nunca se limitó a los templos y los santuarios. Permeaba culturas y civilizaciones enteras. La deidad no era adorada solo en sus templos y santuarios, sino también en sus hogares, lugares de trabajo, mercados, campos, montañas y valles. La mayoría de sus adoradores no eran sacerdotes ni oficiantes, sino agricultores, pastores, alfareros, comerciantes, hombres, mujeres y niños comunes.

De manera que, si la cultura o el reino adoraban a los dioses y estos eran espíritus, entonces la cultura y el reino estaban unidos a los espíritus, sujetos a ellos y bajo su dominio. Las señales de la posesión no se limitaban al sacerdocio o al templo. Los temblores, las convulsiones y los arrebatos violentos podían manifestarse en cualquier lugar, en cualquier momento y con cualquier persona.

Una civilización poseída

Más allá de los signos de posesión individual había otras señales y síntomas de un fenómeno mucho más amplio. En la cultura pagana no era raro que la gente ofreciera a otras personas como sacrificio a los dioses. En algunas de esas culturas idólatras, la gente incluso asesinaba a sus propios hijos en sacrificio a los dioses. Hacían eso como acto de adoración. Esas cosas no eran simples actos espontáneos de un individuo poseído sino la expresión viva de las formas, tradiciones, rituales y actos colectivos de una cultura poseída.

La verdad más amplia es que la posesión puede implicar más que a un individuo. Puede involucrar a toda una cultura, nación, reino o civilización. Es este fenómeno, el de la *posesión colectiva, masiva o civilizacional,* lo fundamental para comprender si se quiere la metamorfosis radical que ocurrió en la antigüedad, que alteró la historia mundial y la transformación igualmente extrema que sucede en este mismo momento.

En el primer siglo, en un lugar poco probable, una tierra aledaña al imperio romano conocida como Judea, se inició una revolución poco factible. Revolución que transformaría la historia de los dioses y del propio mundo.

Ahora viajamos a ese lugar improbable y a ese fenómeno quimérico que provocó el ocaso de los dioses.

Capítulo 5

El ocaso de los dioses

HACE DOS MIL años, en medio del mundo grecorromano, en el corazón de Galilea, en la aldea de Nazaret, en lo alto de una colina, apareció un hombre judío llamado Yeshúa, que sería conocido en gran parte del mundo como Jesús. Vino como el Redentor profetizado por mucho tiempo, el Mesías de Israel y la Luz del mundo. Con el tiempo, se convertiría en la figura central de la historia humana.

El Galileo

Los relatos más antiguos de su ministerio registran la realización de milagros frente a las multitudes de Judea. Los cojos caminaban, los ciegos veían y los leprosos eran sanados. Otro milagro de curación que se registró y que realizó fue descrito por la palabra griega *ekballo*, que significa *expulsar, expeler, destituir, echar fuera*.

La Biblia registra varios encuentros entre Jesús y los poseídos, o "endemoniados", por espíritus inmundos. En cada caso, expulsó al espíritu demoníaco. En cada situación, la persona fue puesta en libertad, sanada y restaurada a su sano juicio. Antes de finalizar su ministerio en la tierra, impartió el mismo poder de *ekballo* —la expulsión de los espíritus— a sus discípulos.

Emanación

En la cuarta década del primer siglo, el mensaje de perdón, salvación y vida eterna a través de la muerte y resurrección del Mesías, Yeshúa o Jesús —mensaje que sería conocido como el evangelio— salió de la ciudad de Jerusalén. Primero se extendió por toda la zona de Judea. Luego pasó a las naciones, a los gentiles. El evangelio y la Palabra de Dios cruzaron al mundo pagano. Ese cruce cambiaría el curso de la historia mundial.

El mensaje de Dios entró ahora en las tierras de muchos dioses e ídolos. Los caminos de Dios ahora tocaban los caminos del mundo pagano.

La Palabra de Dios afectó ahora al reino de la mitología. El Espíritu de Dios ahora se movía a través del mundo de los espíritus. Y los discípulos de Dios ahora se desplazaban a través del dominio de los shedim y los daimonia.

El choque de los dioses

Si detrás de los dioses estaban los principados, entonces cuando los dos mundos se encontraran, esperaríamos un conflicto intenso. Y eso fue exactamente lo que sucedió. Fue un choque de espíritus. El Libro de los Hechos registra varios de esos primeros enfrentamientos. En la ciudad de Filipos, una mujer poseída por el "espíritu de adivinación"[1] acechó al apóstol Pablo y a su colaborador, Silas, durante algunos días. Lucas, el escritor del relato, usa la palabra griega *puthon*, o pitón, para describir el espíritu poseedor. Es la misma palabra que se emplea para identificar al Oráculo de Delfos, al espíritu que la poseyó y al dios que yace detrás del espíritu que la poseyó.

Después de varios días de ser perseguido, o acechado, el apóstol Pablo expulsó al espíritu de la mujer. Fue esa expulsión de aquel espíritu lo que condujo a una reacción violenta. La multitud se alborotó; los dos discípulos fueron arrestados, golpeados y encarcelados. Su encarcelamiento solo llegó a su fin cuando un terremoto estremeció la prisión hasta sus cimientos.

En la ciudad de Éfeso, donde los discípulos proclamaron la Palabra, realizaron milagros de sanidad y expulsaron a los espíritus, el conflicto entre el evangelio y los dioses condujo a una peligrosa confrontación. Los hacedores de ídolos de Éfeso incitaron a la multitud a enfurecerse contra la Palabra y la fe que se proclamaba. La violenta furia se centró en la diosa patrona de la ciudad, a quien creían amenazada por el nuevo mensaje y la nueva fe. La multitud cantó el nombre de la diosa una y otra vez mientras buscaba vengarse de los discípulos.

La furia de los dioses

La ira del mundo pagano contra el evangelio se haría tan feroz que, con el tiempo, los creyentes serían encarcelados, crucificados, quemados y enviados a las arenas para ser asesinados como entretenimiento ante los espectadores que vitoreaban. La furia de los dioses y la ferocidad de los espíritus ahora eran mortales.

En los primeros años del siglo cuarto, el emperador romano Diocleciano lanzó lo que se conocería como la *Gran Persecución*. El número de cristianos arrestados llegó a ser tan grande que los delincuentes comunes tenían que ser liberados de las prisiones romanas para hacerles espacio a los nuevos prisioneros. Más allá del encarcelamiento, la persecución de Diocleciano conduciría a la tortura y ejecución de innumerables creyentes en Jesús.

La Gran Persecución, con su furia mortal, tenía sus raíces en los dioses. Se inauguró el día llamado *Terminalia*, el festival del dios romano Terminus, señor de las fronteras y los finales. La persecución tenía por objeto provocar el fin de la fe en Jesús y la exterminación de sus seguidores. A los cristianos se les ordenaría ofrecer sacrificios a los dioses paganos. Si se negaban, serían encarcelados o asesinados.

La guerra del oráculo

Sin embargo, hay una historia detrás de la historia. La *Gran Persecución* tuvo su origen en la ciudad de Didyma, en el Templo de Apolo ubicado en la cima de una colina junto al Mar Egeo. Fue allí donde el emperador Diocleciano envió una delegación para tener una audiencia con el oráculo del templo. Se creía que los dioses estaban enojados con la nueva fe. Se creía que el evangelio interfería con la capacidad de los dioses para transmitir profecías a sus sacerdotes y sacerdotisas. La delegación vino con una pregunta para el oráculo. El emperador quería saber si debía lanzar una persecución contra ellos.

La respuesta del oráculo le dio a Diocleciano la solución que necesitaba. Debía hacer la guerra contra los creyentes y la nueva fe. Así que la mayor persecución de los cristianos en el imperio romano fue iniciada por una mujer poseída por un espíritu, uno de los shedim, la daimonia, el espíritu de un dios pagano.

El gran exorcismo

Al final no fueron los dioses los que prevalecieron, ni el poderío del imperio romano, ni las palabras del oráculo. Contra todo pronóstico, los seguidores abrumadoramente impotentes del Redentor crucificado superaron los fuegos de la persecución. Y el mensaje del evangelio, del amor y el perdón de Dios, venció al imperio de los dioses. El politeísmo y el panteísmo del mundo grecorromano dieron paso a la creencia en un solo Dios. Y la conciencia mitológica del antiguo paganismo cedió a la Palabra de Dios y a una salvación que se había manifestado en el tiempo y el espacio. El mito cedió a la historia. El hechizo de los dioses se rompió. Los cielos ya no estaban llenos de sus tronos y la tierra ya no era su frecuentado suelo. Sus nombres ya no inspiraban miedo ni asombro. Sus fiestas atraían cada vez menos fieles. Sus santuarios fueron abandonados. Sus templos cayeron en ruinas. Era el ocaso de los dioses.

No obstante, si detrás de los dioses estaban los espíritus, cuando se rompiera el hechizo de los dioses, esperaríamos que las señales de la posesión se disiparan. Y así pasó. Las frenéticas posesiones espirituales de los sacerdotes, sacerdotisas, oráculos y adoradores paganos se convirtieron en un fenómeno cada vez más raro. Los actos carnales y licenciosos del culto y los rituales paganos fueron prohibidos de la esfera pública. Y el sacrificio humano se convirtió en un recuerdo lejano.

La ruptura del hechizo

La ruptura del hechizo y sus repercusiones fueron mucho más allá del ámbito del culto pagano. La degradación de la vida humana, propia del paganismo, cedió ante la nueva creencia de que la vida era sagrada. El individuo también lo era y por eso poseía derechos inmutables. Las mujeres eran, igualmente, sagradas y debían ser tratadas como iguales herederas del reino. Y tanto los pobres como los débiles no fueron creados a imagen de Dios a diferencia de los ricos y poderosos. Debían ser tratados en consecuencia, como iguales. Cada vida era ahora de valor inestimable e igualmente preciosa a la vista de Dios.

Todos los ámbitos de la sociedad se vieron afectados. La sexualidad ahora debía ser tratada como un regalo sagrado de Dios, para ser honrada y guardada en el igualmente sacro vaso del matrimonio. En cuanto a los niños pequeños, ya no debían ser abusados ni maltratados. Quitarles la vida porque no eran deseados ahora era un crimen. En cuanto a los emperadores y gobernantes, gobiernos y reinos, ya no podían reclamar la autoridad de la divinidad. Ellos también estaban sujetos a las leyes y normas de Dios, al igual que todos. De forma que la luz crepuscular de los dioses transformaría al imperio romano y la civilización occidental.

La palabra griega *ekballo*, utilizada en el Nuevo Testamento para describir a Jesús expulsando espíritus de las personas, adquirió ahora una dimensión colosal. La expulsión ahora se aplicaba a todo un imperio. Los dioses habían sido expulsados de sus templos, sus ciudades y sus tierras, de la propia civilización occidental. Y si detrás de los dioses estaban los espíritus, entonces la expulsión de los dioses representó el mayor exorcismo masivo en la historia del mundo.

Mi salón ha caído

¿Qué pasó con el Oráculo de Delfos, el pináculo de la revelación pagana y su caso más exaltado de posesión espiritual? En el año 362, el pagano emperador romano conocido como Julián el Apóstata intentó restaurar el templo del oráculo a su antigua gloria. Así que envió un representante a consultarla. Ella envió una palabra que se conocería como su último pronunciamiento. Se registra que dijo esto:

> Dile al emperador que mi salón se ha caído al suelo. Febo
> [*el dios Apolo*] ya no tiene su casa, ni su bahía mántica ni su
> manantial profético: el agua se ha secado.[2]

Los dioses habían sido exiliados. Los espíritus poseedores habían sido expulsados. Ya no podían tomar posesión como lo habían hecho en días anteriores. Tampoco pudieron dirigir imperios con sus declaraciones proféticas. Sus oráculos se habían silenciado.

Exilios y exorcismos

Era un final y un nuevo comienzo. La expulsión de dioses y espíritus que sucedió en el imperio romano ahora se llevaría a cabo más allá de sus fronteras. Eso pasaría en cada lugar en el que se recibiera el evangelio. Cada vez que eso ocurría, los signos de posesión —individuales y civilizacionales— comenzaban a desaparecer.

Las tribus germánicas ya no se reunirían en los bosques para colgar a sus víctimas en árboles sagrados como sacrificios a su dios Odín. Los eslavos ya no ofrecerían a sus prisioneros ni a sus esclavos como sacrificios a su dios, Perun. Y los aztecas ya no les arrancarían los corazones palpitantes de sus víctimas en honor a su dios sol, Huitzilopochtli. Lo que había sucedido en el imperio romano se repetiría por toda la tierra. Las civilizaciones fueron exorcizadas. Los dioses perdieron su dominio y los espíritus partieron.

El fenómeno de una civilización liberada de los dioses y limpiada de los espíritus era algo nuevo en la historia mundial. Nunca antes había sucedido algo así. El fenómeno era exclusivo de la civilización occidental. Alteraría radicalmente el curso de ella y luego el del mundo mismo.

◆◆◆

La adoración a los dioses puede llegar a su fin, pero los principados y los espíritus no. Ellos continúan.

¿Qué pasó entonces con los dioses y los espíritus?

Y si continuaran, ¿no podrían regresar algún día?

Y si volvieran, ¿qué pasaría?

Para traer el misterio a los tiempos modernos, debemos descubrir una pieza más del rompecabezas antiguo.

Capítulo 6

La casa de los espíritus

¿SE PODRÍA ENCONTRAR la última pista en una parábola antigua?

La parábola

La pieza final del rompecabezas se encuentra en un pasaje antiguo registrado en el Nuevo Testamento, las palabras de Yeshúa —Jesús— dadas a sus discípulos, una parábola dentro de la cual hay una revelación de ramificaciones profundas, masivas y proféticas para el mundo moderno, es decir, para nuestros días. Él dijo esto:

> Cuando un espíritu inmundo sale de un hombre, va por lugares secos, buscando descanso, y no lo encuentra. Luego dice: "Volveré a mi casa de donde salí".[1]

¿Qué significa eso? ¿Y cómo se relaciona con el asunto de los dioses? ¿Qué significado podría tener respecto a los tiempos modernos?

La casa de los espíritus

El pasaje habla de un hombre poseído por un espíritu inmundo. El hombre es librado de ese espíritu. Luego, el espíritu deambula por lugares secos, presumiblemente el desierto, pero no encuentra un espacio para descansar. Después decide regresar a su "casa", el hombre que fue poseído.

Sin embargo, cuando regresa, encuentra que su antigua morada —el hombre— está vacía, barrida y puesta en orden. El estado limpio de la vasija lleva al espíritu a ir y traer de vuelta a otros siete espíritus más malos que él. Así que el hombre ahora está poseído por otros siete espíritus además del original. Por lo tanto, ahora —al final— está en peor condición que lo que estaba al principio.

A primera vista parecería que la parábola habla de un hombre poseído y liberado que luego es reposeído. Ciertamente podría aplicarse a un individuo poseído. Pero la parábola en realidad no se trata del hombre en absoluto. Es solo una ilustración, un ejemplo, una analogía utilizada para revelar un principio espiritual y dar una advertencia profética.

Espíritus de Roma

La clave viene en las últimas palabras de la parábola. Después de afirmar que "el postrer estado de aquel hombre es peor que el primero", Jesús agrega: "Así será también con esta generación perversa".[2] Por lo tanto, la parábola no se trata de la posesión individual sino de la posesión colectiva o masiva, la posesión de una generación, una cultura, una civilización.

La aplicación inmediata de la parábola parece ser la generación que vivió en la Judea del primer siglo. Pero los principios revelados en la parábola se extienden mucho más allá de la edad y las fronteras de aquella nación. Se aplican a la civilización occidental en su conjunto y abarcan toda la era hasta el mundo moderno. ¿Cómo es eso?

Hace dos mil años, el imperio romano y Occidente formaban una casa de espíritus, una civilización poseída por dioses y espíritus. Pero a esa casa vino la Palabra de Dios, el Espíritu de Dios, el evangelio. Occidente fue así liberado de los espíritus y se convirtió, como en la parábola, en una casa puesta en orden, una civilización limpia.

Entonces, ¿qué pasó con los principados? La parábola responde eso. Los espíritus aún existen, pero ahora moran fuera de la casa. Entonces, en el caso de la civilización occidental, los espíritus que una vez la poseyeron todavía existían, pero ahora moraban fuera de las fronteras de esa civilización. Recorrieron los lugares secos, las tierras desoladas; moraban en las sombras. Vivieron en el exilio.

El regreso de los espíritus

El espíritu de la parábola no encuentra descanso. Por lo que busca volver a su "casa" para *recuperarla*.

Cuando Jesús estaba a punto de expulsar los espíritus del hombre poseído conocido como el *endemoniado*, se registra que los espíritus le suplicaron que los arrojara a una piara de cerdos cercana. Los espíritus son parásitos. Necesitan un anfitrión que los reciba para poseerlo.

Así, los espíritus expulsados de la civilización occidental, si no encuentran descanso, si no encuentran una civilización comparable que poseer, buscarán regresar a lo que creen que es su casa. Y, por lo tanto, esperaríamos que los mismos espíritus que una vez poseyeron esta civilización intenten hacerlo otra vez.

Sin embargo, hay que hacerse la pregunta: ¿Cómo podría el espíritu volver a la casa de la que ha sido desposeído?

La casa vacía y los otros siete

Solo podría hacerlo si la casa ha quedado desocupada, vacía; y si la puerta se ha dejado abierta. La parábola continúa:

Y cuando llega, la encuentra vacía, barrida y puesta en orden.[3]

La casa está limpia y en orden debido a su liberación inicial o, en cierta manera, al exorcismo. Y, sin embargo, la implicación es que ahora nadie vive allí. La casa quedó vacía. Por lo tanto, está abierta y a la posibilidad de volver a ser ocupada.

Entonces va y toma consigo otros siete espíritus peores que él, y entrados, moran allí, y el postrer estado de aquel hombre es peor que el primero.[4]

Como la casa está limpia, barrida y en orden, el espíritu trae otros siete espíritus para que se unan a la reposesión. La implicación es que si la casa no hubiera sido limpiada, y puesta en orden, el espíritu no habría traído de vuelta a los otros espíritus para que la ocuparan.

El estado más oscuro

Y ahí está la advertencia. La casa que se limpie y se ponga en orden, pero quede vacía, será reposeída. Y si fuera embargada, terminaría en peor estado que si nunca hubiera sido limpiada. ¿Qué pasa si aplicamos esto a toda una civilización?

Se traduciría en algo como lo que sigue: si una cultura, una sociedad, una nación o una civilización se limpian, se exorcizan de los dioses y los espíritus, pero luego permanecen solas o se vacían, serán reposeídas por los dioses y los espíritus que una vez la poseyeron, y más aún. Terminará en un estado mucho peor que si nunca hubiera sido limpiada o exorcizada. De acuerdo a la parábola, terminará muchas veces más poseída y malvada que antes.

La puerta a la reposesión

Mas, en el caso de Occidente, ¿cómo sucedería eso? ¿Cómo volverían a entrar los espíritus en la casa de la que fueron expulsados? ¿Cómo regresarían los dioses?

En los relatos bíblicos que muestran los exorcismos, los espíritus son expulsados por la Palabra y el poder de Dios, y en el nombre y la autoridad de Jesús. Cuando el imperio romano y la civilización occidental fueron librados de los espíritus y los dioses malignos, sucedió de la misma manera, por la palabra y el poder de Dios, y por el nombre y la autoridad de Jesús.

Por tanto, ¿cómo podrían esos espíritus y esos dioses regresar a la cultura occidental? Solo hay una manera en que eso pueda volver a suceder: si esa civilización alguna vez se aparta de Dios, de su Palabra, del evangelio, del cristianismo, de Jesús. Si lo hiciera, entonces aquello que expulsó a los espíritus ya no estará presente para protegerla contra su regreso. Y la civilización que había sido liberada de los espíritus será reposeída por ellos. Los dioses volverán.

Precristiano vs. Poscristiano

¿Y qué pasaría entonces? Según la parábola, la casa reposeída terminará mucho peor que al principio. Todo esto considerado en el ámbito de la historia mundial, significa lo siguiente: la civilización poscristiana terminará en un estado mucho más oscuro que la precristiana. Si la civilización occidental se aleja de Dios, lo que saldrá de ella será mucho más oscuro y mucho más peligroso que lo que fue en sus días de paganismo.

No es ninguna casualidad que el mundo moderno, y no el antiguo, haya sido el responsable de desatar los mayores males sobre el planeta. Y tampoco lo es el hecho de que cuando las naciones y civilizaciones que una vez conocieron a Dios, se alejaran de Él y se volvieran en contra de la fe cristiana que recibieron; por lo que entonces les sobrevino lo que podía describirse en términos demoníacos.

Una civilización precristiana puede producir un Calígula o un Nerón. Pero una poscristiana producirá un Stalin o un Hitler. Una sociedad precristiana puede dar a luz a la barbarie. Pero una sociedad poscristiana dará a luz a descendientes aún más tenebrosos, al fascismo, al comunismo y al nazismo. Una nación precristiana puede erigir un altar de sacrificio humano. Pero una nación poscristiana construirá un Auschwitz.

Para una nación o civilización que una vez conoció a Dios, que una vez fue liberada de los dioses y los espíritus, alejarse de Dios es algo sumamente peligroso. Es seguro que los dioses volverán a poseerla.

No nos corresponde a nosotros ahora abrir los misterios subyacentes al regreso de los espíritus y los dioses a naciones y poderes como la Unión Soviética o la Alemania nazi. Pero le corresponde a este libro abrir el misterio que hay detrás del regreso de los dioses y los espíritus en nuestros días y a nuestra propia cultura y civilización: el regreso de los dioses a Estados Unidos de América y al hemisferio occidental y, por medio de estos, a este mundo.

Es un misterio que nos afecta a todos, así como el trabajo de los dioses y los espíritus ahora está afectando, alterando y transformando el mundo que nos rodea.

Si los dioses regresaran al mundo moderno y a Estados Unidos de América, ¿cómo lo harían?

¿Existe una plantilla antigua que revele la respuesta?

¿Y qué es la *trinidad oscura*?

Tercera parte:

LA TRINIDAD
OSCURA

Capítulo 7

Una palabra antes de la revelación

Lo que estamos a punto de ver tocará temas, problemas y acontecimientos que están impactando al mundo moderno. Pero lo hará bajo una nueva perspectiva. Hay individuos y grupos en cada lado de esos temas. No se trata de ningún individuo o grupo, sino de los dioses, los espíritus y los principados. El misterio no puede ser dirigido. Existe aparte de la opinión, el deseo o la voluntad de cualquiera. Las fichas deben caer donde el misterio hará que encajen. No hay *nosotros* ni *ellos* en lo que está a punto de abrirse. Solo estamos *nosotros*. El misterio de los dioses y los peligros revelados en ese misterio se aplican a todos por igual y sin distinción.

◆◆◆

En las murallas de la ciudad antigua estaba el vigilante o atalaya. Si este veía un peligro que se avecinaba, un ejército enemigo acercándose o que se aproximaba la destrucción, él era el encargado de hacer sonar la alarma y advertir a la gente. Si guardaba silencio, ellos perecerían y él sería culpable de su sangre.

El misterio de los dioses concierne a las naciones, a las civilizaciones, al mundo y a todos los que lo habitan. Eso habla de la vida y la muerte, del bien y del mal, del peligro y de su advertencia, de la calamidad y de la redención. Ser consciente de tales cosas y no revelarlas sería actuar como un vigilante que ve la proximidad del peligro y se mantiene en silencio. Sería una falta moral no revelarlo.

Al mismo tiempo, la revelación del misterio —al igual que ocurre con el sonido de la alarma del atalaya— causará, por naturaleza, una gran perturbación. Ningún verdadero vigilante toca la trompeta para causar disturbios. La hace sonar consciente de que solo así se despertarán los que velan y se salvarán los que han de salvarse.

El mayor mandamiento es el amor. Con respecto a lo que está por revelarse, no hay lugar para otra respuesta que no sea el amor y la compasión, porque todos estamos en el mismo barco. Debemos defender lo que es correcto y oponernos a lo que no lo es, debemos hacer brillar la luz en la oscuridad y debemos hacerlo todo manifestando la verdad en amor.

En el Libro de Efesios, el apóstol Pablo deja clara una distinción crucial:

> No luchamos contra sangre y carne, sino contra principados, contra potestades, contra los gobernadores de las tinieblas de este siglo, contra huestes espirituales de maldad en las regiones celestiales.[1]

El libro descubrirá esos principados, potestades, gobernantes y ejércitos. La manera en que estos afectan a todos sin distinción y el modo en que trata los temas en cuestión son un asunto de vida o muerte, pero la directriz del amor es tanto más crucial y relevante.

Y en este caso, el amor garantiza que se diga la verdad. El peligro que se corre justifica la advertencia. Y, con respecto a los dioses, el misterio amerita su revelación.

Dicho esto, pasemos ahora a su revelación, a medida que abrimos el misterio de la *trinidad oscura*.

Capítulo 8

La trinidad oscura

SI LOS DIOSES regresaran, si tuvieran que volver a entrar en la civilización occidental, ¿cómo lo harían? ¿Y de cuáles se trataría? Ellos no vendrían como lo hicieron en la antigüedad. El mundo moderno requiere un enfoque distinto. Y más uno como ese que fue tocado por el evangelio y que conoció la Palabra de Dios, lo cual lo hacía muy diferente del que lo precedió, el mundo precristiano y pagano que no lo conoció. En ese caso, los dioses alterarían sus apariencias y ocultarían sus identidades.

Eso comenzaría en las sombras, en los márgenes de la sociedad estadounidense y la cultura occidental. Fue allí donde ellos obtuvieron sus primeros puntos de apoyo. Y a partir de ahí empezaron su penetración constante y progresiva en la cultura dominante. Pero su objetivo definitivo no era la infiltración sino la dominación.

La apertura de la puerta

Los dioses solo podrían regresar si se producía un alejamiento de la fe cristiana y una cosmovisión bíblica. No se puede señalar un solo acontecimiento ni una fecha como el inicio de esa caída, de ese alejamiento. Fue un proceso. Pero hubo hitos, puntos de inflexión y coyunturas apropiadas para ello. A mediados y finales del siglo veinte, la separación que Estados Unidos tuvo con respecto a Dios se hizo cada vez más perceptible. Las naciones de Europa occidental estaban en medio de un escenario similar. La caída continuaría hasta finales del siglo veinte y en el veintiuno, sin cesar, continuó profundizándose, ampliándose, aumentando en magnitud e intensidad.

Ese período de tiempo, finales del siglo pasado y principios del presente, personificó el alejamiento más generalizado y masivo de la fe y la moralidad cristianas en toda la historia de los dos mil años de la era cristiana. La caída iría de la mano con el regreso de los antiguos espíritus.

Estados Unidos fue la nación líder de la era y el punto focal del orden posterior a la Segunda Guerra Mundial. Lo que le pasaría a la cultura estadounidense afectaría al mundo. Si los espíritus lograban entrar y tomar posesión de los hogares estadounidenses, podrían poseer la era completamente.

El ADN espiritual

Pero si los dioses regresaran, ¿cuáles serían?

Estados Unidos no está formado por una sola etnia o grupo de personas, sino por muchos, casi todos. En muchos sentidos, Estados Unidos es un compuesto y la suma de la civilización occidental. Por tanto, ¿cuáles dioses podrían relacionarse, no con una nación o etnia dentro de la civilización occidental, sino con todas ellas o con la totalidad en su conjunto? La respuesta se remonta al antiguo Israel.

La fe de la civilización occidental proviene del antiguo Israel. La Biblia consta de los escritos de Israel, los salmos de Israel, las crónicas y la historia de Israel, las profecías de Israel y el evangelio de Israel. El ADN espiritual de Occidente proviene y, en muchos sentidos, es el ADN espiritual del antiguo Israel.

Seducido por otros dioses

En el caso de Estados Unidos de América, la conexión es aún más fuerte. Así como Israel fue consagrada a Dios desde sus inicios, también lo fue Estados Unidos. Esta nación se estableció siguiendo el patrón del antiguo Israel. En los días de su fundación, el líder puritano John Winthrop le dio a la nueva civilización una amonestación basada en lo que les dijo Moisés a los israelitas. Si Estados Unidos seguía los caminos de Dios, dijo, se iba a convertir en la más bendecida, próspera y poderosa de las civilizaciones. Sin embargo, también formuló una advertencia profética:

> Pero si nuestro corazón se desvía, y no obedecemos, sino que somos seducidos, adoramos y servimos a otros dioses, a nuestro propio placer y a favor de nuestras ganancias, y servimos a todo eso... ciertamente pereceremos.[1]

De modo que a Estados Unidos, en sus primeros tiempos, se le hizo la misma advertencia que a Israel en sus inicios. Se le advirtió en contra de alejarse de Dios y de acercarse a otras deidades. Se le exhortó a no dejarse caer en la seducción de otros dioses, así como los que habían seducido a Israel; y a luchar contra todo aquello que intentara ocupar el puesto del Dios verdadero.

Los dioses de la apostasía

Y en esto está la clave que responde a la pregunta. Los dioses o espíritus que han regresado a Estados Unidos de América y a la civilización occidental son los mismos que sedujeron al antiguo Israel en los días de su apostasía.

En otras palabras, si la nación fundada según el modelo del antiguo Israel —Estados Unidos de América—, apostatara de Dios, entonces estaría sujeta a los mismos dioses y principados a los que el antiguo Israel quedó subyugado en su apostasía de Dios.

El mismo principio se aplica en mayor escala a la civilización occidental. Si una civilización habitada por la fe y la palabra de Israel apostatara de esa fe, estaría sujeta a los mismos dioses y espíritus que protagonizaron la apostasía de Israel.

La trinidad oscura

Así que, ¿cuáles eran los dioses de la apostasía de Israel? Hubo varios. Pero tres de ellos fueron, en especial, muy prominentes. Los tres dioses encarnaban la apostasía en sí misma.

Uno de los tres sigue siendo un misterio. Otro de ellos era, a la vez, uno y muchos. Y el otro cambiaba de identidad y apariencia según la época, el lugar, la gente y la cultura adecuada. Juntos constituían la *trinidad oscura* de Israel.

En cuanto a Estados Unidos de América, aunque hay muchos espíritus y principados, es esta misma trinidad oscura la que se destaca más en su alejamiento de Dios y su consecuente caída; tal como lo fue en el que ocurrió en Israel. Así como transformaron al antiguo Israel, ahora están transformando a Estados Unidos de América y a la civilización occidental y, a través de eso, al mundo.

La repaganización

Los espíritus paganos viven en vasijas paganas. Los dioses paganos habitan en las culturas idólatras o paganas. ¿Qué pasaría entonces si los antiguos dioses paganos regresaran a una civilización basada en un fundamento, cosmovisión y marco moral judeocristianos? Lo que sucedería es que su regreso desencadenaría una metamorfosis. La cultura cristiana, o basada en la Biblia, comenzaría a transformarse en una pagana. Los valores cristianos serían reemplazados por principios idólatras, la ética cristiana por una pagana y una cosmovisión cristiana por otra pagana. Seríamos testigos de la paganización de la cultura estadounidense y la repaganización de la civilización occidental.

Ahora descubrimos la máscara que yace tras el primero de los tres dioses o trinidad oscura: el *poseedor.*

Cuarta parte:

EL POSEEDOR

Capítulo 9

El poseedor

ESTE ERA EL rey de los dioses, el líder de los espíritus. Y se convertiría en el principal enemigo del Dios de Israel.

El señor de las nubes

Era el dios de la fertilidad. Sus adoradores le oraban para que hiciera fértil el suelo e hiciera crecer sus cultivos. Lo llamaban el *Señor de la lluvia*, el amo de las aguas que hacían fructificar la tierra. Era el dios que cabalgaba sobre las nubes, el señor de las tormentas. Él era el que arrojaba los rayos sobre la tierra. Si él prosperaba, la tierra prosperaba. Si él languidecía, también lo hacía el pueblo.

Era un guerrero. Entraba en batalla con sus deidades compañeras una y otra vez. Sin embargo, al final imperaría supremo sobre su panteón.

El papel que desempeñó con respecto a la nación de Israel fue lo que lo hizo más conocido y notorio. Y, precisamente, es esa función la que nos preocupa con respecto al misterio.

El maestro

Lo llamaban *Baal*, el principal dios del panteón cananeo. Su nombre se puede traducir como "señor", "dueño" y "maestro". La Biblia habla tanto de Baal como de los *baalim* o los *baales*. Era uno y, al mismo tiempo, muchos. Las naciones, regiones y ciudades tenían cada una sus propios *baales*. Estaban Baal Hadad, Baal Hermón, Baal Tamar, Baal Peor y Baal Zefón, entre muchos otros. Incluso las familias tenían sus *baales* particulares, ídolos de figurillas de arcilla de una deidad omnipresente.

El dios alterno

No pasó mucho tiempo después de que los israelitas se establecieron en la Tierra Prometida que comenzaron a alejarse de Dios.

> Entonces los hijos de Israel hicieron lo malo ante los ojos de Jehová, y sirvieron a los baales; y abandonaron a Jehová Dios de sus padres, que los había sacado de la tierra de Egipto; y siguieron a otros dioses de entre los dioses del pueblo que los rodeaba, y se inclinaron ante ellos.[1]

Baal les prometió a los israelitas fertilidad, fecundidad, aumento, ganancia y prosperidad. Así, a medida que comenzaron a cultivar la tierra, la tentación de invocar sus poderes se hizo cada vez más apremiante. Muchos israelitas se apartaron de Dios para seguirlo.

Era tan prominente que cuando la Biblia menciona su nombre junto con los de otros dioses extranjeros, casi siempre se lo menciona primero. Para el pueblo de Israel, él era la cabeza de los "otros dioses" y él mismo era el *otro dios* por excelencia.

En el siglo nueve a. C., la adoración a Baal había hecho tales incursiones en la cultura y el estado de Israel que aquellos que se negaban a unirse a ello eran perseguidos, atrapados y asesinados. Fue por la adoración a Baal que el profeta Elías se levantó contra el rey apóstata Acab y su corregente, Jezabel.

Años más tarde, después de la destrucción de la nación, las Escrituras citarían la adoración a Baal por parte de Israel como una de las principales razones de la calamidad. Ninguna otra deidad estaba tan vinculada con el alejamiento de Israel de Dios y su posterior destrucción como Baal.

Baal y Zeus

En tiempos posteriores Baal, en su encarnación como *Baalshamen*, o *Baalshamim*, fue identificado con el dios Zeus, jefe del panteón griego. Un antiguo texto nabateo dice lo siguiente:

...consideraron como dios al señor de los cielos, llamándo-
lo Beelsamen, que en lengua fenicia es "señor de los cielos"
y en griego "Zeus".[2]

Los escritores siríacos se referían a *Baalshamin* como *Zeus Olimpo.*
Ambos dioses aparecieron como ídolos de pie en la misma posición,
con los brazos extendidos en alto y listos para lanzar un rayo a la tierra.
Zeus se presentó como Zeus Belus y Júpiter como Júpiter Belus, que
podrían traducirse respectivamente como "Zeus Baal" y "Júpiter Baal".
Y así, cuando los dioses fueron expulsados del mundo grecorromano, Baalshamin o Júpiter Belus, fue una de las deidades exiliadas.

El antiDios

Para la nación de Israel, Baal era la personificación del paganismo y de
todos los dioses gentiles. Él era el epítome de todo lo que no era Dios
y todo lo que se oponía y luchaba contra este. Baal era el *otro dios*, el
sustituto, el *que lo reemplazó.* Era el *antiDios* de Israel. Era el ídolo al
que Israel se volvió cuando se alejó de Dios. Él fue la deidad que separó
a Israel de su Dios, el que lo alejó, el que le hizo olvidar a su Creador.

––––––– ◆◆ –––––––

Ahora bien, si Baal fue el dios del alejamiento, el de la caída, el
de la apostasía, ¿qué pasaría si regresara al mundo moderno?

¿Qué ocurriría si volviera a poseer una nación o una
civilización?

¿Qué sucedería si Baal viniera a Estados Unidos de América?

Capítulo 10

El poseedor regresa

¿CÓMO SE ABRE paso un dios del antiguo Medio Oriente en una nación occidental del siglo veinte? ¿En qué manera llegaría Baal a Estados Unidos de América?

Baal llega a Estados Unidos de América

¿Cuál sería la señal de su venida? Baal era el dios de la apostasía. Su misión era tomar una nación que había conocido y sido consagrada a Dios y apartarla de este, alejarla y alienarla del artífice de su fundación. Como Baal era el jefe de los "otros" dioses de la apostasía de Israel, sería el primero en la apostasía de Estados Unidos y el que abriría el camino a los demás.

El alejamiento de Dios, por parte de una nación, a menudo comienza con los pasos más pequeños y un cambio casi imperceptible. Pero cualquier rendija es suficiente para que Baal entre y empuje la puerta entreabierta. En el caso del antiguo Israel, parecería poca cosa mezclar y agregar oraciones a Baal junto con la adoración a Dios para aumentar la prosperidad de uno. Pero eso no era tan insignificante.

El Estados Unidos de antes y el de ahora

A mediados del siglo veinte, la mayoría de las naciones occidentales todavía se consideraban cristianas o judeocristianas. Y Estados Unidos lo era decidida y orgullosamente. Se mantuvo en clara oposición a la ideología marxista y al ateísmo de la Rusia soviética y la China comunista.

Estados Unidos era una nación en la que incluso los periódicos liberales publicaban resúmenes de los sermones predicados en toda la ciudad el domingo anterior. Sus principales revistas podrían abogar por la moralidad cristiana y el avivamiento cristiano. Se esperaba que su entretenimiento defendiera los valores bíblicos y cristianos, que nunca los atacara. Y no era extraño que sus canales de televisión se despidieran por la noche con un sermón o una oración.

Era una nación en la que la mayoría de los políticos de derecha e izquierda se veían a sí mismos como seguidores sinceros de Jesús o de Dios y en la que lo citaban libremente a él y a los valores cristianos en sus discursos públicos.

Estados Unidos, a mediados del siglo veinte, era una nación en la que a los niños no solo se les permitía orar en las escuelas públicas, sino que sus maestros los guiaban en oración, y donde los maestros leían la Palabra de Dios en sus aulas. Y fue el propio Estados Unidos de América quien se declaró a sí misma como *"una nación, bajo Dios".*[1] Fue a esa nación a donde vino el espíritu de Baal.

La antigua amnesia

¿Cómo entra ese espíritu en una nación que ha conocido a Dios? El Libro de Jueces revela la forma en que comenzó, en el caso del antiguo Israel:

Olvidaron a Jehová su Dios, y sirvieron a los baales y a las imágenes de Asera.[2]

En el Libro de Jeremías, escrito en los últimos días de esa apostasía, la voz de Dios se lamenta por la condición espiritual de la nación:

Sus padres ... dejaron todos los mandamientos de Jehová ... y sirvieron a Baal.[3]

La misión de Baal es hacer que una nación que ha conocido a Dios deje de conocerlo y lo olvide, para después olvidar que alguna vez lo conoció. El espíritu de Baal hizo que Israel se olvidara del Dios de su fundación y se apartara de él. Al final del proceso, ya no podía recordar ni imaginar cómo era haberlo conocido.

La amnesia estadounidense

Y así, cuando Baal regresara al mundo moderno, su misión sería la misma: hacer que Estados Unidos y Occidente se olvidaran de su Dios. ¿Cómo haría eso? Después de la destrucción de Israel, o Samaria, en el año 722 a. C., la Biblia dio un réquiem por el reino caído:

> Y desecharon sus estatutos, y el pacto que él había hecho con sus padres, y los testimonios que él había prescrito a ellos; y siguieron la vanidad, y se hicieron vanos, y fueron en pos de las naciones que estaban alrededor de ellos, de las cuales Jehová les había mandado que no hiciesen a la manera de ellas. Dejaron todos los mandamientos de Jehová su Dios, y se hicieron imágenes fundidas de dos becerros, y también imágenes de Asera, y adoraron a todo el ejército de los cielos, y sirvieron a Baal.[4]

La gente se alejó de la Palabra de Dios, de sus leyes y de sus caminos. En el caso de Estados Unidos de América, Baal usaría la misma estrategia. Primero buscaría separar a la nación de la Palabra y de los caminos de Dios.

El destierro de Dios

Aunque las semillas del alejamiento del Creador por parte de Estados Unidos se pueden encontrar en tiempos anteriores, eso se haría más notorio y alcanzaría un punto crítico en la década de 1960. Fue a principios de esa década que Estados Unidos eliminó la oración de sus escuelas públicas. Ese acto pronto fue seguido por la prohibición de la Palabra de Dios en la instrucción de los hijos de la nación. La Biblia siempre había sido parte del sistema escolar público estadounidense, desde sus comienzos en la bahía de Massachusetts. Así que el cambio fue monumental y, con respecto al espíritu de Baal, estratégico.

Los hijos de Baal

Cuando Baal no pudo poseer una generación de israelitas, se enfocó en la siguiente: en los próximos hijos de la nación. Puesto que los niños representan el futuro, si él podía apoderarse de los chicos de Estados Unidos, podría adueñarse de toda la nación. Así que, al eliminar la oración y la Palabra de la educación de los niños estadounidenses, estaba debilitando la transmisión de la fe a la siguiente generación. Por lo tanto, podría separar a toda la nación de la oración, de la Palabra y —por consiguiente— de la fe. Al hacer que los caminos de Dios se vuelvan ajenos a los hijos de la nación, podría provocar la alienación de Estados Unidos de América en cuanto a Dios y todo lo que representa.

La baalización de Estados Unidos

El plan de Baal en cuanto a Estados Unidos no se limitó a su sistema escolar. Permearía todas las esferas de la cultura estadounidense. Sus principales periódicos ya no publicarían resúmenes de los sermones de los últimos domingos, sus principales revistas ya no respaldarían los valores cristianos, su entretenimiento ya no promovería la moralidad bíblica, sus políticos hablarían menos abiertamente de los valores cristianos y las estaciones de televisión ya no promoverían la oración ni presentarían los caminos de Dios bajo una luz positiva, sino que ahora harían la guerra contra ellos. Orar a Dios o mencionar el nombre de Jesús en la plaza pública sería cada vez más visto con hostilidad.

La nación se alejaba cada vez más de los caminos de su Creador.

Una guerra de tabletas

La ley que Dios le dio a Israel fue una salvaguarda contra los dioses y los caminos del paganismo. El primero de los Diez Mandamientos fue: "No tendrás dioses ajenos delante de mí".[5] Por tanto, para que Baal pudiera tomar posesión de Israel, tuvo que apartar al pueblo de la ley de Dios y hacer que olvidaran los Diez Mandamientos. El escritor de 2 Reyes confirma lo sucedido:

Dejaron, pues, todos los mandamientos de Jehová su Dios.[6]

Los Diez Mandamientos y la ley también fueron la base de la civilización occidental. En el caso de Estados Unidos, se citaron específicamente como la piedra angular sobre la que se construiría la nueva sociedad. Entonces, para que Baal se apoderara de Estados Unidos, haría lo mismo que hizo con el antiguo Israel. Los haría desechar los Diez Mandamientos y apartarse de los caminos de Dios.

Así que, en 1980, la Corte Suprema dictaminó que ya no era legal exhibir los Diez Mandamientos en las escuelas públicas. Estos constituían lo que el sistema escolar estadounidense alguna vez enseñó y elevó como la base moral de la nación. Ahora era ilegal incluso hacerlos visibles en público.

Sin embargo, el conflicto no terminaría en los pasillos de las escuelas públicas de Estados Unidos. La nación derribaría los Diez Mandamientos más de una vez. Los Diez Mandamientos serían juzgados por el gobierno y desterrados de las plazas públicas.

Una nación esquizofrénica

Baal entregó a Israel a sí mismo. Hizo que la nación hiciera la guerra contra sus propios cimientos. Sus huellas digitales ahora se podían ver en un Estados Unidos de América en guerra con su propia fundación.

Las huellas dactilares del dios antiguo se podían ver en la Corte Suprema, que había fallado en contra de la exhibición de los Diez Mandamientos y, sin embargo, los mostraba en sus propias paredes.

Se los podía ver en la toma de posesión presidencial, cuando el presidente electo colocó su mano sobre la Biblia para hacer el juramento presidencial y luego, al convertirse en presidente, promulgó leyes y políticas que lucharon contra los caminos de la Biblia sobre los que juró.

Se podían ver en el sistema escolar de la nación, que instruyó a los niños del país en contra de las mismas formas en que ese sistema escolar había llegado a adoptar.

Y se podían ver en la moneda de la nación, que se usaba cada vez más para erradicar la presencia y los caminos de Dios de la vida pública estadounidense y en la que estaban escritas las palabras "En Dios confiamos".

Baal le hizo a Estados Unidos de América lo que igualmente hizo a Israel; lo volvió contra sí mismo. Se había convertido, como lo había hecho el antiguo Israel, en una civilización en esquizofrenia espiritual.

El fin de "Estados Unidos de América cristiano"

Puesto que la Palabra de Dios y su ley sirvieron como salvaguardas contra los dioses y el paganismo, su remoción abrió la puerta para que entraran sin obstáculo alguno. Estados Unidos había eliminado de la vista pública los mandamientos contra la adoración de otros dioses, ahora podía dedicarse a eso. Había quitado los mandamientos que prohibían la inmoralidad sexual, ahora podía adoptarla. Podía disfrutar de todo aquello contra lo que los mandamientos advirtieron en el pasado.

Una vez que se eliminó la Palabra de Dios, no quedó nada que impidiera el derrumbe de la nación, ningún estándar absoluto permaneció en pie. Las cercas se bajaron. Los límites desaparecieron. Ahora no había nada que detuviera lo que seguiría a continuación. La nación quedó abierta a la sujeción y dominio de los dioses.

Los Estados Unidos donde la oración y la Palabra de Dios se impartían a sus hijos, donde las Escrituras eran reverenciadas en sus medios de comunicación y su cultura, y donde los caminos y preceptos de Dios sustentaban sus leyes y políticas nacionales, y se proclamaban en la plaza pública, ya no existía. Los observadores escribirían ahora sobre "el fin del Estados Unidos de América cristiano".[7]

Baal tuvo éxito. Estados Unidos de América iba a ser alterado más allá de todo reconocimiento.

❖❖❖

Según la parábola, una casa vacía es algo peligroso. Estados Unidos se había vaciado de Dios.

La nación no permanecería vacía.

Entrarían otros.

Capítulo 11

Un intercambio de dioses

¿PODRÍA LA ANTIGUA parábola de los espíritus contener la clave de lo que está ocurriendo ahora en Estados Unidos de América y la civilización occidental?

Cuando el evangelio entró en esta civilización, los dioses partieron, los espíritus abandonaron la casa. Fue el advenimiento del cristianismo, la Palabra y la presencia de Dios, la supremacía del monoteísmo sobre el paganismo lo que provocó su partida. Pero si estas cosas se debilitaban o se eliminaban, entonces los espíritus y los dioses antiguos que una vez partieron regresarían.

La puerta medio abierta

Y así empezó. El cerco que protegía a la civilización estadounidense se fue debilitando progresivamente. Se derrocó el marco moral y ético derivado de las Escrituras. De modo que los dos salvaguardas principales contra los dioses y aquello que, en la antigüedad, los había expulsado —el monoteísmo y la Palabra— ahora eran anulados. La puerta que se había cerrado se volvería a abrir.

En sus mitologías, Baal entró en batalla contra otros dioses, y no solo contra los de la mitología cananea sino contra el Dios de Israel y su pueblo, contra todos los que guardaban sus caminos. Su batalla se libró en el ámbito de la moralidad, la espiritualidad, la política y la cultura. Por tanto, a finales del siglo veinte en Estados Unidos, el regreso de Baal provocaría una colisión cultural, civilizacional y espiritual de gran magnitud. Algunos la describirían como una "guerra cultural", pero era mucho más profunda. El conflicto era, definitivamente, espiritual; era la guerra de Baal contra Dios: la revancha de una batalla muy antigua.

Adentro y afuera

Llegó a través de un espíritu de apertura y un llamado a adoptar nuevas ideas y formas. Pero su entrada finalmente resultaría en el cierre progresivo de la apertura de la nación a Dios. Cada paso que la nación diera para aceptar la "nueva moralidad" sería acompañado por un paso igual y opuesto hacia el rechazo a Dios y a sus caminos. Lo que antes se consideraba la fuente de la virtud, la libertad y la alegría, ahora se veía como un obstáculo, una restricción, una opresión.

Como Baal había sido expulsado del mundo judío y luego, por el evangelio, desterrado de la civilización occidental, ahora buscaría expulsar a Dios de Estados Unidos de América. Lo que se había hecho a los dioses en la antigüedad, ahora se le haría a Dios. Estados Unidos y Occidente comenzarían a echarlo fuera.

Eso ocurriría sutilmente al principio, pero con el tiempo se profundizaría, se ampliaría y continuaría hasta el siglo veintiuno. Dios sería expulsado de los pasillos del gobierno, de las plazas públicas, de los cines, de los televisores, de las artes, de la ética, del corazón, de la mente y de la vida.

Las casas vacías y los espíritus que regresan

Sin embargo, la antigua parábola tenía una advertencia siniestra para Estados Unidos y Occidente. La casa, habiendo sido vaciada, no permanecería vacía. Por haber expulsado a Dios, otras deidades entrarían para reemplazarlo. Por haber expulsado al Espíritu de Dios, otros espíritus tomarían posesión. Baal haría de Estados Unidos de América su hogar, su residencia. Él iba a ser el espíritu que, en la parábola, introduce a los otros espíritus en la casa. Y así, el alejamiento de Estados Unidos de Dios, a principios de la década de 1960, marcaría el comienzo de la manifestación de otros espíritus y dioses, al igual que de un futuro que nadie en ese momento podría haber imaginado.

La ley de la parábola antigua se manifestaría virtualmente en todos los ámbitos de la cultura estadounidense. Cuando la nación eliminó la oración y la Biblia de sus escuelas, a algunos observadores les pareció poca cosa. Pero el traslado dejó la casa espiritualmente vacía. Y, según la parábola, no quedaría así. Otros espíritus vendrían a reemplazar lo que fue expulsado. Lo que, con el tiempo, entraría en las aulas estadounidenses habría sido inimaginable para quienes estaban vivos en el momento del vaciado. Los hijos de la nación ahora serían entrenados contra los caminos de Dios. El sistema escolar estadounidense se había convertido en la casa de los espíritus.

Baal va a Hollywood (y a todas partes)

Así también las pantallas de los cines estadounidenses, habiendo sido vaciadas de Dios, ahora estarían llenas de lo que una vez estuvo prohibido y lo que guerreaba contra los caminos de Dios. Eso también les sucedería a la televisión estadounidense, a las universidades estadounidenses, a la música popular estadounidense, a la cultura juvenil e infantil estadounidense, a las corporaciones estadounidenses, a las casas de gobierno estadounidenses, incluso a algunas casas de culto estadounidenses. Todo se estaba oscureciendo. Las instituciones de la nación, habiendo sido vaciadas de Dios, se estaban convirtiendo en casas de espíritus.

Y no fueron solo las instituciones de la nación. El propio Estados Unidos se estaba convirtiendo ahora en una casa de espíritus.

◆◆◆

¿Podría Baal realmente manifestarse en Estados Unidos de América como lo hizo en el antiguo Israel, *en forma física*?

Capítulo 12

La bestia fundida

BAAL ERA EL dios de la prosperidad. Como el Señor de las lluvias y la fertilidad, representaba el florecimiento, la ganancia y el lucro. La creencia de que él podía traer fruto a los campos y viñedos de uno fue una de las más fuertes de sus apelaciones y armas en su batalla contra el Dios de Israel.

Los ídolos americanos

El atractivo de Baal siempre había sido un peligro presente en la cultura estadounidense. Para cualquier nación tan bendecida con la prosperidad material como lo fue Estados Unidos, siempre existiría el riesgo de que su prosperidad se convirtiera en un ídolo y que se volviera hacia el dios del florecimiento y la ganancia. Pero al separarse Estados Unidos de Dios a fines del siglo veinte, el espíritu de Baal fue el que empezó a florecer.

A diferencia de la antigua apostasía, el espíritu no se centraría en el fruto y los rendimientos de la tierra, sino en sus equivalentes modernos: la siembra y el rendimiento financiero, el beneficio, el incremento y las ganancias monetarias. Tenía los adornos de una nueva religión, un culto al éxito y la doctrina del materialismo y la codicia. En las Escrituras, a Dios se le llama *"el Todopoderoso"*. En una reveladora elección de palabras, Estados Unidos denominó a su propia moneda *"el dólar todopoderoso"*.

El espíritu de Baal no podía ser refrenado en los escenarios empresariales. Estaba en todas partes. Los estadounidenses perseguían el dinero, le servían, eran impulsados por el dinero y lo adoraban tanto como los antiguos a sus ídolos. La vida estadounidense se monetizó cada vez más. El espíritu de Baal incluso fue a la iglesia. Como en la antigüedad, cuando la adoración de Baal se añadió a la adoración de Dios, ahora las doctrinas de Baal, la búsqueda de la prosperidad material, la ganancia personal y el éxito en cuanto a todas las cosas, invadieron el santuario.

Y así se comprometió lo que podría haber sido una protección y un antídoto contra la invasión.

El dios toro

Baal casi siempre se representaba como una figura barbuda y con casco, sosteniendo una lanza de relámpagos en su mano alzada. Algunas de sus imágenes muestran los cuernos de un toro saliendo de su cabeza o de su casco. El símbolo relevante de Baal era el toro. El toro encarnaba su poder y su vínculo con la fertilidad. Así que sus ídolos vinieron en la forma de hombre con casco pero también en la de un toro de metal o arcilla.

Fue el ámbito financiero de Estados Unidos y, en particular, su mercado de valores y, más aún, Wall Street, el que personificó la búsqueda estricta del dinero. Fue allí donde se manifestó más claramente el espíritu de Baal en relación con el rendimiento y la prosperidad de una nación. La prosperidad del mercado de valores había estado ligada durante mucho tiempo a la bonanza económica de Estados Unidos en su conjunto. Por lo tanto, llamaba la atención que el símbolo que había llegado a personificar la prosperidad del mercado de valores y de Estados Unidos fuera un toro.

Por supuesto, el toro no llegó a Wall Street porque alguien estuviera buscando una conexión con Baal. Sin embargo, llegó. Y el hecho de que el símbolo de la prosperidad estadounidense fuera el mismo antiguo símbolo de la prosperidad nacional y que lo fuera sin ninguna intención consciente es aún más interesante. Si el mercado de valores estadounidense parecía dirigirse hacia el incremento, la ganancia y la prosperidad, fue porque era un mercado alcista. Y así el antiguo símbolo de Baal se convirtió no solo en un emblema estadounidense, sino que encarnaba al propio reino y dinámica que tenía en la antigüedad.

El *egel* y la apostasía

La aparición del toro en el antiguo Israel, sin embargo, también era un símbolo de algo más: la apostasía por parte de una nación en cuanto a Dios. Más específicamente, el toro era el símbolo de una nación que una vez conoció a Dios, que una vez se consagró a sus caminos, pero ahora lo había olvidado. Era la señal de una nación que lo había rechazado para seguir a otros dioses. Así fue en el antiguo Israel y así sería de nuevo en Estados Unidos de América.

La versión más joven del toro también fue fundamental en la historia de Israel. La palabra hebrea *egel* se refiere específicamente a un toro joven, un *ternero macho*, también conocido como ternero. En la apostasía de Israel en cuanto a Dios, en el Monte Sinaí, el pueblo creó un *egel* real, un becerro. De modo que el becerro, o toro joven, se convirtió en el símbolo de la apostasía nacional.

La señal de la partida de una nación

Siglos después Jeroboam, líder de la rebelión que partió en dos el reino de Israel, erigió dos becerros de oro, uno en cada extremo de su reino. Luego llamó a su pueblo para que los adoraran como dioses de ellos. El toro, o becerro, otra vez se convirtió en la señal de la caída de Dios en una nación.

La apostasía en Sinaí y la de Jeroboam involucró una imagen de metal fundido. Así también, la adoración a Baal involucraba la fabricación de toros fundidos con el propósito de adorarlos. Así que Israel, en su separación de Dios, adoró toros y becerros de metal fundido. Después de la destrucción del reino de Jeroboam, el escritor de 2 Reyes escribiría:

> Dejaron, pues, todos los mandamientos de Jehová su Dios, y
> se hicieron una *imagen* [*fundida*]... y sirvieron a *Baal*.[1]

Así que, la señal de una nación que ha dejado sus mandamientos, su Palabra y sus caminos, es la aparición de la imagen fundida, y específicamente la de un toro —o un toro joven—, el becerro. Si Estados Unidos fuera ahora la nación que se apartaba de Dios y si el espíritu de Baal ahora hubiera venido a morar en ella, ¿es posible que la señal de Baal siguiera?

Si la imagen de un toro fundido apareciera en Estados Unidos de América y se vinculara con el mismo espíritu al que estuvo unido en la antigüedad, el espíritu del materialismo y el lucro sería una señal de una nación que una vez conoció a Dios pero se dio la vuelta y ahora está adorando a otro dios: Baal.

Materialización

Apareció la señal.

El sitio de su materialización fue el distrito financiero de la ciudad de Nueva York, en las afueras de la Bolsa de Valores de Nueva York, en Wall Street. Apareció en diciembre de 1989. Era enorme, de más de tres metros de alto y casi cinco de largo. Pesaba 3200 kilogramos. Era una imagen fundida en forma de una bestia gigante, un toro, la señal de Baal.

Más tarde se trasladaría a un lugar donde pudiera permanecer como un hito imborrable de la ciudad de Nueva York. Pero permanecería en el distrito financiero de la ciudad, no lejos de la bolsa de valores, y el símbolo más concreto que jamás haya representado a Wall Street. Así, la señal de Baal, el dios del incremento y la ganancia, estaría vinculado a la Bolsa de Valores de Nueva York, la casa del lucro y la ganancia de Estados Unidos.

La imagen fue descrita como un "símbolo de prosperidad y de un agresivo optimismo financiero".[2] Las palabras mismas eran una reformulación moderna del poder del dios antiguo. Aunque tenía la intención de animar a la nación, la señal era amenazante. Las fosas nasales del toro se ensanchaban como si estuviera listo para atacar. Un observador describió a la criatura fundida como "una bestia furiosa y peligrosa". Otro lo representó como la encarnación de una "fuerza agresiva e incluso beligerante".[3]

La otra imagen

El día que apareció en Wall Street, el toro no estaba solo. Había otra imagen en perspectiva. Era la estatua del primer presidente de la nación, George Washington. El toro apareció en el suelo sobre el cual Estados Unidos llegó a existir como una nación constituida. Fue allí donde Washington prestó juramento como el primer presidente de la nación.

Después de prestar juramento, Washington entregó una advertencia profética. Dijo, en efecto, que si Estados Unidos alguna vez se apartaba de Dios y de sus leyes eternas, sus bendiciones serían eliminadas.[4] Eso era eco de la advertencia anterior que formuló Winthrop contra volverse a otros dioses, "a nuestro propio placer y a favor de nuestras ganancias".[5] Y ahora, de pie frente a la estatua que conmemoraba el día y el lugar en que Washington lanzó esa advertencia profética de no alejarse de Dios, estaba la señal de que la nación había hecho exactamente eso: se había alejado de Dios.

El Baal norteamericano

Así que la señal de Baal que había aparecido una vez en los lugares altos y en los terrenos paganos del Medio Oriente ahora apareció en Estados Unidos de América. Como en la antigüedad, apareció en metal fundido. De hecho, los antiguos toros de Baal eran a menudo de bronce fundido. Así que el toro que apareció en la ciudad de Nueva York también era de esas características.

Era la encarnación norteamericana de Baal. Era, también, la versión estadounidense del becerro de oro, la antigua señal bíblica de una nación que una vez conoció a Dios y se había apartado, y que otro dios la había dominado.

◆◆◆

En el antiguo Israel, el toro fundido constituía una imagen tangible y un signo del dios poseedor. Pero su impacto y efecto sobre la nación fue mucho más profundo. ¿Qué pasa con el regreso de Baal al mundo moderno? ¿Cuál fue su impacto más profundo en Estados Unidos y Occidente? Es a eso a lo que vamos ahora a medida que descubramos la paganización de Estados Unidos de América y de la civilización moderna.

Capítulo 13

La magia profunda

Si UNA NACIÓN cambia de Dios, ella misma ha de cambiar. Por tanto, cuando Estados Unidos se alejó de Dios y se tornó al espíritu de Baal, se produjo una transformación. El dios antiguo comenzó a trabajar con su magia profunda y puso en marcha la paganización de la civilización estadounidense y la occidental. Ello sucedería en una gran variedad de niveles, algunos descarados o francos, otros no tan obvios pero más profundos, bajo la superficie y —al final— incluso más intensos y de mayor alcance. Esas fueron las consecuencias más agudas de la paganización de Estados Unidos de América.

Dioses, ismos y auras

Cuando Israel se apartó de Dios, aquella tierra se llenó de ídolos. No fue un accidente, sino una dinámica inalterable. La nación que se aparta de Dios siempre se volverá hacia otros dioses. Aunque nunca pronuncie sus nombres ni erija sus ídolos, aunque se convierta en ateísmo o en una forma de secularismo, siempre será conducida a la adoración y al servicio de otros dioses. Esa dinámica se puede ver en el comunismo, el nazismo, el fascismo y cualquier otro ismo que busque expulsar a Dios. Otras cosas tomarán el aura y la autoridad de la divinidad e intentarán reinar en su lugar.

La razón es simple: cuando se quita a Dios, la necesidad de adorarlo permanece, incluso en el mundo moderno. Y si esa necesidad se desvía de él, irá a otra parte. Si una nación o civilización se aparta de la Deidad, entonces todas las cosas quedan sujetas a la deificación. O, en otras palabras, si nada es Dios, entonces cualquier cosa y todo es Dios. Así que no fue solo que Israel se volvió hacia Baal; también se tornó hacia los baalim o a los muchos baales.

La mayoría de los estadounidenses nunca admitiría que recurre a tales cosas ni mucho menos a crear ídolos. Tampoco pronunciarían los nombres de los dioses. Sin embargo, al igual que Israel en su caída,

Estados Unidos ahora volvió a adorar a sus propios dioses y creó su propio ídolo estadounidense.

Deificación

A medida que Estados Unidos se apartó de Dios, comenzó a deificar los objetos de su cultura. La adoración, la pasión y la energía que una vez infundieron su devoción a Dios ahora se redirigieron a lo que no era Dios. Y lo que no era Dios ahora se santificó, empoderó y encantó. Los sustitutos de Dios siempre existieron pero ahora, con la expulsión de Dios, comenzaron a tomar el ropaje de la deidad. En ausencia de Dios no había nada que no pudiera ser deificado.

El dios de uno es aquello que es la realidad definitiva para uno. Por lo tanto, no se puede cuestionar. Entonces surgieron nuevos movimientos, causas, ideologías y sistemas de pensamiento que no podían ser desafiados ni cuestionados, sin importar cuán irracionales fueran, ya que ahora eran dioses. Más bien, uno tenía que inclinarse ante ellos, ya fueran los deidades de la corrección política o el despertar o una multitud de otros. Como la fe fue quitada de Dios, fue enfocada a otras cosas. Llegaron nuevas ideologías para llenar el vacío y gobernar como divinidades a medida que sus movimientos adquirían las características de las religiones.

La adoración a Baal era pura carnalidad y vulgaridad. De modo que, cuando Estados Unidos se volvió de Dios a Baal, su cultura experimentó un proceso de vulgarización. Su discurso nacional se volvió cada vez más crudo; su entretenimiento, cada vez más carnal; y su formación, en general, cada vez más profana.

La fabricación de la verdad

El espíritu de Baal trabaja en pro de alterar la percepción. Donde hay un Dios, hay una realidad concluyente y objetiva, un punto de referencia unificador y un estándar por el cual todo puede ser discernido, medido y juzgado. Donde está Dios, está la verdad. Pero donde hay más de uno, o muchos dioses y baales, la puerta está abierta para muchas verdades, verdades en conflicto y, por lo tanto, ninguna verdad.

Cuando uno hace un ídolo, lo que está fabricando es su propio dios y, por lo tanto, su propia realidad conclusiva y su propia verdad. Pero cuando uno crea la verdad, esta se vuelve una fabricación y deja de ser verdad. Cuando uno crea o se aferra a su propia verdad, esta vuelve a dejar de ser. Dos más dos no pueden ser cuatro para una persona y cinco para otra. Entonces, uno de los signos de que Baal está subvirtiendo a una cultura es que esta se alejará de la objetividad para ir a la subjetividad.

Y así, a medida que Estados Unidos y la civilización occidental se alejaron de Dios, comenzaron a experimentar un proceso de subjetivación. A medida que abandonaron la verdad, se alejaron del concepto de verdad en sí mismo de que, para empezar, había alguna verdad. La transformación afectó al lenguaje. La verdad era ahora lo que era verdad para el individuo. Si un hombre creía que no era él mismo, sino alguien o algo distinto de lo que era, un niño, una mujer, un leopardo o un árbol, no había una verdad definitiva ni absoluta ni ninguna verdad, ninguna realidad objetiva que contradijera su propia "verdad" particular. Y si la verdad personal de uno contradecía la realidad, entonces era la realidad la que tendría que ser sometida a la conformidad.

El volcador

De modo que así, sin Dios, no había más verdad ni, de hecho, más realidad. Las palabras ahora fueron redefinidas. Lo que estaba bien ahora estaba mal, y lo que estaba mal ahora estaba bien. Los valores se alteraron. La gente se alteró. Y la realidad se vio obligada a inclinar la rodilla ante los nuevos ídolos o bien convertirse en arcilla para ser moldeada a la imagen de los nuevos dioses.

Así que, por el espíritu de Baal, las verdades eternas fueron anuladas. Los valores y estándares que se habían mantenido durante miles de años ahora se descartaron con un solo voto de una legislatura o una orden ejecutiva de un presidente. Y las piedras angulares de la civilización judeocristiana ahora podrían ser derribadas por una sola sentencia del poder judicial de la nación.

Por supuesto, cualquier posición que niegue la verdad y la existencia de absolutos debe, en última instancia, contradecirse a sí misma. Al final, afirmará su propia verdad absoluta. Pero incluso esto era una señal del espíritu de Baal. Era el otro lado. Si uno puede convertir la verdad absoluta en subjetiva, entonces puede convertir lo subjetivo en verdad absoluta.

El acto mismo de crear un ídolo o un dios es forjar de la nada un nuevo absoluto. Y así, en ausencia de Dios, la cultura estadounidense forjó nuevas verdades, creó nuevas leyes y mandamientos, y moldeó nuevos absolutos con el metal fundido de su apostasía. Y como sucedía en el antiguo Israel cuando Baal llegó al poder, aquellos que no se inclinaban ante los nuevos dioses e ídolos eran castigados, anulados.

Los dioses rediseñados

Sin embargo, no fue solo el politeísmo, la creencia en múltiples deidades, lo que caracterizó al paganismo, sino el panteísmo, la creencia de que todo era Dios. Y así el regreso de Baal traería también de vuelta al panteísmo. Podría verse en la creencia secular o materialista de que no había nada más que el mundo o el universo. Así, el mundo físico era la realidad última. El mundo era Dios y Dios era el mundo.

Y no fue casualidad de que a medida que Estados Unidos comenzó a expulsar a Dios de su vida, empezó a abrirse a otras espiritualidades. Varias de estas caían bajo el paraguas de las enseñanzas, movimientos, sectas y prácticas de la Nueva Era. Pero detrás de la nueva fachada y el empaque moderno estaba el antiguo paganismo.

Algunas de las corrientes de movimientos y enseñanzas de la Nueva Era tenían una clara inclinación politeísta. Otras involucraban la invocación de espíritus. Aun otras implicaban la invocación de antiguos dioses y diosas.

Sin embargo, otras corrientes eran claramente panteístas. Dios era todo y todo era Dios. Más allá del regreso al paganismo, la adopción de las creencias de la Nueva Era —a menudo— representó un giro hacia las creencias orientales y un mayor alejamiento de la fe cristiana y bíblica.

No obstante, fue la penetración más imperceptible del panteísmo en la cultura y la conciencia estadounidense y occidental lo que demostraría ser más profunda y fundamental. Incluso aquellos que se veían a sí mismos como cristianos a menudo se veían afectados sin saberlo, ya que su forma de pensar y sus percepciones se alteraban sutilmente.

La adoración a Gaia

Baal condujo a Israel a adorar a la naturaleza. Así que no es casualidad que fue en ese mismo tiempo, de la apostasía y del espíritu de Baal, que la civilización norteamericana y occidental comenzó a abrazar la adoración a la naturaleza. Esta ya no era un regalo de Dios para ser administrado. Ahora era la realidad conclusiva. La tierra sería bautizada con el nombre de la antigua diosa Gaia y el mundo sería deificado.

El hombre era de la naturaleza, la naturaleza era Dios, el hombre era Dios y Dios era todo: panteísmo. Se erradicaron las distinciones y se cruzaron líneas. Una de esas líneas fue la que existe entre el hombre y el animal. Esto también hizo que se volviera a Baal.

El ascenso de los hombres animales

Como hemos visto, Baal fue representado tanto en forma humana como animal. Era típico del paganismo, en su mitología e imaginería, fusionar formas, mezclar humanos con animales, una especie con otra. Mientras que las Escrituras hebreas enfatizaban la unicidad y las distinciones, el mundo pagano las anulaba. Así que cuando el espíritu de Baal vino sobre Estados Unidos de América y el mundo moderno, las líneas que nunca se habían cruzado ahora se rompieron y las distinciones que habían sustentado la sociedad y la vida fueron erradicadas.

Aun cuando los antiguos artesanos fusionaban al hombre y al animal en imágenes de piedra y arcilla, los científicos modernos ahora los fusionaron, pero no moldeando arcilla ni cincelando piedra, sino moldeando y empalmando el código genético. La distinción entre el hombre y el animal es cada vez más borrosa. La descendencia de los animales ahora podría tener derechos y protecciones que millones de bebés humanos nunca tuvieron. Y el hombre fue visto cada vez más como una especie de animal glorificado. Ese fue uno de los efectos invariables de Baal y los dioses. Degradaron a todos los que los adoraron y a todos los que les sirvieron.

El salvavidas ahogado

La distorsión, la confusión y la ruptura de las distinciones características del mundo pagano comenzaron a filtrarse en casi todos los rincones de la cultura y la vida estadounidenses. Las diferenciaciones entre
el bien y el mal, la vida y la muerte, lo natural y lo antinatural, el hombre y la mujer, lo bondadoso y lo perverso, ahora se estaban desdibu-
jando, torciendo y rompiendo.

Todo nació de la misma raíz, la confusión pagana y la fusión del
Creador y la creación, Dios y el hombre. Si el mundo era Dios y el hombre era uno con el mundo, entonces el hombre era Dios. Como este,
podía anular la realidad o crear otra. Incluso podría volver a crearse
a sí mismo. Podía convertir lo antinatural en natural y lo natural en
antinatural. Podía alterar los valores, convertir el bien en mal, el mal
en bien y lo mejor en peor.

Mas, si el hombre se había convertido en Dios y Dios era el mundo, entonces no había nada más. Por tanto, no había nada más allá del
mundo que diera sentido a la vida o propósito a la existencia. Y si el
mundo estaba roto y el mundo era Dios, entonces Dios también estaba
roto. Y entonces no podría haber reparación. Y si el hombre estaba perdido, pero el hombre era Dios, entonces Dios estaba perdido y no había
esperanza de redención. Y así, el lúgubre vacío y la desesperación sin
esperanza del antiguo paganismo comenzaron a volver a la civilización
occidental y a oscurecerla. Porque ¿cómo podría haber alguna esperanza de redención o salvación si el que se ahogaba era el salvavidas?

Bajo la profunda magia de Baal, Estados Unidos se estaba transformando en algo totalmente extraño a lo que alguna vez había sido y
representó. Como había hecho con el antiguo Israel, ahora lo estaba
haciendo con Estados Unidos de América. El líder de la civilización
cristiana se estaba volviendo claramente pagano. Baal había convertido
a Estados Unidos en su propia antítesis.

---- ◆◆◆ ----

¿Podría una palabra antigua estar detrás de nuestras tecnologías más
avanzadas y un misterio antiguo estar detrás del surgimiento de la
computadora?

Capítulo 14

Los maestros

Cuando el pueblo de Israel se apartó de Dios, se volvió no solo a los dioses, sino a un tipo específico de estos:

> Sacrificaban a los baales y quemaban incienso a imágenes talladas.[1]

Se tornaron a los baalim. ¿Quiénes o qué eran exactamente los baalim? Para responder eso, primero debemos definir qué eran exactamente los dioses y los ídolos para la gente del mundo antiguo y qué son para nosotros ahora.

La identidad de un dios

Con respecto al adorador, un dios o ídolo es aquello a lo que adora, sirve y por lo que vive, en última instancia. Es aquello en lo que uno más se enfoca y habita, y de lo que obtiene el mayor gozo. Es aquello que uno más reverencia, que lo guía, lo mueve y lo dirige. Es la realidad definitiva de uno y el propósito de su vida.

Por tanto, si uno se aparta de Dios, siempre habrá otro: una deidad o un ídolo.

Los baalim

La palabra hebrea *baalim* significa literalmente los "baales". Los baalim eran Baal en su forma plural. Baal apareció en una multitud de formas y variaciones, y estaba encarnado por una abundancia de ídolos. Así que Baal se manifestó a través de los baales. La palabra *baalim* también se puede traducir como "*los señores*", "*los dueños*" y "*los maestros*". Si uno se aleja de Dios, terminará sirviendo a los baalim, a uno de ellos, a un dios o a un ídolo que terminará convirtiéndose en su amo, dueño y señor.

Habiéndose apartado de Dios, Israel quedó sujeto a los baales, los nuevos señores y amos. La Biblia registra que los israelitas sirvieron a los baalim. La palabra hebrea traducida como "servido" también significa "trabajar bajo", "ser mantenido en servidumbre", "ser esclavizado por". Su apostasía comenzó con las promesas de prosperidad, realización y liberación. Pero terminaría en esclavitud.

Los señores de Estados Unidos de América

Así también para Estados Unidos de América. El atractivo de los baalim era la promesa de que alejarse de Dios traería libertad y satisfacción. Pero en cambio, condujo a la sujeción, a la esclavitud de los baalim. Y como en la antigüedad, los baalim aparecieron en una multitud de formas.

Entonces, los estadounidenses ahora servían y eran dominados por los baales del dinero, el placer, el éxito, la aceptación, la gratificación sexual, las adicciones, el trabajo, la comodidad, el internet, la autorrealización, la obsesión por uno mismo y otros innumerables dioses e ídolos: los baales del mundo moderno.

En lugar de libertad, los estadounidenses vieron que su cultura se volvía cada vez más impulsiva, inquieta, conflictiva, obsesionada y adicta. Y cuanto más se alejaba la nación de Dios, más poderosos se volvían los baalim. Para Estados Unidos, desprovisto de Dios, la búsqueda del dinero y el éxito se convirtió en un espíritu desenfrenado que poseía a millones. Con los estadounidenses desprovistos de Dios, la búsqueda del placer condujo a una multitud de adicciones y autodestrucción.

Los altares de Baal

Los israelitas ofrecieron sacrificios a los baalim. Lo mismo hicieron los estadounidenses. Por los baalim del dinero y el éxito, sacrificaron gran parte de sus vidas. Por los baalim del placer, sacrificaron su bienestar, su salud, sus matrimonios, sus familias y sus hijos. Los baalim nuevos y modernos eran más que maestros despiadados: eran letales.

El profeta Isaías escribió acerca de la caída de Israel a los ídolos, lo siguiente:

Su tierra también está llena de ídolos; adoran la obra de sus propias manos.[2]

Esa era la ironía de la idolatría. Adoraban como dioses lo mismo que ellos mismos habían creado, "la obra de sus propias manos". Habían creado sus propios baales.

El misterio de la colina de Marte

Cuando el apóstol Pablo llegó a Atenas —una ciudad llena de dioses, altares e ídolos—, el Libro de los Hechos afirma que:

… su espíritu se enardecía viendo la ciudad entregada a la idolatría.[3]

Cuando más tarde estuvo en el Areópago, en la colina de Marte, ante los líderes de la ciudad, se refirió a la adoración de los ídolos:

Por tanto, siendo linaje de Dios, no debemos pensar que la naturaleza divina es como el oro o la plata o la piedra, algo moldeado por el arte y la invención del hombre.[4]

Estaba usando el mismo argumento presentado por los profetas. Estaban adorando lo que ellos mismos habían ideado, lo que sus propias manos habían hecho.

Al hablar de la creación de ídolos, el apóstol usó la palabra griega *techne*. De ese mismo vocablo, ligado a los ídolos del hombre, deriva el término moderno *tecnología*. En otras palabras, la tecnología proviene de una palabra que se usa en las Escrituras en relación con los ídolos.

El ídolo de alta tecnología

Estados Unidos fue en gran parte responsable de marcar el comienzo de la era de la alta tecnología y de crear la computadora moderna. La computadora representó el trabajo más sofisticado y avanzado de las manos del hombre, la forma más avanzada de la *techne* del hombre.

Y en la era de la apostasía, se ha convertido en uno de los ídolos más poderosos del hombre y el más complejo de los baalim.

Bajo el espíritu de Baal, los israelitas adoraron y sirvieron a las obras de sus manos. Bajo el espíritu de Baal, Estados Unidos de América hizo lo mismo. Los ídolos antiguos eran sordos, ciegos y mudos, incapaces de moverse o actuar. Pero los ídolos de la alta tecnología del mundo moderno son más poderosos; pueden ver, oír y hablar, y hacer casi cualquier cosa. Y cada generación se apega más a ellos, se conecta más y se hace más adicta a ellos que la generación anterior. Y a cada uno le resulta más difícil liberarse de su hechizo.

La brecha de la realidad

En el mundo pagano no solo se adoraba al dios sino al ídolo, a la imagen del dios. El ídolo y el dios eran uno. La imagen se hizo realidad; la realidad se convirtió en imagen. Así, en la paganización de Estados Unidos de América y la cultura moderna, el límite entre imagen y realidad también se rompió. La imagen se convirtió en realidad y la realidad en imagen. Cada vez más personas viven más y más de sus vidas en un mundo virtual, un mundo de realidad virtual fabricada.

Lo virtual se volvió cada vez más real y lo real cada vez más virtual, al igual que la verdad se volvió cada vez más virtual. La cultura estadounidense y moderna ahora está saturada con una avalancha de imágenes y sonidos que no significan nada: un himno al ídolo.

Se volverán como ellos

El Libro de los Salmos revela una verdad profunda sobre la dinámica entre el adorador y el ídolo:

> Sus ídolos ... tienen boca, pero no hablan; ojos tienen, pero no ven ... *Quienes los hacen son como ellos.*[5]

En otras palabras, el que hace, sirve o adora a un ídolo terminará siendo transformado a su imagen. Entonces los nuevos ídolos tecnológicos, los baales digitales, comenzarán a alterar la naturaleza del hombre. Las computadoras ya lo hicieron al asumir funciones, habilidades y similitudes humanas. La inteligencia artificial rivalizaba cada vez más con la inteligencia humana y asumía sus funciones. Al mismo tiempo, el hombre, cada vez más unido a su computadora, fue adquiriendo las cualidades de su maestro digital. Cuanto más se une uno a una computadora, más comienza a funcionar como su apéndice. Así que las computadoras se volvieron más humanas y los que estaban unidas a ellas se volvieron cada vez menos. Como lo predijo la antigua advertencia de las Escrituras, aquellos que los hicieron ahora se habían vuelto "como ellos".

El hombre máquina

La línea entre el hombre y la máquina se va difuminando. Cada vez se habla más y se experimenta sobre la fusión del hombre y la tecnología, ya fuera a través de implantes digitales u otras mejoras tecnológicas de las capacidades humanas. La línea se volvió aún más borrosa a medida que las personas comenzaron a tener relaciones sexuales y románticas con robots.

Sin embargo, incluso eso era parte del antiguo misterio del paganismo y los dioses. En el paganismo el hombre crea dioses y adora las obras de sus manos; el creador adora a su creación. La línea entre creador y creación se difumina y se rompe. Por tanto, si la tecnología es creación del hombre, entonces la confusión y la fusión pagana de Dios y el hombre se manifestará en la confusión y fusión del hombre y su tecnología; creador y creación, hombre y máquina, un híbrido de ambos.

La civilización estadounidense y occidental ahora creó el más poderoso de los ídolos. Y la generación actual, más que ninguna otra, sirve ahora a su propia creación, a su nuevo maestro, a la *techne* de sus propias manos. Es el día de los nuevos maestros, la era de los baalim tecnológicos.

◆◆◆

Un objeto apareció en las calles de la ciudad de Nueva York. Estaba envuelto en misterio, cubierto por una sábana. La mayoría de los habitantes de la ciudad no tenían idea de lo que era. La ciudad lo desvelaría.

El objeto estaba vinculado a un dios antiguo y a la trinidad oscura.

Capítulo 15

El arco

MÁS ALLÁ DEL toro fundido apareció otra señal de Baal en Estados Unidos de América y, otra vez, en la ciudad de Nueva York. Y el día de su aparición, la ciudad haría una fiesta en su honor. El papel de Baal en la caída de Israel fue decisivo. La nación sería destruida, pero Baal continuaría. Fue adorado en todo el Medio Oriente hasta los primeros siglos de la era actual. En el siglo primero, en la ciudad de Palmira, en lo que ahora es Siria, se construyó un templo para su adoración. Un siglo después se construyó un segundo templo de Baal en la misma ciudad, cerca del primero.

El templo de Baal

El primero sería conocido como el *templo de Baal*, o el *templo de Bel*, por el correspondiente nombre babilónico de esa deidad. El segundo sería conocido como el *templo de Baalshamin*, refiriéndose al dios como el *Señor de los cielos*, o el *Baal del cielo*. Ambos templos permanecerían en pie durante casi dos mil años.

Menos de cien años después de la construcción del templo de Baalshamin, se añadió un arco monumental, el "Arco de Palmira". Fue construido para conectar el templo de Bel con la principal avenida con columnas de la ciudad. El arco era la puerta por donde entrarían los habitantes de Palmira para rendir culto a su deidad suprema. Estaba de pie entre los dos templos.

En la primavera de 2015, la organización yihadista terrorista ISIS invadió Palmira. Después de obtener el control de la ciudad, sus soldados comenzaron la destrucción sistemática de los edificios y artefactos antiguos de la localidad. Después de sobrevivir a casi dos mil años de historia, los dos templos de Baal fueron destruidos, al igual que el arco que estaba entre ellos.

El objeto misterioso

En septiembre del año siguiente, apareció un objeto extraño en la ciudad de Nueva York, tan misterioso como que estaba envuelto en una tela blanca para que nadie pudiera verlo. Era enorme, pesaba casi once toneladas de mármol egipcio y se elevaba un poco más de seis metros del suelo. Era un arco, una recreación gigantesca del arco que conducía al templo de Baal.

Había aparecido en Londres y luego aparecería en otras ciudades occidentales, incluida Washington, DC. Pero la apariencia del arco que sirvió como entrada al templo de Baal en la ciudad de Nueva York fue especialmente significativa. Porque la ciudad de Nueva York había jugado un papel central en la apostasía de Dios por parte de Estados Unidos y, en muchos sentidos, sirvió como la capital de esa caída. Había funcionado como un conducto para la entrada de Baal en la civilización estadounidense.

La ciudad de Baal

Fue precisamente en la ciudad de Nueva York donde se encontraban los equivalentes modernos estadounidenses de los templos de Baal, sus casas, monumentos materialistas, su "progreso" y su lucro. Incluso podría decirse que la ciudad de Nueva York era, en sí misma, un templo espiritual de Baal.

Incluso la ubicación del arco dentro de la ciudad fue significativa. Se erigió en el Bajo Manhattan, a la entrada del Distrito Financiero de la ciudad. Cerca estaba Wall Street, la Bolsa de Valores de Nueva York y el otro signo de Baal, el Toro fundido de Wall Street. Así como una vez el Arco de Palmira fue la entrada al templo de Baal, el arco en la ciudad de Nueva York ahora se encontraba en la entrada a los templos de Baal de Estados Unidos.

Y como el arco antiguo había conectado al templo de Baal con la avenida principal de la ciudad, el arco rehecho se encontraba junto a la principal y más famosa avenida de la ciudad de Nueva York, Broadway, el equivalente moderno a la Gran Columnata en Palmira. Lo mismo pasó con el toro fundido; los dos símbolos de Baal estaban unidos.

El sitio específico elegido para el arco también fue revelador. Se erigió en los terrenos del ayuntamiento, la sede central del gobierno de la ciudad de Nueva York, por lo que los funcionarios de la ciudad participarían en su inauguración.

La inauguración

En la mañana del 19 de septiembre de 2016, los neoyorquinos se reunieron alrededor del arco para celebrar un evento especial: su inauguración y presentación. Junto al arco había un cartel colocado por los patrocinadores del evento en el que aparecía el nombre de Baal. Entre los oradores de la inauguración se encontraba el alcalde de la ciudad, que describió la construcción del arco como un "acto de desafío".[1]

Un conjunto que tocaba música del Medio Oriente sirvió de fondo para el evento que evocaba los sonidos que habrían acompañado la música que se usaba en la antigüedad en el templo de Baal. Fue con esos sonidos del Medio Oriente que se retiró la enorme sábana que cubría el objeto y el arco se reveló entre los aplausos de los espectadores reunidos.

Baal en el Capitolio

Uno puede encontrar incidentes de adoración a Baal en los primeros días de la historia de Israel, desde su entrada a la Tierra Prometida, los cuales sirvieron como advertencia de la mayor apostasía que vendría en tiempos posteriores. Así también, la relación de Estados Unidos con Baal, e incluso con sus templos en Palmira, comenzó mucho antes de que apareciera el Arco de Palmira en sus costas.

En 1753, después de una expedición al Medio Oriente a Palmira, el erudito británico Robert Wood publicó *Las ruinas de Palmira*. El libro influiría en los arquitectos ingleses y estadounidenses de la época. Se cree que a través de ese libro los elementos del antiguo templo de Baal en Palmira fueron incorporados al edificio del Capitolio de los Estados Unidos. También se cree que de uno de los dibujos de ese libro, el de un águila de uno de los templos de Palmira, salió el Gran Sello de los Estados Unidos.

Al igual que con Israel, también con Estados Unidos, el potencial para la apostasía nacional —la sombra de Baal— estuvo presente, desde el principio, incrustada en el ADN espiritual de la nación. Estados Unidos de América había sido concebida según el patrón del antiguo Israel. Por lo que, si se apartaba de Dios, en ese día, el espíritu de Baal entraría. Cosa que ahora hizo.

El portal de Baal

Así, la nación que se había tornado a Baal recibió la señal de esa deidad en forma de un enorme arco de piedra. La entrada al templo de Baal se colocó en la puerta de acceso a la sociedad estadounidense.

Y que el arco apareciera en otras capitales occidentales también era una señal significativa. La civilización que una vez se identificó con la fe del antiguo Israel ahora estaba marcada con la señal de Baal, el dios por el cual Israel se había apartado de su fe, la señal de una sociedad que ahora libra una guerra contra los caminos de Dios.

El arco era la puerta de entrada y salida de la adoración a Baal. Su reaparición fue la señal de una nación y una civilización que le había dado un portal y le había dado la bienvenida de regreso, una señal de que esa nación y esa sociedad ahora se habían convertido en un templo de Baal.

———— ◆◆◆ ————

¿Podría un acontecimiento antiguo, que sucedió en una montaña del desierto, contener una revelación profética y una advertencia crucial sobre lo que ahora está sucediendo en Estados Unidos de América y en la civilización occidental?

¿Acaso podría esa revelación, y advertencia, estar incrustada en los muros del gobierno estadounidense?

Capítulo 16

La civilización del becerro de oro

ANTES DE PASAR al segundo dios de la trinidad oscura, debemos regresar a una montaña antigua para ver otra revelación.

El prototipo

El primer caso de apostasía nacional registrado en las Escrituras fue el de la caída de Israel en el Monte Sinaí. Mientras Moisés estaba en la cima de la montaña recibiendo los Diez Mandamientos, el pueblo de Israel esperaba al pie de la montaña. Cada vez más impaciente por su tardío regreso, decidieron hacer un dios de metal fundido con la imagen de un *egel*, el becerro. Después de crear el ídolo, realizaron una celebración en su honor. Festejaron y bebieron con música y algarabía, ofrecieron sacrificios en su altar y, como registran las Escrituras, *"se corrompieron a sí mismos"*.[1] Luego vino el juicio.

Lo que sucedió en Sinaí fue un prototipo y modelo de apostasía nacional. El diseño ahora se está reproduciendo en Estados Unidos de América y la civilización occidental. Los elementos centrales de ese prototipo han reaparecido: el alejamiento de la Palabra y los caminos de Dios, el rechazo a los Diez Mandamientos, el proceso de deificación, la adoración y el servicio a los ídolos, y el reemplazo de Dios con una inundación de sensualidad y libertinaje. Y en el caso de Estados Unidos, podemos agregar la creación real de una familiar imagen fundida del becerro y la eliminación real de los Diez Mandamientos.

El rostro de Moisés

Hay otro elemento de la apostasía en el Sinaí: el rostro de Moisés, mirando con angustia la caída de su nación. En Capitol Hill hay, en el salón donde se reúne la Cámara de Representantes, un rostro. Es un rostro único, la única representación de un rostro completo en esa cámara. De hecho, todos los demás rostros de perfil están dirigidos hacia él. Es el rostro de Moisés. Ese rostro mira hacia el podio del orador. Examina los procedimientos de la cámara, la votación y la aprobación de leyes y, cuando se pronuncia el discurso del Estado de la Unión, al presidente.

El rostro de Moisés también aparece en las paredes del tribunal más alto de la nación. La figura más prominente en el lado oriental de la Corte Suprema es la de Moisés sosteniendo las dos tablas tal como lo hizo en la cima de la montaña el día del becerro de oro. Las tablas también aparecen en las puertas que conducen a las salas de la Corte Suprema.

De modo que, así como Moisés contemplaba la apostasía de Israel desde el Monte Sinaí, ahora observaba desde el Capitolio y el Tribunal Supremo de la nación. Ese rostro despreció a la Cámara de Representantes cuando trató de promulgar leyes que estaban en guerra contra los principios de Dios. Despreció al presidente cuando trató de promover un plan para anular los caminos de Dios.

Los días del becerro de oro

Ese rostro miró hacia abajo desde la Corte Suprema con los Diez Mandamientos, en la mano, mientras esa Corte Suprema anulaba los Diez Mandamientos en la plaza pública. Miró hacia abajo en el podio en el salón de la Cámara cuando el oficiante dedicó el nuevo Congreso al dios pagano Brahma. Miró a Estados Unidos mientras se precipitaba a la apostasía como había visto a Israel mientras descendía a la apostasía en el día del becerro de oro.

La nación que había sido fundada según el modelo del antiguo Israel ahora había caído según el patrón del derrumbe de Israel. Se había apartado de Dios y se había entregado a los dioses. La oscuridad se había convertido en luz. La luz se había convertido en oscuridad. El pecado ahora era santo y la santidad era pecado.

Todo estaba invertido. Y Baal, el dios de la inversión, había hecho todo eso. Había trabajado con su tenebrosa magia.

Y las palabras de los profetas acerca del antiguo Israel ahora hacían eco para Estados Unidos de América y la civilización occidental: *habían olvidado su nombre por el de Baal.*

Lo que había sido consagrado a Dios en su inicio ahora estaba poseído por su enemigo. Porque no podía olvidarse que el nombre Baal también significaba el *Poseedor*.

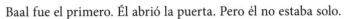

Baal fue el primero. Él abrió la puerta. Pero él no estaba solo. Tenía una esposa o amante.

Ahora pasamos al siguiente de los espíritus que regresan, el segundo dios de la trinidad oscura y el misterio de la hechicera.

Quinta parte:

LA HECHICERA

Capítulo 17

La hechicera

EL SEGUNDO DIOS de la trinidad oscura era ella. Estaba entre los dioses más poderosos y entre los más antiguos, ya que apareció por primera vez en la antigua Sumeria.

La diosa

Era tan importante entre las deidades del antiguo Medio Oriente que se le otorgó el título de *Reina del cielo*. Se vinculaba a las luces celestiales, a la luna, que algunas de sus mitologías nombran como su padre; y al sol, que a menudo se menciona como su hermano. Pero había otra luz celestial con la que estaba más asociada: Venus.

Ella era la diosa de la sexualidad. Fue por esa conexión que el planeta Venus está asociado con el amor. También era la diosa de la guerra y la destrucción. Era fogosa, impetuosa, impulsiva, codiciosa, emotiva, exigente, tormentosa, feroz, carnal, colérica, romántica, vengativa, llena de una pasión desenfrenada, un deseo sexual insaciable y un orgullo desmedido. Si se le niega el objeto de sus deseos o si se la ofende, se volverá vengativa y violenta, por lo que podría causar estragos y destrucción.

Transgresora

Era transgresora de las reglas, de los límites y transgresora de las normas y los convenios. Exigía lo que les pertenecía a los demás. En uno de sus mitos, cuando los dioses no se daban cuenta, ella les robó sus posesiones sagradas. En otro, exigió la entrada a la tierra de los muertos, el inframundo, y golpeó sus puertas, amenazando con derribarlas si se negaba a su voluntad. Aun en otro mito, exigió que los dioses le dieran el Toro del cielo para vengarse de sus enemigos y amenazó con que si se negaban a su demanda, liberaría a los muertos en el mundo de los vivos.

Era la diosa de la prostitución. Las prostitutas de la antigua Mesopotamia la consideraban su patrona y protectora. No solo eso, sino que asumía la apariencia, naturaleza y función de las propias prostitutas.

Seductora

Era una seductora, una tentadora; la diosa que cautivaba, seducía y arrebataba. Como diosa patrona de las tabernas o cervecerías, se la asociaba con el consumo de alcohol, en particular de cerveza. Habitaba en las tabernas, donde mezclaba la sexualidad con la embriaguez.

En la mitología sumeria, su principal amante se llamaba *Dumuzi*. En Asiria y Babilonia él era conocido como *Tammuz*. Fue su ira de ella hacia él lo que provocó su muerte. Luego lloró desconsoladamente por su pérdida. Pero nunca fue una esposa o amante fiel. Tammuz fue uno de muchos. En el famoso poema mesopotámico *La epopeya de Gilgamesh*, la diosa incluso trató de seducir al héroe de la historia, que le respondió rechazando sus proposiciones. Ella era la diosa de la promiscuidad sexual.

Encantadora

Sus imágenes estaban por todas partes, grabadas en ídolos de barro y relieves en piedra. A menudo aparecía desnuda o como una mujer que se revelaba. Otras veces aparecía junto a sus símbolos: la luna o una media luna, el sol y su estrella, que estaba asociada con el planeta Venus. Y frecuentemente se la representaba en su función de diosa de la guerra, blandiendo armas y entrando en combate. Sin duda, fue por ese papel que se la asoció con el león. A menudo aparecería en sus representaciones como símbolo de su ferocidad y su poder.

También era bruja, hechicera, diosa de la magia y los hechizos. Se especializó en la magia del amor, el encantamiento que conjuraba el deseo o que alteraba los afectos y la conducta. Se apoderaba y poseía a sus adoradores. Se movía y hablaba a través de sus sacerdotisas, que servían como sus instrumentos.

Sacerdotisas y prostitutas

Su culto reflejaba su naturaleza. Su adoración estaba saturada de carnalidad, sensualidad y sexualidad francas. Los escritos antiguos hablan de sus templos como casas de prostitución. Se cree que todos los años, en el décimo día de la fiesta de *Akitu* —del año nuevo mesopotámico—, los reyes babilónicos realizaban actos sexuales rituales en su templo. Todavía se debate si esos actos involucraban la consumación de la unión sexual o más bien una forma simbólica de unión. Eso se hacía a través de la suprema sacerdotisa de la diosa, que actuaría como su sustituta.

Su "sexo en el templo" ritualizado no se limitaba a los reyes y a las supremas sacerdotisas. Según los escritos del antiguo historiador griego Heródoto, las mujeres de Babilonia estaban obligadas por la costumbre religiosa a sentarse en los templos de la diosa y desempeñar la función de prostitutas, teniendo relaciones sexuales con un extraño a cambio de dinero. Según Heródoto: *"Toda mujer de la tierra"* estaba obligada a realizar el acto al menos una vez en su vida.[1]

De tales prácticas provienen los conceptos de *"sexo sagrado"*, *"prostitución del templo"*, *"prostitución cúltica"* y *"prostituta sagrada"*. Todos estos estaban especialmente conectados con Ishtar. Tales cosas podrían esperarse de una deidad que estaba tan vinculada a las prostitutas o a su propia prostitución.

No solo eso, iba aún más lejos. Incluso los escritores de la antigüedad, aquellos familiarizados con las prácticas de su culto, describieron esas costumbres como vergonzosas e infames. Su propensión a burlarse de las convenciones y a violar las reglas la convertiría en la diosa de los que están al margen de la sociedad.

Ishtar

Ishtar estaba entre las deidades más extendidas y variables. Podía modificar su apariencia o sus atavíos para adaptarse a nuevos pueblos, culturas y tierras. En la Biblia se la llama "Astoret". También se habla de ella en la forma plural de su nombre, "Astarot".

Como con Baal, ella estaba en todas partes. Se manifestaba en diversas formas en diferentes ciudades, regiones y tierras, y sus ídolos se podían hallar en todo el mundo del Medio Oriente. En la mitología cananea, estaba vinculada a Baal y aparece a menudo como su esposa o consorte.

Su influencia fue tan grande y tan fuerte que uno puede ver facetas de su naturaleza, sus roles, funciones y atributos en una miríada de deidades del Medio Oriente, el Mediterráneo y más allá. En el mundo cananeo y semítico occidental se la llamaba *Astarte*. Los sumerios la llamaron *Inanna*. En Asiria, Babilonia y gran parte del mundo mesopotámico se la conocía como *Ishtar*. Para los griegos se convirtió en *Afrodita*. Al mismo tiempo, su joven amante Dumuzi, o Tammuz, se convirtió en el dios Adonis. Y para los romanos era la diosa *Venus*. Por lo tanto, el planeta que estaba detrás de la *Estrella de Ishtar* recibiría el nombre apelativo nombre romano de la deidad.

Ishtar en el exilio

Nos referiremos a ella como una sola diosa y un solo espíritu. Aunque sus otros nombres, a veces, aparecerán en este libro, la diosa será llamada con mayor frecuencia por el más famoso de sus motes mesopotámicos: Ishtar.

Cuando la fe cristiana entró en el mundo romano y en el Medio Oriente, la diosa —junto con las demás deidades y espíritus— fue expulsada. En una época que veía la alianza del matrimonio como sagrada y la sexualidad como un don dado exclusivamente y perteneciente a esa alianza, no se podía mantener un principado y un culto dedicado al deseo carnal y a la sexualidad desenfrenada. De forma que la diosa se exilió.

Pero, ¿y si ella volviera?

◆◆◆

¿Qué pasaría si Ishtar regresara al mundo moderno y, específicamente, a Estados Unidos?

¿Qué sucedería?

¿Podría ella poner en marcha una transformación enorme y decisiva como la que ejecutó Baal o incluso peor aún?

Capítulo 18

El regreso de la hechicera

¿CÓMO ENTRÓ EL segundo principado en Estados Unidos de América y en Occidente? Para hallar la respuesta, debemos repasar el pasado y ver cómo logró entrar en el antiguo Israel.

Señora Baal

Fue desde el principio, poco después de que los israelitas se establecieron en la tierra, que comenzaron a tornarse hacia otros dioses. El primer registro de ese giro se encuentra en el Libro de los Jueces. El pasaje habla primero del abrazo de los israelitas a los baalim, o baales, luego dice lo siguiente:

Dejaron a Jehová, y adoraron a Baal y a Astarot.[1]

Desde el principio, los dos dioses —Baal y Astoret o Ishtar— estuvieron unidos. La conexión reaparece más adelante en el Libro de los Jueces:

Los hijos de Israel volvieron a hacer lo malo ante los ojos de Jehová, y sirvieron a los baales y a Astarot.[2]

Aparece también en el Libro de 1 Samuel cuando el pueblo se da cuenta de las consecuencias de su apostasía:

Y ellos clamaron a Jehová, y dijeron: Hemos pecado, porque hemos dejado a Jehová y hemos servido a los baales y a Astarot.[3]

La conexión Baal-Astoret

¿Por qué estas dos deidades malignas están juntas?

El hecho de que pudieran ser retratados en sus mitologías como casados o amantes explicaría parte de ello. Pero la conexión entre los dos dioses es más profunda y trasciende la mitología. También lo es el orden en que aparecen sus nombres. Es Baal el que aparece es primero y luego Astoret. Israel primero se dirigió a Baal y luego a Astoret. *Baal dirige a Astoret.*

Baal representaba el alejamiento de la nación de Dios y el acercamiento a lo físico, lo material, lo carnal y lo sensual. Fue esto lo que abrió la puerta para la entrada de Astoret, o Ishtar, y con ella la sexualidad desenfrenada, el libertinaje y la decadencia. La adoración a Baal tenía elementos de todas esas cosas, pero Astoret era su encarnación. Un dios dio paso al otro y un espíritu al siguiente. El dios de la apostasía dio paso a la diosa del desenfreno sexual y al libertinaje.

Ishtar llega a Estados Unidos de América

¿Qué significaría esto para Estados Unidos y Occidente? Si el alejamiento de Dios, por parte de Estados Unidos, comenzó a manifestarse a principios de la década de 1960 y, con él, la entrada de Baal, entonces esperaríamos que esto fuera seguido por la entrada de Astoret o Ishtar. ¿Y qué pasaría entonces a raíz de esa entrada?

Esperaríamos que comenzara una transformación que alterara el ámbito de la sexualidad. Con la entrada de la diosa, esperaríamos que los estándares bíblicos y la ética en torno a la sexualidad y el matrimonio comenzaran a erosionarse. Esperaríamos que los cimientos morales y los valores que habían sustentado la civilización occidental durante casi dos mil años comenzaran a derrumbarse.

En resumen, esperaríamos que hubiera una revolución en el ámbito de la sexualidad, una revolución sexual.

Ishtar y la revolución sexual

Y eso es exactamente lo que sucedió. Poco después de que Estados Unidos se alejara de Dios a principios de la década de 1960, se produjo otra transformación en el ámbito de la sexualidad. Sería uno de los movimientos definitorios centrales de la década de 1960, y continuaría mucho después de que terminara ese decenio. Eso no se detendría hasta que transformara la cultura estadounidense y occidental más allá de lo que se podría reconocer.

El efecto del regreso de la diosa a Estados Unidos de América podría resumirse en tres palabras: *la revolución sexual*. Había habido otra revolución de esa clase. Ocurrió en la antigüedad, en el mundo grecorromano. Fue la revolución por la cual la ética sexual bíblica, los ideales y la moralidad reemplazaron a los del mundo pagano. Sucedió al mismo tiempo que los dioses fueron expulsados de la civilización occidental. Los dos fenómenos estaban conectados.

La expulsión de esos dioses incluyó la expulsión de la Venus romana, la Afrodita griega, la Astarté fenicia y la Ishtar mesopotámica, todas las variadas manifestaciones de la diosa de la sexualidad. Fue con la partida de esta que los valores bíblicos reemplazaron a los paganos y se produjo la primera revolución sexual.

Sin embargo, si esa diosa regresara, significaría que los valores sexuales paganos ahora anularían los bíblicos. En otras palabras, la revolución sexual que ocurrió en Estados Unidos de América y la civilización occidental a fines del siglo veinte fue la reversión de la revolución sexual que sucedió en la antigüedad. Fue el advenimiento del evangelio lo que rompió el hechizo de la diosa. Pero ahora, a su regreso, el hechizo volvería a lanzarse sobre Estados Unidos de América, Occidente y el mundo.

La maldición de la hechicera

La revolución sexual fue otra dimensión de la paganización de Estados Unidos de América y la cultura occidental. Los principios que representaba eran valores paganos y la sexualidad era totalmente pagana. Lo que se tildó de "nueva moralidad" era, en realidad, una vieja moralidad, antiquísima, era la moralidad de las deidades paganas. La reaparición de ello era señal de que los espíritus de los difuntos habían regresado a la casa.

El objetivo de la diosa era destruir la moralidad y la fe por la que fue expulsada. Para hacer eso, tendría que apoderarse de una nación y una civilización cristianas que, con respecto a la sexualidad y el matrimonio, defendieran la moralidad y las prácticas bíblicas para así llevarlas a adoptar la moralidad y las prácticas paganas. Para ello, al igual que con el regreso de Baal, tendría que trabajar de forma incremental, paso a paso y progresivamente. Pero era el espíritu de Ishtar. Y a Ishtar pertenecían especialmente los poderes de la seducción y los hechizos. De modo que, al volver a lanzar su antiguo encantamiento, comenzaría la seducción de Estados Unidos de América y del mundo moderno.

◆◆◆

¿Qué pasaría si Estados Unidos de América estuviera bajo el hechizo de una antigua diosa?

Capítulo 19

La gran seducción

¿QUÉ SUCEDERÍA EXACTAMENTE si el espíritu de la diosa tomara posesión de una cultura? ¿Qué pasaría si se apoderara de Estados Unidos de América?

Y entonces vino Ishtar

En la cultura estadounidense y occidental de mediados del siglo veinte, la sexualidad era vista como el dominio sagrado del matrimonio, y el matrimonio como el pacto de amor sagrado y de por vida entre un esposo y una esposa. Estos valores eran en gran medida los mismos que habían sido en la antigüedad con el advenimiento del cristianismo. El sexo fuera del matrimonio, ya fuese prematrimonial o extramatrimonial, se consideraba pecado. El divorcio estaba mal visto. Si una mujer quedaba embarazada antes del matrimonio, se esperaba que ella y el padre del niño se casaran. La tasa de divorcios era minúscula. También lo era el porcentaje de personas que vivían juntas sin casarse, al igual que la tasa de hijos nacidos fuera del matrimonio.

La prostitución existía pero era ilegal y estaba confinada al inframundo. La pornografía era tabú y, en su mayor parte, se mantuvo alejada de la cultura dominante y de la vista del público. Incluso aquellos que rompieron tales estándares, en su mayoría, mantendrían su comportamiento en privado.

Se esperaba que el entretenimiento y la formación popular estadounidenses mantuvieran los mismos valores. Más allá de la alusión y la sugerencia, las relaciones sexuales casi nunca se representaban en la pantalla de cine. Se esperaba que Hollywood siguiera un código de moralidad acordado en cuanto a lo que podía y no podía mostrarse, cosa que hizo. La desnudez de cualquier tipo estaba prohibida. Cualquier alusión al sexo fuera del matrimonio no debe retratarse de manera positiva. Y para las pantallas de televisión, los parámetros eran aún más estrictos.

Hasta que llegó Ishtar.

La deificación del sexo

Hemos visto la dinámica de la deificación: cuando un individuo, nación o civilización se aleja de Dios, lo que no es Dios se volverá como Dios y asumirá el aura de la divinidad. Una de esas cosas que no son Dios es el sexo. Cuando Israel se alejó de su Creador, el sexo, en la forma de la diosa Astoret, o Ishtar, fue deificado. El sexo se convirtió en un dios. Se convirtió así en un fin y una meta a ser perseguida en sí misma. Por lo tanto, ahora podría separarse del matrimonio o cualquier otro contexto y seguirse sin tener en cuenta el contexto ni ninguna otra cosa.

Cuando el espíritu de Ishtar llegó a Estados Unidos, la misma dinámica comenzó a repetirse. La sexualidad fue deificada. Se convirtió en un dios para ser perseguido como un fin en sí mismo y sin tener en cuenta al matrimonio, al amor o incluso a una relación. Lo que antes era dominio exclusivo de marido y mujer ahora se derrama en la esfera pública y la cultura popular.

Y así comenzó la separación progresiva de la sexualidad del matrimonio. Así como Israel adoraba y servía a la diosa de la sexualidad, ahora Estados Unidos de América, habitada por el mismo espíritu y la misma deidad, se obsesionó cada vez más con el sexo.

La destrucción del matrimonio

Aunque Ishtar estaba involucrada en las ceremonias de matrimonio rituales de la religión mesopotámica, y aun cuando algunos de sus mitos implicaban una modalidad de matrimonio, no había casi nada en ella que propiciara la unión matrimonial. Todo lo contrario, su naturaleza y sus actos, su adoración y su culto, la socavarían. Ella nunca fue fiel. Era promiscua. Persiguió y sedujo un amante tras otro. Persiguió las relaciones sexuales fuera del matrimonio y en detrimento del matrimonio.

Así que el efecto del regreso de Ishtar al mundo moderno fue el socavamiento y debilitamiento progresivo del matrimonio. A medida que se glorificaba la sexualidad como un fin en sí mismo, el matrimonio se erosionaba. Así como Ishtar había buscado una relación tras otra, Estados Unidos de América comenzó a hacer lo mismo. A medida que el tabú contra la terminación del matrimonio comenzó a desaparecer, también lo hicieron los matrimonios. Bajo el espíritu de Ishtar, el divorcio se convirtió en una epidemia y Estados Unidos se llenó de hogares destruidos.

Las pasiones de la diosa

Ishtar fue guiada solo por su voluntad y sus deseos. No tenía en cuenta las consecuencias de sus acciones. La idea de negarse a sus propios anhelos en aras de un pacto era para ella una maldición. Ella buscaba el cumplimiento inmediato de cada impulso. Era la diosa de la gratificación instantánea.

De forma que, con el regreso de Ishtar, la cultura estadounidense y moderna —en general— se consumió con la gratificación instantánea. Los estadounidenses eligieron cada vez más sus deseos por encima de las relaciones, por sobre la preservación de sus matrimonios o contraerlos en primer lugar. Una cultura de hiperindividualismo, autosatisfacción y autogratificación demostró ser tóxica para el matrimonio y las relaciones.

Como estaba en la naturaleza de Ishtar elegir el placer sexual y el romance por encima del compromiso, cada vez más estadounidenses hicieron lo mismo. Se acostaban, vivían juntos, pero no se comprometían. El matrimonio como un pacto de por vida era visto, cada vez más, como una restricción innecesaria. Lo que antes era fornicación ahora se convirtió en relaciones prematrimoniales y, con el tiempo, en la norma. La cantidad de estadounidenses que viven juntos sin matrimonio y el número de niños nacidos fuera del matrimonio o sin padres se disparó.

Ishtar en Hollywood

El ámbito del entretenimiento y la cultura popular estaban sujetos al mismo espíritu. Los códigos y normas que se habían establecido para servir como vallas morales ahora se eliminaron. ¿Qué cosa fue una vez prohibida, aborrecible o tabú que en estos tiempos se proyecta libremente en las pantallas de cine? Y mientras que la industria de la televisión alguna vez evitó mostrar parejas casadas en la cama, ahora retrata normalmente a personas solteras en la cama y manteniendo sexo con múltiples parejas. Aun cuando la desnudez no se veía en público, ahora se mostraba en pantallas de cine y se canalizaba a las salas de los hogares estadounidenses.

Si los estadounidenses de la década de 1950 hubieran encendido sus televisores para ver lo que aparecería en los aparatos de la nación en el futuro, no habrían podido procesar eso. Les habría parecido algo sacado del apocalipsis o de un oscuro sueño febril. Así de radicalmente eficaz había sido el trabajo de la diosa.

El tabú

La naturaleza de Ishtar era traspasar los límites, transgredir las convencionalidades y romper los tabúes. Entonces, la cultura estadounidense se vio poseída por un espíritu de transgresión, impulsada para violar el cercano límite, transgredir la siguiente convención, romper el próximo tabú. Lo que una vez fue abominable ahora se convirtió en una fuente de placer. Y no fue solo el deleitarse en el pecado, sino también la ruptura de los tabúes y el derrocamiento de cualquier regla. Aquello era el placer de la profanación y la apostasía.

Ishtar no solo introdujo, promulgó y defendió la inmoralidad sexual, sino que la *santificó*; ella declaró aquello santo. Los actos de inmoralidad sexual eran parte de su culto y su adoración, realizados como ritos en sus templos y santuarios. Por tanto, en las mismas garras de su espíritu, lo mismo comenzó a manifestarse en la cultura estadounidense y occidental. La inmoralidad sexual ahora no solo se aceptaba sino que se trataba como sagrada.

La santificación de lo prohibido

Ahora son los estándares y restricciones anteriores los que se consideran pecaminosos, puritanos, represivos y malvados. Y al que se oponga a los pecados recién santificados o no los reverencie adecuadamente, ahora es tratado como una especie de hereje, y la oposición a la nueva moralidad es algo parecido a una blasfemia.

Lo que el espíritu de Baal había comenzado, el espíritu de Astoret, o Ishtar, lo llevó a otro nivel. El trabajo de cada dios era provocar la inversión de la civilización. Ishtar había invertido el reino de la sexualidad. Había tomado lo prohibido, lo tácito y lo tabú y, paso a paso, lo introdujo en la cultura dominante. El impacto de cada paso sería seguido por la familiaridad y el entumecimiento, luego la tolerancia, después la aceptación y finalmente la celebración.

Al final del proceso, los estadounidenses defenderían lo que alguna vez prohibieron y prohibirían lo que alguna vez defendieron. El reino de Ishtar era el más crítico, como lo es hoy. De la sexualidad surgió el matrimonio, la familia, la sociedad, la civilización y la vida. Y así, el funcionamiento de la diosa produciría la más profunda de las transformaciones en la civilización estadounidense, occidental y mundial. Ella los alteraría más allá del reconocimiento. Ella trastornaría la vida misma.

◆◆◆

¿Podría lo que ahora satura al mundo del entretenimiento, impulsa grandes porciones de la economía estadounidense e inunda la red mundial relacionarse con un misterio contenido en las tablillas de la antigua Mesopotamia?

Capítulo 20

La prostituta sagrada

Ishtar era la diosa patrona de las prostitutas. Ella era su protectora, su animadora, su sostén, su guía y su matrona. Desde las damas de la noche que caminaban por las calles de Sumeria hasta las *"prostitutas sagradas"* que habitaban los santuarios y templos de Babilonia, todas miraban a Ishtar, le rezaban, la adoraban y eran sus sirvientas.

La prostitución era parte de su culto. Los actos sexuales estaban presentes en su adoración, en sus rituales y se podían encontrar en sus santuarios. Los templos de Ishtar eran famosos por su vínculo con las prostitutas e incluso por el negocio de la prostitución. La conexión era intrínseca a la identidad de la diosa.

La diosa ramera

Ishtar no solo fue la gran benefactora de las prostitutas, sino su modelo a seguir. Su obsesión por la sexualidad, su promiscuidad, sus innumerables relaciones y amantes, todos los cuales sirvieron como ejemplos para la antigua prostituta del Medio Oriente.

En las tablillas de Sumeria, Ishtar, o su encarnación anterior llamada Inanna, se describe como *"harimtu"* o *"karkid"*.[1] Palabras que se traducen comúnmente como "prostituta". Algunos argumentan que esos términos pueden significar prostituta pero no necesariamente en todos los contextos. Pero esos vocablos aparecen en descripciones de Ishtar en los que el contexto claramente se refiere a la prostitución, específicamente cuando cita la taberna, el lugar donde las prostitutas se reunían y trabajaban. Un antiguo himno dice lo que sigue:

> No pueden competir contigo, Inanna [*Ishtar*]. Como prostituta bajas a la taberna y, como un fantasma que se cuela por la ventana, entras allí.[2]

Y otro dice:

Tú, mi señora, viste como una sin reputación en una sola prenda.[3]

Así como la antigua prostituta mesopotámica podía ser identificada por sus joyas, también Ishtar:

Las perlas de una prostituta se colocan alrededor de tu cuello.[4]

Otro tributo antiguo a la diosa es aún más detallado, ya que trata sobre el precio de su transacción:

Cuando estoy contra la pared, es un siclo.[5]

Otra inscripción antigua tiene a la diosa diciendo francamente:

Soy prostituta.[6]

La sexualización de la cultura estadounidense

El regreso de Ishtar fue el de la diosa prostituta. Eso pondría en marcha una transformación basada en la dinámica de su oficio, así como su culto de adoración.

La prostitución saca las relaciones sexuales del contexto exclusivo entre marido y mujer y las lleva a la cultura más amplia, al mercado, al ámbito del negocio y el comercio. Del mismo modo, el culto de adoración a Ishtar sacó la sexualidad del escenario privado del pacto matrimonial y la llevó al ámbito público de las festividades, los rituales y la adoración en el templo.

De forma que, cuando el espíritu de Ishtar regresó a la civilización occidental, trabajó para eliminar la sexualidad en cuanto a los límites del matrimonio. La sexualidad ahora pasó del ámbito privado al público. Lo que una vez había sido posesión exclusiva de marido y mujer dentro del pacto matrimonial ahora se convirtió en posesión de la cultura más amplia, la cultura popular y la vida pública. De modo que la cultura estadounidense y occidental se sexualizó. Su sexualidad fue robada del lecho matrimonial. La sexualidad ahora estaba en todas partes y desenfrenada sin tener que ver con el pacto del matrimonio.

La paga de la ramera

No era solo que las prostitutas de Ishtar sacarían la sexualidad del lecho matrimonial y la llevarían a las calles de Sumeria y Akkad, sino que la trasladarían al mercado. La convirtieron en una mercancía para la compraventa. En la prostitución se empleaba el sexo como medio de procurar dinero.

Así que, a su regreso, la diosa prostituta no solo inundó la cultura con sexualidad, sino que la empleó cada vez más en el mercado como una mercancía. El sexo se usaría cada vez más para conseguir dinero, en pantallas de cine, videos musicales, revistas, internet y en cualquier otro lugar donde pudiera generar dinero.

Lo que el espíritu de Ishtar había promovido en las ciudades de Mesopotamia ahora lo fomenta en Estados Unidos de América y la cultura mundial. El sexo fue monetizado.

El proceso pornográfico de la cultura

No solo se usaba el sexo para vender otras mercancías sino que, como en el antiguo oficio de Ishtar, el propio sexo estaba a la venta. Las industrias que existieron en las sombras ahora ingresaron a la corriente principal estadounidense y occidental normalizándose. Las revistas para adultos, los clubes para adultos, las películas para adultos y el entretenimiento para adultos aumentaron en número e influencia. Uno ya no tenía que aventurarse a los rincones y las sombras; estos se apoderaron de Estados Unidos.

Las tablillas de la antigua Mesopotamia contienen inscripciones en las que la diosa busca tentar a sus amantes para que tengan relaciones sexuales. No se citarán aquí, ya que podrían describirse mejor como literatura pornográfica. Así que a medida que el espíritu de la diosa se apoderaba cada vez más de la cultura estadounidense y occidental, esa literatura con sus historias inmorales comenzaron a entrar en el ámbito normal.

Así como los antiguos mesopotámicos leían o escuchaban las palabras e historias pornográficas de Ishtar, los estadounidenses ahora leen literatura pornográfica y ven películas pornográficas en los cines, en sus televisores y en los monitores de sus computadoras.

Y a medida que la prostitución despersonalizaba a la sexualidad, el espíritu de la diosa prostituta despersonalizaba cada vez más a la sexualidad.

Madre de eros

Las industrias sexuales recién incorporadas emplearían y serían conocidas por la palabra *erótico*: literatura erótica, bailarinas eróticas, masajes eróticos, películas eróticas, erotismo. El vocablo *erótico* proviene del término eros. Eros era un antiguo dios de los griegos. El nombre significa deseo. *Eros* era el dios del deseo sexual y el amor; nació de Afrodita. Afrodita era la encarnación griega de Ishtar. Entonces, tras el nombre dado para describir al diluvio que estaba barriendo la cultura estadounidense y mundial, estaba el dios pagano Eros. Y detrás de Eros estaba Ishtar. Es decir, detrás de todo aquello estaba Ishtar. Habiendo regresado al mundo moderno, la diosa había vuelto a dar a luz a Eros.

Las imágenes

La adoración a Ishtar no se limitaba a la literatura pornográfica o a las historias. Encontró su expresión más popular en lo artístico. La imagen de Ishtar como mujer desnuda se podía encontrar en todo el antiguo Medio Oriente, en relieves de terracota, en esculturas de piedra, en sellos reales y en ídolos de arcilla. Las imágenes de mujeres desnudas eran típicas de la cultura pagana y especialmente prominentes en la adoración a Ishtar.

Por lo tanto, podríamos esperar que la entrada de ella en Estados Unidos de América y a la cultura moderna traería un renacimiento de la imaginería desnuda. Y eso es exactamente lo que sucedió. Las imágenes de desnudos, en particular de mujeres, volverían a impregnar la civilización occidental. En el caso moderno sería conocido como pornografía. En tiempos antiguos, Ishtar hizo que las imágenes de mujeres desnudas se extendieran por todo el mundo del Medio Oriente, en arcilla, piedra y pintura.

Ahora, a su regreso, comenzó a hacer que las mismas imágenes invadieran el mundo moderno en fotografías, películas, videoclips y representaciones digitales. Las imágenes y prácticas que una vez caracterizaron la cultura de la diosa ahora tipifican la sociedad estadounidense.

La diosa del porno

Entre los escritos más antiguos de la historia de la humanidad están los himnos "sagrados" a Ishtar o Inanna, en los que se la describe como prostituta. La palabra griega para escritura es *graphos*. El vocablo griego para la profesión de Ishtar —la prostitución— es *porne*. Es de esta raíz, "escritos sobre una prostituta", que obtenemos la palabra *pornografía*.

Por lo tanto, según la definición literal de la palabra, la pornografía nació en las "escrituras sagradas" de la diosa.

Y así, a medida que el espíritu de la diosa prostituta se trasladó a Estados Unidos de América, esta nación se llenó de pornografía o, como se le llamó en diminutivo, porno; que significa, en efecto, "prostituta". La sociedad estadounidense, el entretenimiento y la internet producida en Estados Unidos hicieron que la pornografía fuera omnipresente. Estaba en todas partes. Los estadounidenses ya no tenían que ir a las zonas "especiales" de las ciudades y pueblos para obtener material pornográfico. La cultura nacional se había convertido ahora en una "zona rosa", como dicen en otros países.

Ishtar había triunfado. Su efecto en este país fue tan grande que ahora se había convertido en el principal creador y exportador mundial de pornografía. Estados Unidos estaba ahora, de hecho, produciendo la mayor parte del contenido pornográfico del mundo. Se había convertido en la capital mundial e indiscutible del porno.

La civilización que se había consagrado en sus inicios a promover el evangelio y a difundir la luz de Dios a las naciones estaba cubriendo la tierra con pornografía y promoviendo los planes de otro espíritu, el que ahora lo controlaba: el de la diosa prostituta.

◆◆◆

¿Qué tienen que ver entre sí el sexo, las drogas y el *rock and roll*, los adivinos y la brujería, la intoxicación, los movimientos de la Nueva Era y el mundo de lo oculto?

Todos se remontan a los encantamientos de una diosa mesopotámica.

Capítulo 21

El embriagador

COMO HECHICERA, ISHTAR tentaba, seducía y cautivaba. Hacía que sus seguidores abandonaran la razón y la racionalidad para hacer lo que de otro modo nunca habrían hecho. Lanzaba hechizos. Hacía magia. Por lo tanto, su habilidad para seducir era aún más poderosa.

La poción de Ishtar

Como diosa que moraba en las tabernas, Ishtar estaba fuertemente conectada con las sustancias embriagantes que se servían y se consumían en esos lugares. En uno de sus mitos, planea quitar los poderes y los planos de la civilización contenidos en las tablillas del dios Enki. Así que se pone a ingerir bebidas alcohólicas con él hasta que se emborracha, momento en el cual ella se va con las tablillas.

Así que a Ishtar le pertenecían los poderes tanto de la seducción como de la embriaguez. Por lo tanto, es de notar que al mismo tiempo que la revolución sexual se apoderaba de Estados Unidos, comenzó un movimiento paralelo, una explosión en el uso de sustancias intoxicantes.

Después de mantenerse estable desde el final de la Segunda Guerra Mundial, la tasa de consumo de alcohol en la nación norteamericana comenzó a aumentar. La escalada continuaría durante dos décadas y luego sería seguida por otra oleada que continuaría hasta el siglo veintiuno.

El alterador de la mente

Sin embargo, fue otra forma de intoxicación la que explotó tan dramáticamente en la cultura estadounidense y occidental la que, en parte, definiría la década de 1960: la de las drogas. El fenómeno se generalizó tanto que dio origen a su propia esfera: la cultura de las drogas.

Entre las sustancias embriagantes más célebres que se adoptaron recientemente se encontraban las drogas psicodélicas, o "alteradoras de la mente", que trastornaban radicalmente la percepción, el pensamiento y el comportamiento. El estado de embriaguez de alteración de la conciencia se glorificaba ahora como un ideal que había que buscar.

Todo estaba en consonancia con la naturaleza de la diosa. Era su poder y su voluntad alterar la conciencia, la percepción y la realidad. Con o sin sustancias intoxicantes, estaba alterando la conciencia estadounidense.

Sexo, drogas, rock e Ishtar

Para los antiguos mesopotámicos, las tabernas estaban habitadas por el espíritu de Ishtar. Era en ellas donde los afectados por sus encantos se rodeaban de tres elementos: la sexualidad, las sustancias embriagantes y la música. Cuando el espíritu de Ishtar se manifestó en la cultura estadounidense en la década de 1960, también se manifestaron dos de los tres elementos, la sexualidad y las sustancias intoxicantes. El tercer componente también convergería: la música.

Cada uno de los tres personificaría la década que comenzó la transformación de la cultura norteamericana. En 1969, un artículo de la revista *LIFE* identificó esos tres aspectos como los nuevos sacramentos de la contracultura: "sexo, drogas y rock",[1] o —en otros términos— sexualidad, sustancias embriagantes y música, los tres elementos que caracterizaron la invasión de Ishtar.

Los médiums de los dioses

A los mesopotámicos les agradaba el poder de Ishtar especialmente para realizar magia y encantamientos con los que los rodeaban. Ella era la diosa de los hechizos. Se recurría a sus poderes para redirigir o inflamar el deseo sexual o el afecto romántico de una persona. El hechizo podía implicar rituales, el uso de objetos, manzanas, granadas, el tejido de cuerdas en nudos, actos simbólicos que hoy se llamarían magia blanca o brujería.

Ishtar era la diosa de los médiums, aquellos de los que se decía que estaban poseídos por los espíritus. Hablaban en nombre de los dioses y revelaban conocimientos y consejos sobrenaturales. Su espíritu los poseía, como lo hacía con sus profetas. La propia Ishtar era médium, la mediadora entre los dioses y los mortales. Hoy, esos médiums también se conocen como adivinos, psíquicos, canalizadores y practicantes de lo oculto. De hecho, todos estos elementos asociados con la diosa se clasifican hoy bajo el título de lo oculto. Ella era la divinidad del culto oculto.

El renacimiento del ocultismo

Por lo tanto, podríamos esperar que con el regreso de Ishtar al mundo moderno, habría un renacimiento del ocultismo. Y eso, insisto, es exactamente lo que sucedió. No fue casualidad que en la misma década que se presenció el alejamiento de Dios en Estados Unidos, el comienzo de la revolución sexual, el cambio de género, el debilitamiento de la familia y la amplia difusión de sustancias que alteran la mente también se viera un renacimiento enorme del ocultismo. El vacío espiritual dejado por la ausencia de Dios atrajo a millones a una espiritualidad tenebrosa. Y al igual que con otros movimientos lanzados por los dioses, las creencias y prácticas ocultas pasaron de la marginalidad y las sombras de la sociedad a sus posiciones más relevantes.

Brujas y diosas

Del renacimiento del ocultismo surgió una explosión en la práctica de la brujería, así como en el número de mujeres que se identificaron como brujas. En esto estaban asumiendo los atributos de la diosa. El renacimiento del ocultismo también dio lugar al florecimiento del culto pagano, los movimientos neopaganistas y los tendencias híbridas que fusionaron lo oculto con las religiones orientales y el antiguo paganismo. También generó instituciones, organizaciones y religiones dedicadas a adorar a Satanás.

Hubo otra corriente muy especial que también surgiría de las semillas plantadas en el renacimiento ocultista de finales del siglo veinte: la adoración a la diosa. Esa fue una secuela de los movimientos neopaganos nacidos en ese despertar. Incluía la adoración a las diosas madres, las diosas de la naturaleza, las diosas guerreras y otras "grandes diosas", entre muchas. A menudo, incluida en el panteón de esas deidades a ser veneradas o adoradas, estaba la propia diosa en sus diversas advocaciones de Astarté, Afrodita, Venus, Inanna y, por supuesto, Ishtar.

El gran encantamiento

El renacimiento del culto a la diosa también fue una consecuencia del nuevo despertar feminista que sucedió simultáneamente con la reaparición del ocultismo. Ambas cosas estaban vinculadas a Ishtar. Ahora las dos convergieron. Pero todo se fusionó: la revolución sexual con el feminismo, el feminismo con el ocultismo, el ocultismo con las sustancias embriagantes, las sustancias embriagantes con la música y la música con la revolución sexual. En la diosa, todas esas cosas estaban unidas.

Aquello estaba fusionado, también, en el sentido de que todo era parte de la paganización de Estados Unidos y la repaganización de la civilización occidental. Como hemos visto, la *"nueva moralidad"* fue un renacer de la moralidad pagana, del ocultismo y de las creencias de la Nueva Era; fue un resurgir de los rituales paganos y de las prácticas religiosas; así como la revolución sexual fue un renacimiento de la sexualidad pagana.

Los dioses estaban consiguiendo transformar una civilización cristiana en pagana. Esa clase de transformación era la especialidad de Ishtar. Podía encantar y seducir a una nación, embriagarla, alterar sus percepciones y, por lo tanto, cambiar sus costumbres, embelesarla y poseerla.

Lo que comenzó a apoderarse de la civilización estadounidense y occidental en la década de 1960 continuaría desarrollándose, progresando y avanzando mucho después de que la década llegó a su fin.

◆◆◆

No obstante, aún quedaba un jugador más en la trinidad oscura. Se podría argumentar que este era el más oscuro de los tres. Es a ese espíritu y misterio al que nos referiremos ahora, el tercero de la trinidad oscura: el Destructor.

EL DESTRUCTOR

Capítulo 22

El destructor

ERA EL MÁS misterioso de la trinidad oscura. Existe, hasta el día de hoy, un debate sobre quién era exactamente. Su identidad pertenecía a las sombras. Pero el mal que representaba no podía ser más crudo ni desvergonzado. Era Moloc.

El dios abominable

Su nombre se menciona varias veces en las Escrituras. Cuando el rey Salomón se apartó de Dios, construyó lugares altos, altares y santuarios para los dioses extranjeros. Uno de ellos fue Moloc:

> Entonces edificó Salomón un lugar alto a Quemos, ídolo abominable de Moab, en el monte que está enfrente de Jerusalén, y a Moloc, ídolo abominable de los hijos de Amón.[1]

Tan horrible era la naturaleza del dios y su adoración que se le llama *"la abominación"*. La más antigua de las menciones de las Escrituras advierte del mal asociado a ese nombre:

> Y no des hijo tuyo para ofrecerlo por fuego a Moloc.[2]

Cuando el justo rey Josías se esforzó por llevar a su nación de vuelta a Dios, estaba consciente de que tenía que destruir los altares de Moloc:

> Asimismo profanó a Tofet, que está en el valle del hijo de Hinom, para que ninguno pasase su hijo o su hija por fuego a Moloc.[3]

Moloc estaba asociado con el más oscuro de los pecados: el sacrificio de seres humanos y, en particular, el de niños. Sin embargo, hay algo aún más tenebroso, Moloc está asociado con el sacrificio de niños por parte de sus padres. La Biblia habla de ese acto afirmando que es la más grave de las *"abominaciones"*, así como la señal de una nación que se ha vuelto completamente en contra de los caminos de Dios y que se ha perdido para él.

El dios y el sacrificio

El nombre Moloc se puede traducir como "rey". Algunos eruditos modernos han teorizado que la palabra *Moloc* debería traducirse más bien como una que denota el acto de sacrificar niños en sí mismo, en vez de referirse a un dios. Pero versículos como Levítico 20:5, que dice en el hebreo original: *"liznote aharei ha Molekh"* o *"que se prostituyen con el Moloc"* y otros, argumentan en contra de eso. Además, para cada sacrificio hay un dios. De modo que aún quedaría uno a quien se ofrecían los sacrificios de niños de los que se habla en las Escrituras. Algunos teorizan que Moloc era otra forma de Baal, ya que también se dice que recibe niños como sacrificio. Pero incluso si hubiera algo en cualquiera de esas teorías, el acto y la práctica de sacrificar niños pertenece a un reino demoníaco tan singular en su propia categoría y naturaleza que el nombre Moloc se destaca únicamente por sí mismo.

El horror del nombre

Más allá de eso, debemos tener en cuenta la naturaleza de la bestia. La relación entre los dioses y los espíritus es simbiótica. Las mitologías y creencias de los hombres pueden seguir a los principados y espíritus, mientras que esos principados y esos espíritus pueden seguir a las mitologías y creencias de los hombres. En ese sentido, el argumento se vuelve irrelevante.

Moloc es el espíritu y el dios del sacrificio de niños. Es el principado de la sed de sangre, de la destrucción fría, inhumana y horrible.

En su poema épico *El paraíso perdido*, John Milton escribe sobre el antiguo dios:

Primer Moloc, horrible rey manchado de sangre
De sacrificio humano y lágrimas de padres,
Aunque por el ruido de tambores y panderos fuerte
Los gritos de sus hijos no escuchados, que pasaron a través
del fuego
A su sombrío ídolo.[4]

En el siglo veinte, Winston Churchill utilizó la figura de Moloc para
hablar de la maldad de Adolf Hitler:

Había conjurado al temible ídolo de un Moloc que todo lo
devoraba, del cual él era el sacerdote y la encarnación.[5]

El nombre del antiguo dios ha conservado su horror a lo largo de
los siglos.

Sus manos fundidas

¿Tenemos alguna idea de cómo era el culto a Moloc? La Biblia cita a
los antiguos vecinos de Israel, los cananeos, como los que participaban
en el sacrificio de niños. Los antiguos historiadores griegos y romanos
dan fe del testimonio bíblico al registrar las prácticas de dos pueblos
cananeos en particular: los fenicios y los de su colonia africana, Car-
tago. El antiguo historiador griego Diodoro Sículo escribe lo siguiente
acerca de los cartagineses:

Había en su ciudad una imagen de bronce de Cronos, con
las manos extendidas, las palmas hacia arriba e inclinadas
hacia el suelo, de modo que cada uno de los niños, cuando
se colocaba sobre ella, rodaba y caía en una especie de pozo
abierto lleno de fuego.[6]

Cronos era la versión griega del Saturno romano, el dios que devoraba a sus propios hijos. Su nombre se usa porque los cartagineses lo
habían asociado con Moloc o Baal o porque así fue como Diodoro le
dio sentido a lo que estaba sucediendo.

Las profundidades más oscuras

El sacrificio de niños era parte de los ritos y cultos de los pueblos y culturas paganos que rodeaban a los israelitas. Por tanto, cuando los israelitas se apartaron de Dios, se tornaron hacia los caminos de los dioses: comenzaron a ofrecer a sus hijos. El profeta Jeremías confrontaría las profundidades de su alejamiento de Dios y su caída en aquel espantoso pecado en el que ahora estaban participando y celebrando:

> Y edificaron lugares altos a Baal, los cuales están en el valle
> del hijo de Hinom, para hacer pasar por el fuego sus hijos y
> sus hijas a Moloc.[7]

Fue la más profunda y tenebrosa de las profundidades en su alejamiento de Dios y su posterior caída.

--------◆◆◆--------

Sin embargo, ¿y si tales prácticas fueran mucho más comunes hoy de lo que imaginamos?

¿Y si fuera la prohibición de tales prácticas y no las prácticas mismas la excepción a la regla?

¿Qué parte juegan los dioses y los espíritus en tales prácticas?

¿Y si esos dioses, o uno en particular, regresara?

Capítulo 23

El sacrificio abominable

¿CÓMO PODRÍA ALGO tan espantoso como el sacrificio de niños, tan abominable en cuanto a lo moral y tan obviamente contrario a todo lo que sustenta la existencia humana, ser aceptado y practicado por cualquier pueblo o nación?

El más pagano de los actos

En el caso del mundo pagano, eso fue el resultado de la ausencia de Dios. En el de Israel, fue la consecuencia de apartarse de la presencia de Dios. Y sin embargo, contrario a lo que cabría esperar, la práctica no fue única ni excepcional. Más bien, era casi universal. Podemos ver que se practicaba en los templos del antiguo Egipto y hasta en los santuarios de Tahití, desde los altares de Mesopotamia hasta los árboles colgantes de Alemania, desde India hasta Hawái, desde África occidental hasta el Tíbet, desde los aztecas hasta los celtas, desde los druidas hasta los mongoles, y entre innumerables otros pueblos e incontables otras tierras.

Los sacrificios humanos y de niños eran sintomáticos tanto de la cultura, el pensamiento y los valores paganos como de la devaluación y degradación general de la existencia. Más allá del sacrificio, los jóvenes eran especialmente vulnerables —en la cultura pagana— al maltrato, al abuso y al asesinato. Los bebés con deformidades o discapacidades solían ser desechados por sus padres, dejados en basureros, ahogados en ríos, expuestos a la intemperie o abandonados a merced de los animales salvajes.

Vidas desechables

Incluso los niños que nacen perfectamente sanos pueden ser asesinados si, por alguna razón, sus padres no los encuentran deseables o queridos. E incluso algunos de los filósofos más reverenciados y los líderes más estimados del mundo antiguo podían respaldar o decretar la muerte de niños inocentes. No tenía seguridad alguna ser niño en el antiguo mundo pagano. Uno podía ser asesinado antes de nacer, en el momento del nacimiento o después. No era nada raro que a los niños los asesinaran en el vientre de sus madres. Con la devaluación pagana de la vida humana vino una inclinación hacia la muerte, lo que claramente es el imperio del espíritu de Moloc.

Por lo tanto, cuando una nación o una civilización se aleja de Dios, podemos esperar que se reviven los mismos principios y horrores. No es casualidad que la misma nación que se alejó de la fe cristiana y reemplazó los valores bíblicos por los paganos —como ocurrió con la Alemania nazi—, llegó a ver a los enfermizos y débiles niños como despreciables y desechables, y luego se dispuso a exterminarlos. Así también, cuando el gobierno soviético eliminó los valores bíblicos de Rusia, la vida humana —igualmente— se volvió desechable. En cada caso, la desviación de los valores bíblicos a principios paganos o neopaganos resultó en el asesinato de millones.

Cuando me hicieron en secreto

La visión bíblica de la vida, los niños y los débiles no podría haber sido más distinta que la del mundo pagano. Desde los primeros capítulos de la Biblia se estableció que la vida humana fue creada a imagen y semejanza de Dios. Así, todo ser humano, joven o anciano, masculino o femenino, fuerte o débil, rico o pobre, sano o enfermo, tenía un valor infinito. La idea de sacrificar a los hijos de uno en los altares de los dioses estaba prohibida tajantemente, era abominable y execrable. Se decía que el Señor cargó a Israel "como un hombre lleva a su hijo".[1] Los niños ahora debían ser vistos como "un regalo del Señor".[2] Por lo tanto, debían ser apreciados y atesorados.

La vida debía ser tratada como preciosa y sagrada desde el mismo momento de la concepción. Por eso es que, en los salmos, el rey David podría escribir:

> Tú formaste mis entrañas; tú me hiciste en el vientre de mi madre … No fue encubierto de ti mi cuerpo, bien que en oculto fui formado … Y en tu libro estaban escritas todas aquellas cosas que fueron luego formadas, sin faltar una de ellas.[3]

Porque así es el reino

En el Nuevo Testamento se elevó aún más el estatus de los débiles, los enfermos y los indefensos. Jesús consoló a los débiles, abrazó a los marginados y sanó a los enfermos. En cuanto a los niños, su valor se elevó a un nivel previamente desconocido en la historia humana. Lo siguiente es lo que dijo Jesús:

Dejad a los niños venir a mí, y no se lo impidáis; porque de los tales es el reino de los cielos.[4]

Y volvió a decir:

De cierto os digo, que si no os volvéis y os hacéis como niños, no entraréis en el reino de los cielos. Así que, cualquiera que se humille como este niño, ese es el mayor en el reino de los cielos. Y cualquiera que reciba en mi nombre a un niño como este, a mí me recibe.[5]

Las enseñanzas de tus dioses

Por tanto, con la entrada del evangelio en el mundo pagano, se produjo un inevitable choque de valores sobre la santidad de la vida humana, el valor de la mujer, el tratamiento de los débiles, el cuidado de los enfermos, y el valor y la protección de los niños, nacidos y no nacidos.

Dondequiera que se realizara un sacrificio humano, la supremacía del evangelio pondría fin a esa práctica maligna. En el caso del imperio romano, fue la fe cristiana la que hizo desaparecer la práctica del infanticidio, la matanza de niños pequeños. En cuanto al asesinato de niños por nacer, aunque en ocasiones se han promulgado restricciones sobre la cuestión de los derec hos de los padres, la ley es ampliamente aceptada y practicada. Pero con la llegada del evangelio, se desafió la costumbre de matar niños, nacidos o no. El escritor cristiano primitivo Lactancio, escribió lo siguiente sobre el asesinato de sus hijos por parte del mundo pagano:

O estrangulan a los hijos nacidos de ellos mismos, o si son
demasiado "piadosos", los exponen. … ¿Pueden ser conside-
radas inocentes aquellas personas que exponen a su propia
descendencia como presa para los perros?[6]

Y el apologista cristiano primitivo Marcus Minucius Felix escribió
en cuanto al vínculo entre el aborto y los dioses paganos:

Así cometen asesinato antes de dar a luz. Y estas cosas ciertamente *provienen de la enseñanza de vuestros dioses*.[7]

El asesinato de niños pequeños provenía de las enseñanzas de sus
dioses.

Si Moloc regresara

Fue la fe cristiana, y la valoración bíblica de la vida humana, lo que trajo protección a los niños pequeños y a los no nacidos; fue el fin definitivo de su asesinato a gran escala.

Así que cuando los dioses fueron expulsados de la civilización occidental, un espíritu de muerte los acompañó. El evangelio había quitado
sus altares y la sangre que los había manchado. Cuando ellos partieron,
se salvaron vidas. Los prisioneros, los esclavos y los niños pequeños
se salvaron de ser asesinados como sacrificios humanos. Innumerables
seres humanos se salvaron de ser asesinados en el acto o abandonados
para morir en el desierto cuando eran bebés. Y aun otros se salvaron
de ser exterminados en el vientre de sus madres.

Los dioses de la muerte fueron enviados al exilio. Entre ellos estaba Moloc. Pero si los dioses y los espíritus partieran, como resultado
de que las civilizaciones que una vez poseyeron se tornaron hacia Dios,
¿qué pasaría, entonces, si esas mismas civilizaciones se apartaran de
Dios? Los dioses de la muerte regresarían.

Entonces Moloc regresaría.

◆◆◆

Y si Moloc regresara, ¿no volvería a requerir sangre y sacrificios humanos?

Y según la parábola, ¿no sería su postrera obra peor que la primera?

Y si el antiguo destructor regresara, ¿qué pasaría con los niños?

Capítulo 24

El regreso del destructor

¿CÓMO REGRESÓ EL dios más siniestro de la trinidad oscura?

El misterio nos proporciona una pista, no solo sobre cómo regresaría, sino también cuándo.

Moloc en la Unión Soviética

El fin de los sacrificios humanos y de niños se repetía en todos los países donde prevalecía la fe cristiana. Pero si esas naciones y civilizaciones se apartaban de esa fe, ¿qué pasaría? Los principados oscuros regresarían, la antigua sed de sangre sería revivida y la matanza de los inocentes volvería a comenzar.

No es casualidad que, tras renunciar al cristianismo, lo que pronto se conocería como la Unión Soviética se convirtiera en el primer estado en legalizar la matanza de niños no nacidos. Lo hizo en 1920, poco después de llegar al poder, con la legalización del aborto. Años más tarde, debido a preocupaciones por el crecimiento de la población, la ley se revocó de manera temporal, antes de restablecerse otra vez. Es revelador que fue la Unión Soviética impía y anticristiana la primera en el mundo moderno en revivir el antiguo horror.

Moloc en la Alemania nazi

En el caso de la otra potencia demoníacamente anticristiana del siglo veinte, la Alemania nazi, el tema del sacrificio de niños es más complejo. El Tercer Reich se preocupó primero por la conquista y proliferación de la "raza superior". Por lo tanto, se opuso a los abortos en la medida en que afectaran las tasas de natalidad alemanas o arias. Pero los nazis eran siervos de los dioses y ministraban los sacrificios humanos. La sed de sangre surgió en su obsesión por masacrar a los hijos e hijas de otros.

Moloc estaba interesado, sobre todo, en los niños judíos. En la antigüedad había matado a miles de ellos. Ahora su espíritu haría perecer a un millón y medio de esos chicos.

El tercer dios

Sin embargo, en cuanto a un reingreso a gran escala de Moloc en la civilización occidental y el mundo, eso requeriría un enorme y masivo alejamiento de Dios. Insisto, volvemos a la década crucial de los años sesenta. Primero vimos la entrada y la obra de Baal, luego la de Ishtar. Ahora debe venir Moloc, el tercero de la trinidad oscura y el principado de la muerte.

De manera que podríamos esperar, como en la antigüedad, que el espíritu de Moloc fije su mirada en los niños pequeños, los infantes que una vez fueron puestos sobre sus manos fundidas. Esperaríamos que requiriera su sangre y demandara sus vidas. Y que a su aparición siguiera la estela de los dos primeros dioses, en la última parte de esa década o a principios de la siguiente. Y eso es exactamente lo que sucedió.

Así comenzó a fines de la década de 1960, cuando un puñado de estados de la Unión Americana abrieron la puerta al legalizar el asesinato de niños no nacidos. Luego, el 22 de enero de 1973, la Corte Suprema legalizó la muerte intencionada de pequeños no nacidos. Moloc había llegado a Estados Unidos de América.

De Baal a Moloc

Moloc tuvo ayuda. Los dioses de la trinidad oscura habían trabajado juntos. Sin Baal sentando las bases, alejando a la nación de su fundamento bíblico, la idea de eliminar una vida humana a la imagen de Dios habría sido impensable. Pero esa base se había roto. Así también, la confusión pagana de las distinciones, como las imágenes de Baal con cuernos de toro que había debilitado el límite entre humanos y animales. Y aunque, tal vez, elevó la vida animal, la humana fue devaluada.

Además, la idolatría que vino con Baal, en la que uno podía forjar su propio ídolo, crear su propio dios y modelar su propia verdad y sus valores, implicaba que no había más verdad ni ningún absoluto. Cada uno podía hacer lo que quisiera. Y si uno podía crear su propia verdad, ahora podría destruir la verdad que realmente existía, como la de una vida humana o la de un niño por nacer.

De Ishtar a Moloc

Baal hizo entrar a Ishtar. Y fue esta la que presentó a Moloc. Sus mitologías estaban llenas de sexualidad desenfrenada pero sin ningún pensamiento aparente, deseo o conexión con los niños. Sus indulgencias no conducían a la vida sino a la muerte.

Más allá de eso estaba el trabajo más profundo de la diosa. Su revolución sexual había separado la sexualidad del matrimonio, los maridos de las esposas, los hombres de la paternidad y las mujeres de la maternidad. El vínculo más importante de la vida, el de madre e hijo, se había erosionado. El instinto maternal natural de salvar a su hijo a toda costa se debilitó y, en algunos casos, desapareció. Y así fue, como en la antigüedad, que los niños pequeños eran llevados por sus propias madres a los altares de Moloc.

Los regalos de Ishtar

Se cree que en la antigüedad el culto de Astarot, o Ishtar, trabajaba en conjunto con los cultos de Baal y Moloc, además de los dioses del sacrificio de niños. Los niños producidos por actos sexuales en los templos o por las prostitutas de Ishtar en las calles ofrecían sacrificios a los dioses. Así que ahora, en los tiempos modernos, a medida que la revolución sexual dio sus frutos, más y más niños fueron concebidos fuera del matrimonio y era más probable que no fueran deseados. Sus vidas proporcionarían los sacrificios modernos de Moloc.

La ciudad en la colina de Moloc

Estados Unidos ahora estaba ofreciendo a sus propios hijos como sacrificios. Otras naciones se verían guiadas por su ejemplo a adoptar también la espantosa práctica. Millones de niños por nacer en todo el mundo perecerían ahora a la sombra de Moloc.

Dios había advertido a Israel que si se tornaba contra sus caminos, si se volvía a los dioses, terminaría sacrificando a sus propios hijos. Y así fue. Ahora Estados Unidos de América hizo lo mismo. Y también lo hicieron las naciones de Occidente. Todo eso influyó en el resto del mundo.

Fue un paso más hacia la repaganización, una pieza más del antiguo mundo pagano volviendo a lo moderno. La civilización que, en la antigüedad, había expulsado a los espíritus, ahora fue recuperada por ellos, y Estados Unidos de América, la ciudad resplandeciente en la colina, se había convertido en un lugar alto y empapado de sangre de Moloc.

◆◆◆

¿Será posible que una de las prácticas más difundidas y controvertidas de la cultura estadounidense se remontara a los ritos de los antiguos cananeos?

¿Y podrían los relatos antiguos de esos ritos revelarnos lo que está ocurriendo entre nosotros?

Capítulo 25

Los hijos de los altares

¿QUÉ FUE LO que pudo hacer que una madre de la antigüedad le llevara al niño que tenía en su vientre a Moloc?

Las claves del éxito de Moloc

Por un lado, creía que al hacerlo, obtendría el favor del dios. Sus campos serían fructíferos. Se le daría prosperidad. Sus oraciones recibirían respuestas. Y su vida sería bendecida.

Al escritor griego Clitarco de Alejandría se le atribuye este informe que vincula el sacrificio de niños y la ganancia:

> Por reverencia a Kronos, los fenicios y —sobre todo— los cartagineses, cada vez que desean obtener algún gran favor, juran por uno de sus hijos, quemándolo como sacrificio a la deidad, si están especialmente ansiosos por obtener éxito.[1]

Por tanto, en esta era moderna, ¿qué podría llevar a una madre a matar al hijo o hija que tiene en su vientre? La respuesta que se da con más frecuencia es que si el niño viviera, la vida de la madre, su tiempo, su energía, sus perspectivas educativas o profesionales, su futura capacidad de ingresos enfrentarían un obstáculo. El niño sería una carga para sus aspiraciones. Así que, al matar al niño, se eliminarían los obstáculos y la carga; de manera que ella estaría en una mejor posición para lograr sus objetivos y alcanzar tanto el éxito como la prosperidad.

Celebridades femeninas, líderes feministas y otras mujeres influyentes se jactarían públicamente de que pudieron encontrar el éxito en sus carreras porque terminaron con la vida de sus hijos por nacer. Así, la razón dada fue, en esencia, la misma que llevó a las antiguas madres a elevar a sus hijos a los altares de Moloc. Al hacerlo, creían que invocaban bendición, prosperidad y ganancia. Es difícil comprender cómo alguien, de la antigüedad o de la era moderna, pudiera tomar tal decisión, pero eso permaneció inalterable.

¿Puede una mujer olvidar?

En el sacrificio que se ofrecía antiguamente a Moloc, la madre o el padre llevaban al niño al altar para que lo sacrificaran. Así que, es una dinámica exclusiva del aborto que sea la madre o el padre quien presente al niño para que lo maten.

En el Libro de Isaías la voz de Dios formula la siguiente pregunta:

> ¿Se olvidará la mujer de lo que dio a luz, para dejar de compadecerse del hijo de su vientre? Aunque olvide ella, yo nunca me olvidaré de ti.[2]

En el caso de Moloc como en el del aborto de hoy, la respuesta es afirmativa. Incluso las madres pueden olvidar. ¿Cómo podría algo tan intrínseco a la vida como el instinto de una madre para proteger a su hijo transformarse en el deseo de matarlo? Tales cosas, antiguas o modernas, no son naturales. Esas son obras de los dioses.

En el antiguo sacrificio, el padre mataba o presentaba al niño al sacerdote u oficiante, que luego le quitaba la vida. En el sacrificio moderno la madre, en efecto, entrega su bebé al oficiante, el abortista, que luego le quita la vida.

En el antiguo sacrificio, el niño podía ser perforado, cortado, aplastado, abandonado a la muerte o quemado. Quemarlo era algo tan común que las Escrituras reprenden a los israelitas por hacer que sus hijos "pasaran por el fuego". En el sacrificio moderno, el niño también es perforado, cortado, desgarrado, abandonado a la muerte o expuesto a ella mediante el uso de soluciones químicas, que es lo mismo que quemado.

Música para matar

El filósofo griego Plutarco describe la música que acompañaba los sacrificios de niños y su finalidad:

> ... y toda la zona, delante de la estatua, se llenó con un gran estruendo de las flautas y los tambores para que los gritos de llanto no llegaran a los oídos del pueblo.[3]

En cierto sentido, la música representaba la celebración del sacrificio infantil de una civilización. Así también, bajo el hechizo de Moloc, hemos visto no solo el regreso del sacrificio de niños, sino también la celebración del acto por parte de una civilización.

No obstante, según Plutarco, la música era especialmente estratégica.

El horror del acto era tan intenso que el público no podía escucharlo por el sonido de las flautas y los tambores. Así también en el caso reciente, el horror de matar a un bebé en un aborto era tan perturbador que sus imágenes, sonidos y detalles se mantenían ocultos al público. Y la agonía del bebé solo podía expresarse en forma de gritos silenciosos que nadie escucharía.

El dios racista

Diodoro Sículo escribe sobre una transacción secreta acerca de los sacrificios de niños en su época:

> Habían estado acostumbrados a sacrificar a ese dios a los más nobles de sus hijos, pero más recientemente, comprando y criando niños en secreto, los habían enviado al sacrificio.[4]

En otras palabras, los ricos compraban niños a los que no eran pudientes para sacrificarlos en lugar de sus hijos. Plutarco escribe, acerca de algunas transacciones similares, lo siguiente:

> ...y los que no tenían hijos compraban pequeños a los pobres y los degollaban como si fueran corderos o pajaritos; mientras tanto, la madre se mantenía al margen sin una lágrima ni un gemido.[5]

Así que fueron los niños pobres los que se vieron más afectados por el sacrificio que los niños ricos. Eran las madres pobres las que tenían más probabilidades de ofrecer a sus hijos. Por lo cual muchos más niños pobres que ricos fueron colocados sobre el altar.

Esto, incluso, se reprodujo en la versión moderna del sacrificio de niños. El aborto fue ponderado en contra de los hijos de los pobres y de las minorías. El hijo de una familia menesterosa, y particularmente de una familia negra, tenía muchas más probabilidades de morir por aborto que el hijo que no era negro o pobre. Y había ciudades estadounidenses donde morían más niños negros a través del aborto de los que realmente nacían. Uno de los muchos males de Moloc era que odiaba a los pobres y abatidos, además de que era racista.

Una cultura de caníbales

En el mundo pagano se creía que el sacrificio de niños redundaba en beneficios no solo para el individuo que lo ofrecía sino para toda la sociedad. Traería el favor del dios y realzaría el bien público. Si una desgracia o calamidad llegaba a la tierra, podría resultar en el sacrificio de multitudes de niños para apaciguar a la deidad y traer alivio a la tierra. Así escribe Porfirio, el filósofo romano:

> También los fenicios, en grandes calamidades, ya fueran guerras, sequías o pestes, solían sacrificar a uno de sus seres más queridos, dedicándolo a Kronos.[6]

Así que la práctica moderna del sacrificio de niños también fue aclamada por su efecto beneficioso sobre el "bien público". Se decía que el asesinato de bebés beneficiaba a la sociedad no solo porque liberaba a las mujeres para seguir sus carreras, sino porque mantenía la promesa de obtener avances en la medicina y la salud. Para mejorar aún más este "bien público" y aumentar su margen de ganancias, la industria del aborto se dedicó a la venta de partes de bebés extraídas de los niños asesinados. El espíritu de Moloc, habiendo mezclado la sangre de los niños con el beneficio, creó una cultura de caníbales.

Los sacerdotes de Moloc

El filósofo griego Platón, escribió sobre la manera en que la cultura cartaginesa veía el sacrificio de niños:

> Entre nosotros, por ejemplo, el sacrificio humano no es legal, sino profano, mientras que los cartagineses lo realizan como algo que consideran *santo* y legal.[7]

Así que los cartagineses no solo legalizaron la práctica; la consideraban algo *santo*. Incluso esta antigua dinámica se reprodujo en Estados Unidos y el mundo moderno. El asesinato de un niño por nacer no solo era legal sino que se santificaba como un derecho *sagrado* que debía ser alabado, celebrado y venerado como algo hermoso y sacrosanto.

En el antiguo Israel eran los sacerdotes de Moloc y Baal los que santificaban el asesinato de niños al hablar de ello en términos religiosos. Entonces, ¿quiénes son los sacerdotes modernos de Moloc? Son los que realizan el barbárico acto y los que lo santifican, las empresas que lucran con la sangre de los niños, los líderes políticos y los legisladores que batallan para que los templos de Moloc sigan rebosantes de ofrendas, y los activistas e ideólogos radicales que pronuncian bendiciones y alabanzas por el brutal acto que lleva a las mujeres a esos altares.

Bendiciones y sacramentos

Las siguientes son algunas de las palabras reales pronunciadas por aquellos que santifican la matanza de niños no nacidos. Observa el encuadre del acto en términos religiosos y espirituales, así como la palabra *sacrificio*:

> Nuestra cultura necesita nuevos *rituales* así como leyes para *restaurar el aborto* a su *dimensión sagrada*.[8]

> El *aborto* [es] una gran *bendición* y ... un *sacramento* en las manos de las mujeres.[9]

No es inmoral optar por el aborto; es simplemente otro tipo de moralidad, una *pagana*.[10]

El aborto es un *sacrificio*.[11]

El aborto es un *acto sagrado*.[12]

No hay nada más que necesite escribirse aquí. Nada podría, de ninguna manera, aumentar o quitar el significado o el horror de tales palabras.

———◆◆◆———

Hubo un lugar específico en el antiguo Israel donde se centró el misterio de Moloc y llegó a su conclusión más dramática. Eso marcaría el comienzo del juicio de la nación.

¿Tiene eso un paralelo moderno? ¿Y contiene una advertencia para otra civilización u otra nación?

Capítulo 26

El valle de Hinom

EL PROFETA MIRÓ hacia el valle donde el Señor lo había enviado. Era el sitio donde se practicaba el más oscuro de los pecados de la nación. Se le dijo que se dirigiera allí para entregar una profecía de juicio:

> Porque me dejaron, y enajenaron este lugar, y ofrecieron en él incienso a dioses ajenos, los cuales no habían conocido ellos, ni sus padres, ni los reyes de Judá; y llenaron este lugar de sangre de inocentes.[1]

Cenizas, huesos y sangre

Era el valle de Hinom la tierra que daba testimonio de las profundidades a las que había descendido la nación en su alejamiento de Dios y su posterior caída. Estaba lleno de sangre, cenizas y pequeños huesos, evidencia de asesinatos. El pueblo había ido a ese valle para adorar a sus nuevos dioses y "*para quemar al fuego a sus hijos y a sus hijas*".[2]

El enviado era Jeremías, conocido como "*el profeta llorón*", por las lágrimas que derramó a causa de la caída de su nación. Aquello era algo que no podía entender, cómo una nación tan bendecida, tan favorecida con la promesa y tan llena de la revelación de Dios podía descender a los horrores del valle de Hinom. Pero los dioses habían logrado aquello.

Su objetivo, desde el principio, se reveló al final, en el valle de Hinom. El objetivo era la destrucción de los niños de la nación y de la propia tierra. Los dioses habían hecho que las madres olvidaran su maternidad y elevaran a sus bebés al dios fundido que los destruiría. Los dioses habían ensordecido a la nación a los gritos de sus hijitos en los altares del valle.

Millones en los altares

Estados Unidos tenía su propio valle de Hinom. Era cada lugar en el que los niños no deseados de la nación fueron ejecutados. Israel había matado a miles de sus hijos e hijas. Estados Unidos había matado millones. Desde el momento en que se legalizó su asesinato a principios de la década de 1970, Estados Unidos había derramado la sangre de aproximadamente un millón de niños cada año. En la segunda década del siglo veintiuno, esos asesinatos superaban los sesenta millones de niños. Era un valle de Hinom de proporciones gigantescas, un sinfín de sangre, cenizas y pequeños huesos.

¿Cómo pudo haber sucedido eso? ¿Cómo pudo una nación que alguna vez se enorgulleció de ser cristiana, de estar bajo Dios y de ser el faro moral del mundo, haber caído en tales profundidades del mal?

La sangre de ellos clama

Sucedió tal como le pasó al antiguo Israel, en una progresión seductora. El espíritu de Baal había hecho que Estados Unidos creyera que apartarse de Dios le traería libertad. El espíritu de Ishtar lo había convencido de que si abandonaba sus salvaguardas morales por la gratificación instantánea y el desenfreno sexual, encontraría la satisfacción. Y el espíritu de Moloc les prometió otorgarles las bendiciones de una vida sin trabas si le permitían quitarle a sus hijos.

Baal, Ishtar y Moloc, la trinidad oscura de la caída de Israel, volvió a seducir a una nación y a toda una civilización. La promesa de su seducción seguiría sin cumplirse. Sin embargo, conduciría a un estado de quebrantamiento, vacío que desembocaría en la muerte.

La paganización de Estados Unidos de América y la civilización occidental estaba ahora cosechando sus frutos más sangrientos. La antigua civilización cristiana estaba participando en el más pagano de los actos: la matanza de sus propios hijos, su sangre clama al cielo.

La Unión Soviética, la Alemania nazi, Estados Unidos de América

Cuando Alemania se alejó de Dios y de la fe cristiana, se desataron los poderes del infierno. El resultado fue el asesinato de seis millones de judíos y una guerra mundial que vería la muerte de decenas de millones. Cuando Rusia se transformó en la Unión Soviética y se alejó de Dios y de la fe cristiana, el resultado fue, nuevamente, el asesinato de decenas de millones de personas. Cuando Estados Unidos comenzó a alejarse de Dios y de la fe cristiana, el resultado fue el asesinato de más de sesenta millones de niños. La eliminación de Dios y, en particular, de la fe cristiana es algo sumamente peligroso.

El asesinato de sesenta millones de niños estadounidenses superó con creces todo lo que Moloc logró en la antigüedad. Pero la parábola dice que cuando los espíritus regresan a la casa, vuelven siete veces peor que al principio.

Y el número de muertos de Moloc en el mundo moderno sería aún mayor. La bienvenida de Estados Unidos a Moloc finalmente llevaría a otras naciones a hacer lo mismo. Considerando esos otros sacrificios de Moloc, la matanza de niños por nacer en todo el mundo, el número de los asesinados en sus altares, fruto de un mundo apartado de Dios, superaría con creces los mil millones.

La advertencia de Hinom

El profeta Jeremías advirtió a Israel sobre lo que le sucedería a la nación que una vez conoció a Dios y que ahora elevaba a sus hijos como ofrendas a los dioses. El final es la destrucción. Hay pocas cosas que invoquen tanto el juicio divino como la matanza de niños pequeños.

Las palabras del profeta ahora advertirían a una civilización que una vez también conoció a Dios y ahora ofrece a sus hijos en sacrificio. La sangre de millones ahora cubría las manos colectivas de Estados Unidos. Se había apartado de Dios y ahora estaba en el valle de Hinom, con cenizas, huesos y sangre, con esa sangre clamando al cielo y también en peligro de juicio.

———◆◆◆———

Ahora estamos a punto de abrir el reino del misterio que tocará los altares más altos de la civilización estadounidense y occidental. Eso involucrará a los más sagrados de los modernos ídolos y vacas sagradas. Así que se volverá aún más intenso y más explosivo.

Ahora iluminaremos los temas más controvertidos de la actualidad con la luz de un antiguo misterio. La iluminación incluirá avatares, sacerdocios modernos y la representación de la mitología antigua entre nosotros y en tiempo real.

Comenzamos con la apertura del misterio del Transformador.

Séptima parte

EL
TRANSFORMADOR

Capítulo 27

El transformador

Había otro lado de Ishtar, otra naturaleza, otro poder y otra agenda. Y sería desde este, su otro lado, que la transformación de la cultura estadounidense y mundial sería llevada a una nueva etapa y un nuevo nivel. Y a partir de esto, surgirían nuevos movimientos que alterarían la faz de la civilización occidental más allá de todo reconocimiento.

Ahora quitaremos un velo para descubrir un antiguo misterio que se encuentra detrás de las fuerzas, movimientos, eventos y fenómenos que en este momento están tocando y transformando prácticamente todas las facetas de la cultura contemporánea. Y, sin embargo, el misterio se remonta a miles de años atrás, a las tablillas de arcilla de la antigua Sumeria.

Algo sobre Ishtar

Ishtar era una hechicera. Era conocida por sus poderes para alterar los afectos, las pasiones, los pensamientos y, en ocasiones, la esencia de las personas. Ahora estamos a punto de ver en qué modo, como hechicera, alteraría más que las relaciones e instituciones humanas en el orbe actual, algo aún más profundo.

Si la revolución sexual fue la primera de sus renovadas obras, esta sería la segunda. La segunda, aunque conectada a la primera, abriría un reino diferente. Alteraría el deseo humano, la identidad humana y la naturaleza humana misma.

La transformación seguiría según la propia naturaleza de la diosa. Había algo diferente en Ishtar.

Soy mujer, soy hombre

En su vínculo con el planeta Venus, se la conocía como la estrella de la mañana, aunque también como la estrella de la tarde. En esto había una clave de su naturaleza: la dualidad. Ella habitaría los dos extremos y los polos opuestos del espectro.

Era, por un lado, la diosa del amor, la belleza, el atractivo y la sexualidad femenina. Pero por el otro, encarnaba y personificaba la ferocidad, la agresividad, la violencia, la batalla, la guerra y la destrucción, características y elementos típicamente asociados con la masculinidad. Por un lado, se la mostraba como una mujer desnuda con joyas, la diosa de la sexualidad; pero, por el otro, como una luchadora con armadura, símbolo de la guerra. Ella era, en una sola entidad, la encarnación de hombre y mujer.

La conexión de Ishtar tanto con la feminidad como con la masculinidad era más que una alusión o una metáfora. Una tablilla mesopotámica antigua describe a la diosa diciendo estas palabras:

> Cuando me siento en la taberna, soy una mujer y un joven exuberante.[1]

Otro escrito antiguo la describe diciendo esto:

> Aunque soy mujer, soy un joven noble.[2]

Las palabras centrales y operativas en tales declaraciones son las siguientes:

Soy mujer. Soy hombre.

Hombre convertido en mujer

La unión de lo masculino y lo femenino en un solo ser era, en muchos sentidos, de lo que se trataba Ishtar. Era propio de su naturaleza cruzar líneas, violar límites, romper convenciones, difuminar distinciones y fusionar opuestos, confundir e invertir.

No estaba en su naturaleza aceptar la realidad tal como era. Lo que sí estaba en su naturaleza era doblarla, transformarla, conformarla a su voluntad y a su deseo. Si su voluntad era ser mujer, sería mujer. Pero si iba a ser hombre, ella se convertiría en hombre. Era la diosa de la transmutación y la metamorfosis.

Su naturaleza era alterar la esencia de naturaleza y más específicamente la esencia masculina y la femenina, hombre y mujer. Un antiguo himno sumerio revela su poder. Fue a

...convertir al hombre en mujer y a la mujer en hombre,
para cambiar el uno en el otro...[3]

Tenía la capacidad de convertir al hombre en mujer y a la mujer en hombre, de desdibujar, doblar, fusionar e invertir a los dos.

El regreso del transformador

Entonces, ¿qué pasaría si la diosa y ese poder entraran en el mundo moderno? Lo que sucedería es lo que ya ocurrió y que ahora está sucediendo.

Significaría que habría otra transformación, un trabajo más profundo y posterior. Y por eso no esperaríamos que se manifieste dramáticamente al comienzo de la revolución sexual sino un poco más tarde. Y así ha de ser. Llevará la revolución sexual a una etapa más profunda, a sus conclusiones lógicas y a otro ámbito.

Aparecerá como algo nuevo, un movimiento novedoso, una dinámica reciente para penetrar y transformar la cultura estadounidense y la occidental. Pero detrás de todo ello hay un antiguo principado del que se decía que poseía el poder de transformar la naturaleza y la realidad humana.

El plan del transformador

A su regreso al mundo, el espíritu antiguo se va a disponer a cumplir su misión.

Va a tratar de alterar la definición de *hombre* y *mujer*.

Va a moverse para desdibujar las líneas y anular las distinciones entre los dos sexos.

Va a actuar para transformar la naturaleza del hombre y la mujer.

Va a intentar feminizar todo lo masculino y masculinizar todo lo femenino.

Va a tratar de convertir al hombre en mujer y a la mujer en hombre.

Lucharía contra la santidad de la sexualidad y el género confundiendo los dos y fusionando el uno con el otro y el otro con el uno y, al hacerlo, buscaría anularlos.

Va a aparecer primero en los puntos marginales de la sociedad, donde se sabe que Ishtar mora. Pero luego va a entrar en el escenario normal y comenzará a impregnar cada parte de la cultura, tocando casi toda faceta de la vida.

Va a marcar el comienzo de la siguiente etapa de la paganización de Estados Unidos. Y se va a convertir en el principal martillo para aplastar los cimientos bíblicos de la civilización occidental.

◆◆◆

Ahora abriremos la obra más profunda de la diosa y su magia más tenebrosa. Veremos cómo lanzó su hechizo para alterar una civilización y la naturaleza humana.

Comenzará con el hechizo que lanzó y la transformación que puso en marcha con respecto a *"su propia especie"*: la metamorfosis de las mujeres.

Capítulo 28

La metamorfosis de la mujer

LA DIOSA VA a inaugurar la metamorfosis y la deconstrucción de la mujer.

La diosa masculina

Eso provenía de su propia naturaleza. Aunque algunas de sus cualidades estaban vinculadas a la feminidad, especialmente en el ámbito sexual, faltaban otras tradicionalmente femeninas, en particular las vinculadas a la crianza: empatía, dulzura, compasión. Estas le parecían extrañas. No tenía instintos para cuidar a alguien y no había casi nada de maternal en ella.

Su temperamento estaba, en muchos sentidos, más caracterizado por atributos comúnmente asociados con la masculinidad. Era una luchadora. Era asertiva, agresiva, dominante, combativa, competitiva, valiente, feroz, fuerte, independiente, violenta, audaz y cruel. Era su naturaleza y su poder hacer a otros a su imagen, y así convertir a *una mujer en hombre*".

La masculinización de la mujer

Por tanto, esperaríamos que a medida que el espíritu de Ishtar se apoderara de la cultura estadounidense y occidental, comenzaría una transformación de las mujeres, una mutación de sus identidades, su funcionamiento y su naturaleza. Y eso es exactamente lo que sucedió. La diosa iba a intentar desfeminizar a las mujeres y masculinizarlas para compartir su naturaleza. Para hacer eso, tendría que destruir o debilitar el paradigma masculino-femenino. Tenía que separar a la mujer del hombre y al hombre de la mujer.

Ishtar en el lugar de trabajo

Se ha hecho referencia a Ishtar como una "mujer independiente" debido a que, al fin de cuentas, nunca estuvo atada a ningún hombre y, como alguien asociada con la prostitución, era económicamente autosuficiente.[1] Así que al mismo tiempo que se afianzaba la revolución sexual, había un movimiento creciente que exhortaba a las mujeres a ser, como Ishtar, económicamente independientes de los hombres.

Millones de mujeres abandonaron sus hogares para incorporarse al mercado laboral. El declive del matrimonio solo impulsó la tendencia. El divorcio había aumentado el número de mujeres sin marido, muchas de ellas madres solteras. Ahora tenían que reemplazar las funciones del marido desaparecido y asumir los roles tradicionalmente masculinos de proveedor y protector. A las mujeres se les dijo cada vez más que buscaran significado y realización no en el matrimonio, la maternidad o la familia, sino en la fuerza laboral.

Transformado a su imagen

Sin embargo, la función y el rol afectan la identidad e incluso la naturaleza. La identidad y la naturaleza de la mujer comenzaron a cambiar. Se animaba e instruía a las mujeres para que se volvieran agresivas, competitivas, dominantes y feroces. Las niñas ahora eran entrenadas desde la primera infancia para rechazar actividades típicamente femeninas. Fueron bombardeados con mensajes sobre el "poder femenino" y la fiereza, al igual que la diosa feroz y poderosa. Así como Ishtar asumió roles y características masculinas, las mujeres se vieron impulsadas a hacer lo mismo, a asumir funciones, trabajos, atributos y roles masculinos tradicionales. El nuevo carácter o espíritu definitorio de la época pertenecía a Ishtar. Y fue provocando que la mujer, paso a paso, se fuera transformando a su imagen.

La ira de la diosa

Ishtar estaba empeñada en romper los convenios. Evitó los roles tradicionalmente femeninos y, en cambio, compitió con los hombres, peleó con ellos, los desafió y los dominó. Por tanto, al mismo tiempo que el espíritu de Ishtar estaba implementando la revolución sexual, nació otro movimiento, el *feminismo* o "*feminismo de segunda ola*". Este iba a estar infundido desde su comienzo con el espíritu de la diosa. Por lo tanto, también se propondría romper las convenciones sociales, hacerle la guerra al concepto de feminidad y desafiar la autoridad masculina. Así como Ishtar era dada a la ira, el espíritu de ira contra los hombres prevaleció en la cultura estadounidense y la occidental, especialmente dentro de las filas del feminismo radical.

Contra el patriarcado

El dios Anu era la deidad principal del panteón mesopotámico. Era el padre de Ishtar. Esta, casi siempre desafiaba su autoridad e intentaba anularla. La palabra latina para padre es *pater*. De esta obtenemos el vocablo patriarcado o "los padres gobernantes". Así que el espíritu del feminismo radical residente en Ishtar se opuso a lo que llamó el *patriarcado*. El patriarcado tuvo que ser desafiado y derrocado.

El ascenso de las mujeres guerreras

Sin embargo, Ishtar no solo era combativa; era guerrera. El poema sumerio "Inana y Ebih" describe a la diosa en su ferocidad al entrar en batalla:

> Diosa de los temibles poderes divinos, vestida de terror, cabalgando sobre los grandes poderes divinos, Inana [Ishtar] ... empapada en sangre, corriendo en grandes batallas ... destruyes tierras poderosas con flechas y fuerza, y dominas tierras.[2]

Así, a medida que el espíritu de Ishtar comenzó a apoderarse de la cultura estadounidense y occidental, las mujeres empezaron a asumir las identidades y los roles de luchadoras y guerreras. El espíritu de la diosa militar se manifestó en la militarización de la mujer. Era lo que se había escrito en la antigüedad sobre los poderes y los actos de la diosa. Como está inscrito en las tablillas antiguas, ella estaba trabajando para poner

... husos en manos de los hombres ... y *dar armas a las mujeres.*[3]

Así que las mujeres guerreras se convirtieron en parte de la cultura popular y el entretenimiento donde el combate físico alguna vez había sido dominio de los hombres. Las mujeres ahora se representaban cada vez más en la ficción con poderes sobrenaturales para la guerra y causando destrucción. Todo estaba en consonancia con la mitología de la antigua deidad guerrera.

La diosa militarizada

Ishtar entró en el campo de batalla, totalmente armada y equipada. Estaba en su naturaleza, habilidad y poder hacer la guerra. Era una divinidad militarizada. Por tanto, a su regreso, no solo reviviría la imagen, la fantasía y la narrativa de la diosa guerrera; traería consigo la militarización de las mujeres. En otras palabras, la mujer guerrera también habría de manifestarse en la vida real.

Fue un fenómeno que en gran medida no tenía precedentes en la mayor parte de la historia humana: la entrada de las mujeres en el combate militar. El precedente, sin embargo, podría hallarse en la mitología. Los mitos de la diosa ahora se estaban convirtiendo en realidad.

Era otra manifestación de mujeres conformadas a la imagen de la diosa. Y también fue otro paso en el divorcio del hombre y la mujer, masculino y femenino. Cuanto más pudieran las mujeres parecerse a los hombres o imitar sus funciones, menos los necesitarían. Las mujeres debían ser ahora sus propias protectoras y defensoras. Por lo cual esto también alimentaría la destrucción del matrimonio por parte de la diosa. El vínculo que unía al hombre y la mujer se estaba deteriorando progresivamente.

A quien privó Ishtar

No fue casualidad que el matrimonio y la familia fueran perennemente devaluados, el ambiente laboral glorificado y la promiscuidad sexual, o cualquier sexualidad sin matrimonio, celebrada. Habiendo sido adoctrinados en el culto del yo y la autorrealización, tanto los hombres como las mujeres se mostraban más reacios a contraer matrimonio y menos capaces de mantenerlo. Tanto las mujeres como los hombres ahora tenían más probabilidades de terminar solos. Así habla de las mujeres un antiguo texto mesopotámico:

... a quien Ishtar privó de maridos ...[4]

Ishtar había prometido la liberación de la mujer. Sin embargo, los estudios sobre el estado de bienestar de las mujeres revelaron que, desde el comienzo de la transformación, se habían vuelto progresivamente más infelices.[5] Ahora tenían menos probabilidades de estar casadas, más posibilidades de estar en la fuerza laboral, menos de que se sintieran satisfechas y más de que estuvieran solas.

Y, sin embargo, incluso en esto se habían conformado —sin saberlo— a la imagen de la diosa.

————◆◆◆————

La diosa no se detendría con las mujeres. Si iba a transformar culturas, naciones y civilizaciones, también tendría que transformar a los hombres.

Pasamos ahora a su otro hechizo y la otra transformación que emprendió: la metamorfosis de los hombres.

Capítulo 29

La metamorfosis del hombre

TAL COMO HIZO con las mujeres, Ishtar inauguraría la metamorfosis y la deconstrucción de los hombres.

La castradora

La diosa nunca se sintió cómoda con la masculinidad, si no era la suya, si pertenecía a un hombre. Sus amantes eran dominados por ella y tendían a sufrir un destino trágico. Con respecto a los hombres, Ishtar era peligrosa y mortal. Ella era su castradora. Un himno hitita a la diosa la describe como la que

... quita la masculinidad de los hombres.[1]

Por lo tanto, la naturaleza de Ishtar era eliminar la hombría de los hombres, quitársela de encima. En el idioma original, lo que la diosa arrebataba a los hombres era su *zikratu*, palabra que se refiere a potencia, masculinidad y poder heroico.

Todo era parte de su fusión y la confusión de género. Si uno puede eliminar la masculinidad de los hombres, puede destruir la distinción entre hombre y mujer. Entonces puede destruir el matrimonio, la familia y luego la sociedad.

Era el poder y el deseo de Ishtar convertir no solo a la mujer en hombre, sino *"al hombre en mujer"*.[2]

La feminización de los hombres

Entonces, si el espíritu de la diosa comenzara a impregnar la civilización occidental, esperaríamos que esta empezara a guerrear contra la masculinidad de los hombres. Y eso es exactamente lo que sucedió. Los atributos masculinos exhibidos por los hombres fueron cada vez más atacados y considerados como "masculinidad tóxica". Los hombres tenían que ser desmasculinizados. Una oración antigua habla de su poder para castrar a los hombres, para quitarles la capacidad de luchar y de proteger. Ella lo haría

… quítenles las espadas, los arcos, las flechas, las dagas … y pongan en sus manos la rueca y el espejo.[3]

Con las mujeres asumiendo cada vez más los roles de los hombres, con el matrimonio debilitándose cada vez más, con más matrimonios que terminan en divorcio y otros que nunca comienzan, los hombres se vieron cada vez más separados de sus roles y funciones tradicionales de proveedores y protectores. Así como los roles y la naturaleza de las mujeres estaban siendo alterados, también ocurría con los de los hombres.

Ella *les quitó las espadas* y les dio *la rueca y el espejo*. Por tanto, el espíritu de la diosa primero buscaría castrar a los hombres y luego feminizarlos. Y así como entonces se instruía a las mujeres a mostrar fuerza, ahora se instruía a los hombres a mostrar debilidad. Era la magia antigua de la diosa.

Autoridades antiguas y dioses nuevos

Para que la transformación se completara, la guerra contra el liderazgo y la autoridad masculinos no podía limitarse a ningún segmento particular de la sociedad; tendría que impregnarla toda. Y así, un espíritu se apoderó de la cultura estadounidense y occidental, uno que atacó implacablemente cualquier asociación de los hombres con liderazgo, ya fuera en la vida pública, la cultura popular o el hogar.

Los hombres eran retratados cada vez más como incapaces o no aptos para liderar, como opresores tóxicos o niños torpes y demasiado grandes. Estados Unidos pasó del modelo de *padre que sabe las cosas mejor* a la representación de padres que no sabían casi nada y solo servían como objeto de bromas y burlas. La diosa estaba haciendo lo mismo que en la antigüedad, desafiando el liderazgo masculino y desmasculinizando a los hombres. En cuanto al efecto mordaz de Ishtar en los hombres, un erudito señaló que su poder y su naturaleza era

... destruir la masculinidad ... eficazmente una destrucción del orden cultural.[4]

Si podía destruir la masculinidad, si podía deslegitimar la autoridad del padre y de los hombres en general, podría transformar la sociedad. Si se anulaba al viejo liderazgo, entonces la cultura podría ser conducida por un camino diferente. Y si la antigua autoridad podía ser burlada y neutralizada, entonces unas nuevas autoridades podrían tomar el control, en este caso, unos nuevos dioses.

La reprogramación de los niños

Así como en la metamorfosis de la mujer, la metamorfosis del hombre tenía que comenzar en la niñez. Mientras que a las niñas se les decía que fueran fuertes, a los niños no. Si los niños mostraban características masculinas típicas, probablemente serían reprobados. Se les animaba cada vez menos a tener éxito, por lo que comenzaron a atrasarse más y más en su educación. Por lo tanto, la probabilidad de que asumieran posiciones de liderazgo en el futuro se estaba deteriorando.

En cuanto a la natural propensión masculina de luchar y proteger, el impulso ahora se estaba canalizando hacia los videojuegos. Una generación de niños estaba creciendo adicta a las pantallas de las computadoras. Por lo tanto, su inclinación a proteger estaba siendo canalizada fuera del matrimonio y la familia hacia el universo de la realidad virtual.

En cuanto a la sexualidad, sus deseos ahora se canalizaban cada vez más lejos de la realidad y hacia el mundo de la pornografía en línea. La diosa se aseguró, desde el principio, de que el pegamento que había mantenido unidos al hombre y la mujer, al matrimonio y la familia, la sociedad y la civilización se desvaneciera.

La espada de Ishtar

Si el matrimonio se estaba debilitando, también lo estaba la familia. Aunque el espíritu de la época retrataba a los hombres y a los padres como desechables, no lo eran. Y su ausencia tendría repercusiones graves, a largo plazo y destructivas en la próxima generación así como en la sociedad en su conjunto. El ejemplo de esposo y esposa, padre y madre en el pacto de matrimonio de por vida se estaba volviendo cada vez más raro y extraño para una nueva generación de niños. El fenómeno no tenía precedentes. La sociedad estadounidense y la occidental estaban entrando en un territorio desconocido.

Se olvida fácilmente que Ishtar era la diosa no solo de la sexualidad, sino también de la destrucción. Ella manejaba la espada. La espada de Ishtar ya había golpeado. Y tras su golpe quedaron las ruinas de matrimonios rotos, padres destrozados, madres desgarradas, familias destruidas, niños quebrantados y vidas deterioradas, sin mencionar una generación rota, una cultura rota y una civilización rota.

◆◆◆

El trabajo de la diosa iba a ir aún más lejos y más profundo. No solo alteraría el propósito y la naturaleza del hombre y la mujer, sino que erosionaría las líneas que los separaban. Ella los fusionaría.

¿Es posible que lo que ahora estamos presenciando en nuestra cultura, con respecto a la fusión de géneros, se remonte al antiguo sacerdocio de la diosa?

Capítulo 30

El andrógino

HABIENDO DADO PASO a la metamorfosis del género, la diosa ahora llevaría su plan a la siguiente etapa y nivel.

Assinnu, Kurgarru, Kalu y Gala

Una cosa es desmasculinizar a uno y desfeminizar a otra, pero es algo muy diferente superponer uno por encima de la otra o fusionar las dos.

Sin embargo, ese era su poder. Se podía observar en su adoración y su sacerdocio. Sus sacerdotes y ministros, los cantantes de sus templos y sus intérpretes rituales, los *assinnu*, los *kurgarru*, los *kalu* y los *gala*, eran conocidos por torcer y romper públicamente los parámetros y las definiciones de género. Eran hombres que habían tomado la apariencia y los atributos de las mujeres. Como Ishtar se había masculinizado a sí misma, sus sacerdotes masculinos se habían feminizado o habían sido feminizados.

Se hicieron aparecer como mujeres. Se vistieron con ropas de mujer; maquillaron sus caras. Sencillamente, lo que hoy se llamarían travestidos, travestis, no binarios, bigéneros o andróginos.

El regreso del dios Andrógino

Así que el culto de Ishtar rebosaba, no solo de sexualidad y promiscuidad, sino también de androginia. La propia Ishtar, una mujer con atributos masculinos, era una encarnación de la androginia. También lo eran sus sacerdotes, como varones con atributos femeninos. Un escritor observó lo siguiente acerca de la diosa:

> Su androginia la confirma el personal que participaba en su culto, que incluía eunucos y travestis y —durante sus festejos— los jóvenes portaban aros, símbolo femenino, mientras que las jóvenes usaban espadas.[1]

148

Por tanto, ¿qué pasaría si el espíritu de Ishtar tomara posesión de este país y la cultura occidental? Esperaríamos ver la fusión de lo masculino con lo femenino, la confusión de ambos, la feminización de los hombres y la masculinización de las mujeres. Lo cual, también, es exactamente lo que sucedió.

Algo extraño acompañó al fenómeno. Hablar de un hombre como particularmente masculino o varonil o como alguien que poseía rasgos especialmente masculinos ahora se miraba cada vez más con cierto desdén. De manera similar, hablar de una mujer como especialmente femenina, o esposa, cayó en desgracia. Si la poseía un hombre, la masculinidad se convertía en un atributo negativo. Si la poseía una mujer, la feminidad se convertía en un atributo de escaso valor y retrógrado. Por otro lado, si los rasgos masculinos los poseía una mujer, ahora debían ser celebrados y admirados, y los rasgos femeninos, si los poseía un hombre, debían entonces ser aplaudidos como una virtud.

¿Qué podría explicar una inversión tan extraña de la naturaleza y la realidad? Todo estaba en consonancia con el espíritu de la diosa que se especializó en la masculinización de las mujeres y la feminización de los hombres.

El problema de la biología

Los íconos femeninos de la música popular y la cultura juvenil, a diferencia de las primeras generaciones, ahora se deleitan en parecer salvajes, rebeldes, impactantes, vulgares y agresivas. Muchos de sus homólogos masculinos, por otro lado, se adornan con delineador de ojos, lápiz labial y otros adornos propios de la feminidad o la androginia.

Los cosméticos ahora se venderían cada vez más a consumidores masculinos. Se harían intentos para masculinizar la moda femenina y feminizar el estilo, la moda y la apariencia de los hombres. Esto era precisamente lo que haría la diosa, como lo atestigua un antiguo himno cantado en alabanza a ella:

Ella adorna al hombre como mujer y a la mujer como hombre.[2]

Un concepto que nunca antes había existido en la historia humana se inventó para coincidir con la metamorfosis. Se llamaba *identidad de género.* Por eso ahora era posible divorciarse de su ser biológico. A todos se les dijo que poseían un género o una identidad sexual que muy bien podría ser lo opuesto a aquel con el que nacieron, contrario a su género biológico.

Entonces se animó a todos a considerar si eran, de hecho, auténticamente distintos de lo que eran; los hombres debían considerar si eran, de hecho, mujeres, y las mujeres, si eran —en realidad— hombres.

El reino de la magia

Los jóvenes eran especialmente vulnerables, ya que fueron sus mayores y maestros los que les decían que esto era, en efecto, la verdad. Las semillas se plantaron para que los niños se preguntaran si en realidad eran niñas y para que las niñas se cuestionaran si eran niños. Los vestidos, les dijeron, eran tanto para niños como para niñas. Las niñas podían ser príncipes y los niños princesas. Los cuentos de hadas antiguos ahora tenían que ser alterados para asegurar que los príncipes ya no rescataran a las princesas y que las princesas ahora poseyeran una cantidad suficiente de atributos masculinos.

Y si un niño o una niña deseara ver a sus personajes de cuentos de hadas favoritos en Disney World®, descubriría que los "niños" y las "niñas" ya no existen.[3] Estas dos palabras ahora se habían convertido en una blasfemia que los guardianes del Magic Kingdom® nunca pronunciarían públicamente. Habían sido hechas para desaparecer mágicamente. Todo era magia, la magia de la diosa.

El momento de leer el libro de cuentos de Ishtar

Y como si los pequeñines no estuvieran lo suficientemente confundidos en cuanto a sus identidades sexuales, ahora podrían ser llevados a la biblioteca pública donde un hombre con lápiz labial, pestañas postizas, rímel, tacones altos, una peluca y un vestido diseñado para simular la anatomía de una mujer, les leería sus libros de cuentos favoritos para niños. Una vez habían ministrado como sacerdotes en los templos de Ishtar. Ahora ministraban a los niños en las bibliotecas públicas.

En una antigua oración hitita, se describe a Ishtar como poseedora del poder de

...hacer que las jóvenes se vistan de hombres en su lado derecho, para que los jóvenes se vistan de mujeres en su lado izquierdo.[4]

Así que el espíritu de Ishtar volvió a hacer que las mujeres jóvenes se vistieran como hombres y que los hombres jóvenes se vistieran como mujeres, de modo que se vistieran como ambos y como ninguno. Un espíritu extraño dirigía entonces la cultura en la que los adultos parecían disfrutar mucho animando a los niños a vestirse con el atuendo y los atributos del sexo opuesto.

El regreso del sacerdote de Gala

Después de años de ausencia de la normalidad de la civilización occidental, los travestis o, como ahora se los llama a menudo, *drag queens*, comenzaron a emerger de las sombras y a ocupar el centro del escenario de la cultura predominante.

En los tiempos de la diosa, se deleitaban en el centro de atención de los antiguos templos paganos como sus sacerdotes de gala. Ella había regresado. Así que era inevitable que ellos también volvieran. Al igual que en sus antiguos días de gloria, ahora fueron nuevamente celebrados y consagrados en el centro de atención de la sociedad dominante.

Habían regresado con la diosa para oficiar, ministrar y presidir nuevamente como sumos sacerdotes de la cultura moderna.

◆◆◆

Y todavía la diosa no había terminado. Había otro paso, otro reino por introducir y otra transformación por poner en marcha.

Eso convergería más en un sitio específico, en un momento específico, en un evento específico.

Sería allí, en las calles de la ciudad de Nueva York, donde la diosa tomaría su posición y desde allí lanzaría un nuevo hechizo para poner en marcha una nueva metamorfosis que transformaría la cultura estadounidense y la del mundo.

Capítulo 31

Sacerdotes, dioses y sombras

FUE EL LÍMITE que cruzó la diosa, a fines de la década de 1960, lo que desencadenaría una metamorfosis de la moralidad, la ética, los valores, la sociedad, la cultura, la percepción y la naturaleza humana de proporciones sísmicas.

La alteración del deseo

Todo estaba allí, implícito desde el principio, y quedó claro —una y otra vez— en las antiguas inscripciones:

> Que Ishtar, señora de la batalla y el conflicto, convierta su masculinidad en feminidad.[1]

Fue elogiada continuamente por su poder para *"convertir al hombre en mujer y a la mujer en hombre"*.[2] Implícito en el cambio de la sexualidad está el cambio del deseo. El hombre, transformado por la diosa en mujer, presumiblemente ahora desearía hombres. La mujer, convertida en hombre, se presume que desearía mujeres. Eso nos lleva al reino del deseo alterado.

La propia diosa se jactaba de poder cambiar de hombre a mujer. Aunque tácito, lo implícito sería que su deseo como mujer fuese por un hombre y —como hombre— deseara a una mujer. Más allá de eso, ella era la que se invocaba especialmente cuando uno buscaba alterar el deseo romántico o sexual de otra persona. Ella era la hechicera. Ese era su poder para cambiar el deseo.

Luego estaban sus sacerdotes, sus artistas, los ministros de adoración en sus templos, los hombres que se vestían con ropas femeninas y tomaban apariencia femenina. Ellos servirían como ejemplos de su poder para alterar la sexualidad. Pero su transformación fue más allá de la vestimenta o la apariencia exterior. Unos adoptaron nombres de mujer. Otros entonarían las canciones de adoración a la deidad en un tono femenino. Aun otros asumieron roles similares a los de las consortes o esposas.

El exilio de los *assinnu*

Por lo tanto, era más que apariencia o manierismos. Era sexual. Antiguos textos acadios dan instrucciones a los hombres para tener relaciones sexuales con los assinnu, los hombres feminizados de Ishtar. Por lo tanto, era característico de la adoración a la diosa que sus sacerdotes masculinos realizaran actos sexuales con otros hombres. Una gran parte del sacerdocio de Ishtar sería hoy clasificado como *homosexual* o *gay*, y su culto como uno de androginia, travestismo y cruce de género.

Cuando la civilización occidental se alejó del paganismo y tanto los dioses como las diosas se exiliaron, la aprobación de la homosexualidad y otros comportamientos relacionados llegó a su fin. Cuando ella se exilió y sus templos cerraron, los sacerdotes assinnu y el resto del personal de culto con género cruzado abandonaron los templos y siguieron a la diosa al exilio. También desaparecieron.

En la nueva era, las prácticas de cruce de género, como la homosexualidad y el travestismo, serían vistas como inversiones inmorales y pecaminosas del orden natural. Tales cosas ahora estarían proscritas por los códigos de moralidad, las convenciones sociales, la ley y las Sagradas Escrituras. El libertinaje y las transgresiones por las que se conocían los santuarios de la diosa ahora se desvanecerían en la historia, se convertirían en recuerdos lejanos y luego serían olvidados.

La aparición de los hombres de entre las sombras

No obstante, si la diosa regresara, ¿qué esperaríamos que sucediera? Lo lógico sería que los valores y las prácticas de su culto y su adoración también retornaran.

En otras palabras, si la diosa cuya religión involucraba la aceptación, la práctica franca, la santificación y la consagración de la homosexualidad volviera, entonces su regreso traería de nuevo esa aceptación, esa práctica franca y esa santificación de la homosexualidad y su reincorporación en la civilización occidental. Y eso es exactamente lo que sucedería.

La diosa haría que la homosexualidad saliera de las sombras, del reino de lo prohibido, y la introduciría en una civilización a la que le era ajena y tabú. Y cuando eso sucediera, no sería tanto un desvío de la revolución sexual sino su conclusión lógica.

Los dos sacerdocios

La dinámica se podía observar en el antiguo culto de adoración a la diosa. Sus sacerdotisas y trabajadoras, las *harimtu*, las *kezertu*, las *samhatu* y las *istaru*, participaban en actividades sexuales fuera del matrimonio, pero lo hacían con hombres. De modo que la sexualidad se eliminó al principio de un contexto, el del pacto matrimonial, pero permaneció dentro del otro, la sexualidad masculina-femenina.

Sin embargo, con el sacerdocio masculino de Ishtar, desde el assinnu hasta el gala, el divorcio de la sexualidad de su contexto natural o tradicional, su descontextualización, fue llevado a otro nivel. Los sacerdotes varones de la diosa sacaron la sexualidad del género de su contexto biológico de hombre y mujer. Por lo tanto, representaban un nivel más profundo de descontextualización. Un sacerdocio conducía al otro, o una etapa de descontextualización y deconstrucción conduciría a la siguiente.

La deconstrucción del sexo

De la misma manera, fue la revolución sexual la que llevó a la normalización de la homosexualidad. Si la sexualidad pudiera ser sacada del contexto del matrimonio, como en la revolución sexual, entonces también podría ser eliminada del contexto del género, como en la normalización de la homosexualidad.

Fue por esa razón que el evento seminal que introdujo la homosexualidad en la mayoría de la civilización occidental no sucedió al comienzo de la revolución sexual, a principios de la década de 1960, sino al final de la década. Y al igual que con el sacerdocio masculino de Ishtar, representaría una etapa más y más profunda en la descontextualización y deconstrucción de la sexualidad.

Eso iba de la mano con otra de las obras de la diosa. Ya había comenzado a separar a maridos y esposas y a desdibujar las distinciones entre hombre y mujer. Si los hombres y las mujeres ahora eran intercambiables en todos los demás ámbitos, entonces era solo cuestión de tiempo antes de que fueran vistos como intercambiables en la esfera de la sexualidad. Así que, el surgimiento de la homosexualidad en la cultura estadounidense y occidental fue el fruto de varios movimientos, todos los cuales tenían un denominador común: la diosa.

Una noche sísmica

Todo llegaría a un punto decisivo en 1969, en una noche de verano en las calles de la ciudad de Nueva York, en una explosión. Se trataba de un bar llamado Stonewall Inn. Eso conduciría a días de rabia y violencia, por lo que desencadenaría un nuevo movimiento y una transformación cultural.

Fue allí, en las calles de la ciudad de Nueva York, donde la diosa presentaría y traería —lo que había estado oculto en las sombras— al centro de atención de la cultura estadounidense, luego a la occidental y por último al mundo.

Su agenda era, en última instancia, poseer la civilización cristiana, alterar sus valores, su percepción del matrimonio, el género y la sexualidad, hasta que se transformara en una completamente pagana. Al igual que con las otras transformaciones, tendría que hacerlo paso a paso, primero mencionando lo innombrable, luego haciendo familiar lo impactante. A partir de ahí, la cultura se trasladaría a la tolerancia, luego a la aceptación. Lo que una vez fue inmencionable se establecería, celebraría, defendería y luego se haría cumplir.

Así como introdujo la transformación en las calles de Nueva York, la introduciría en los medios de comunicación, el cine, el teatro, la televisión, la música, la política, el derecho, el sistema educativo, los dibujos animados para niños, las cajas de cereal; es decir, en todas partes. Continuaría su saturación hasta que apenas quedara una faceta de la cultura moderna que no fuera tocada o alterada por ella. Las leyes serían derogadas y lo que antes era ilegal ahora sería celebrado.

El derrocamiento de algo tan elemental para la civilización como el paradigma y la norma masculino-femenino demostraría ser

especialmente poderoso en la transformación de la cultura estadounidense y occidental.

El otro que sale

Cuando los dioses partieron de la civilización occidental, la práctica común de la homosexualidad se fue con ellos. Ambos desaparecieron en las sombras y la marginalidad. Por lo tanto, la reaparición de la
homosexualidad en el escenario central de Occidente, su resurgimiento de las sombras y de los clósets de esa civilización después de dos
mil años, fue una señal: había otros que también estaban resurgiendo.
También estaban saliendo de las sombras en la marginalidad de la civilización occidental después de dos mil años: los dioses.

La segunda ronda

Ello significaría, además, otro cambio de magnitud colosal. Con la desaparición de los dioses y la de la descarada práctica de la homosexualidad, eso era una señal de que la civilización occidental se había vuelto
al evangelio, a la fe cristiana. Por lo tanto, el regreso de la homosexualidad al centro de esta civilización fue una señal no solo del regreso de
los dioses sino de un cambio sísmico con respecto a la espiritualidad.
Era una indicación de que la civilización occidental se estaba alejando
de la fe cristiana. Después de casi dos mil años, el vínculo que unía esa
civilización y esa fe comenzaba a disolverse.

Cada gran paso dado hacia el establecimiento de la homosexualidad
sería acompañado por un paso inverso hacia la eliminación del cristianismo. Todo movimiento para celebrar la homosexualidad conduciría
a uno inverso que se alejaría de la fe judeocristiana o que atacara los
valores bíblicos. La aceptación de la moralidad encarnada por la diosa
fue tanto una medida como un instrumento para la descristianización
de Estados Unidos de América y Occidente.

◆◆◆

La diosa, entonces, lanzó un hechizo más tenebroso. Había alterado
los deseos y la percepción de una nación. La civilización que una vez

defendió los valores cristianos ahora amparaba las mismas cosas que una vez castigó y condenó las mismas que una vez defendió. Celebraba lo que antes había prohibido y prohibía lo que antes celebraba. Estados Unidos de América y la cultura occidental se convertirían y se volverían paganas.

◆◆◆

Y, sin embargo, aún no había terminado. El misterio y la metamorfosis tenían que pasar a su siguiente etapa, otra más profunda aún.

Lo que sucedería a continuación tuvo su origen en los antiguos himnos de la diosa, en los ministros de su adoración, en sus poderes y en una entidad misteriosa de su mitología.

Capítulo 32

Los alterados

La siguiente etapa en la transformación de la sexualidad y el género les parecería a muchos especialmente extraña y ajena pero sus orígenes eran antiguos y su misterio se podía hallar en los templos de la diosa.

El trabajo de la hechicera

Que el poder de la diosa era "convertir a un hombre en mujer y a una mujer en hombre, para cambiar uno en el otro"[1] implica más que la vestimenta del travestismo, los deseos de la homosexualidad o incluso una identificación con el sexo opuesto. En su comprensión más literal o decisiva, significaría la transformación real del hombre en mujer y de la mujer en hombre. Implicaría que la diosa tenía el poder de transformar físicamente a un miembro de un sexo en otro.

Era, insisto, el acto de magia, el trabajo de una hechicera. Convertir a un hombre en mujer y a una mujer en hombre era hacer la transición de un sexo a otro. Fue un acto de transexualización o transgenerismo. La persona así transformada por la diosa se había convertido en transexual.

Ninshubar

El ayudante personal de Ishtar era una deidad llamada Ninshubar. Esta era mujer, una diosa. Pero era de una naturaleza extraña. Cambiaba continuamente de género. Al servicio de otros dioses, Ninshubar era hombre. Pero en presencia de Ishtar se convertía en mujer, o en hombre una y otra vez. Así que, el ayudante de Ishtar era un ser transexual.

Fue Ishtar quien se transformaría de mujer a hombre y viceversa. En ese sentido, la propia Ishtar era transexual. Así que no debe sorprender que la transexualidad aparezca tanto en su mitología como en su culto.

Los seres intersexuales

En el mito de su descenso al inframundo y su encarcelamiento allí, dos seres fueron creados para permitir que ella escapara. Uno se llamaba *kurgarra*, y el otro *galatur*. Fueron descritos como seres intersexuales, no exactamente uno u otro, ni aquellos que se movían entre los dos. Los nombres *kurgarra* y *galatur* también eran los títulos del personal adorador con cruce de género que ministraba en los templos de Ishtar.

En la versión acadia del mito, el ser enviado a rescatar a Ishtar del inframundo se llamaba Asushunamir, el assinnu. Insisto, era una entidad intersexual, transexual o transgenérica y —vuelvo a insistir— el nombre, o apelativo, también era el título de los ministros del culto de Ishtar, los *assinnu*. Es más, el significado del nombre *assinnu* es "hombre-mujer".

Una descripción antigua de los ministros de la diosa afirma lo siguiente:

> Resultaron [kurgarrû] y [assinnu] (en) Eanna, *cuya virilidad Ishtar cambió a femineidad* para asombrar a la gente.[2]

La diosa cirujana

Transformar la masculinidad en feminidad para *"sorprender a la gente"* hablaría de algo más sustancial que los comportamientos afeminados y el uso de prendas de mujer. Una antigua inscripción del sur de Turquía habla de la alteración de la sexualidad de Ishtar en términos especialmente gráficos:

> Que Ishtar ... imprima partes femeninas en sus partes masculinas.[3]

Se cree que el culto a la diosa implicaba la castración. Se piensa que muchos de sus sacerdotes y del personal de la secta fueron eunucos, castrados como parte del proceso para obtener el puesto o que ya lo eran. Se cree que algunos se castraban a sí mismos. Los relatos históricos posteriores describen a los adoradores y al personal del culto de las deidades relacionadas castrándose a sí mismos en medio de la adoración. De una forma u otra, fueron alterados quirúrgicamente.

Eso era, para ellos, un intento para deshacerse de las características del género con el que nacieron y acercarse un paso más al género que buscaban emular. Debido a su castración, la cantidad de la hormona masculina testosterona que circulaba en sus cuerpos se reduciría drásticamente. Eso, a su vez, conduciría a la minimización de otras características varoniles. Todo ello se combinaba con el uso de prendas y adornos femeninos. Los sacerdotes de la diosa y los ministros del culto eran los transexuales del mundo antiguo.

Una etapa más extrema

Por tanto, si esa diosa regresara al mundo moderno, ¿qué esperaríamos que sucediera? Esperaríamos que los adornos y las características de su sacerdocio regresen de igual manera. Esperaríamos que se demostraran nuevamente sus poderes para transformar la sexualidad y el género. En definitiva, esperaríamos el regreso de la transexualidad o el transgenerismo. Y eso, insisto, es exactamente lo que sucedió.

La transexualidad y el transgenerismo representan una forma o etapa más radical en el desdibujamiento y deconstrucción del género que el travestismo y la homosexualidad. Por lo tanto, esperaríamos que el regreso de la transexualidad y el transgenerismo a la cultura dominante ocurra en una etapa aún posterior en las transformaciones de la diosa. Y así fue.

Los primeros intentos de alterar quirúrgicamente la sexualidad de un individuo se realizaron a principios del siglo veinte. En la década de 1960, el procedimiento seguía siendo una rareza extremadamente infrecuente. Los términos *transgenerismo* y *transgénero* aparecieron por primera vez a mediados o finales de la década de 1960. Se cree que el vocablo *transgénero* se acuñó oficialmente en 1965. Fue en la década de 1990 cuando alcanzó un uso generalizado por primera vez.

No obstante, fue en el siglo veintiuno cuando el fenómeno de la transexualidad o transgenerismo explotó en el escenario de la cultura mundial, centrándose, vuelvo a insistir, en el punto focal del regreso de la diosa, Estados Unidos de América y la cultura occidental.

Los vulnerables

Ishtar fue retratada con mayor frecuencia como una mujer joven. Cuando expresó su transición de un género a otro, habló de convertirse en un "*joven exuberante*" o un "*joven noble*".[4]

La palabra *joven* es significativa. Si los dioses van a alterar una nación o transformar una civilización, si van a tomar el control de su futuro, deben —como hemos visto— poseer a sus jóvenes. De forma que, al referirse a la confusión de género y la ruptura de sus diferencias, eran los jóvenes los que iban a ser especialmente vulnerables.

Ninguna generación había estado tan sometida a un aluvión de desenfoque y confusión de género como la que alcanzó la mayoría de edad a principios del siglo veintiuno. Y fue entonces cuando se produjo un cambio gigantesco. El número de jóvenes y niños en Estados Unidos y Occidente que se identificaron como transgéneros se disparó en Estados Unidos. Entre 2009 y 2018, la cantidad de niñas que buscaban tratamientos de transición de género solo en el Reino Unido se elevó en un 4515%.[5] Fue otro fenómeno sin precedentes en la historia de la humanidad.

Lo que tampoco tuvo precedentes fue el hecho de que los mayores aumentos en aquellos que buscaban o eran referidos a una "reasignación de género" ahora eran mujeres jóvenes. Una generación poseída por esa diosa ahora estaba haciendo lo que ella se jactaba de haber hecho. Las *mujeres jóvenes* buscaban convertirse en *hombres jóvenes*.

El sufrimiento de los pequeñines

La alteración de los cuerpos de los niños entonces se convirtió en un gran negocio. Las instalaciones de aborto en todo Estados Unidos agregaron la transición de hombres a mujeres y de mujeres a hombres a sus servicios para matar a los niños por nacer. En todos esos casos realizaban, bajo un mismo techo, los ritos de múltiples dioses.

Y como los niños eran una audiencia cautiva mientras permanecían sentados en sus aulas, el espíritu de la diosa vino sobre el sistema de las escuelas públicas. Los escolares entonces estaban siendo iniciados en el transgenerismo a través de las palabras y la autoridad de sus maestros.

Se les enseñaría que podían decidir si iban a ser niño o niña. Luego se les preguntaría de qué sexo eran realmente y si, en realidad, no eran diferentes de lo que habían pensado que eran. Luego serían conducidos al proceso de transición. Eran demasiado jóvenes para comprender las ramificaciones de lo que estaba sucediendo. Comenzaba el proceso de *"reasignación"* de género, a menudo mientras se impedía que los padres supieran lo que les estaba pasando a sus hijos.

El alterado

El entretenimiento infantil, los dibujos animados, los videojuegos, la televisión, las redes sociales, las películas y otros medios e influencias infantiles se unieron al bombardeo. Como resultado, enormes cantidades de niños fueron sometidos a tratamientos hormonales que alterarían y dañarían irreversiblemente sus cuerpos, su salud y sus vidas. Muchos de ellos fueron transformados y esterilizados de por vida antes de que supieran lo que era la sexualidad.

Celebridades, líderes gubernamentales, educadores, dirigentes empresariales, médicos, cirujanos y activistas se unieron a la cruzada para promover la alteración de los niños. Aquello desafiaba la racionalidad y el sentido común. ¿Qué podría haberlos poseído para abrazar y defender una cosa que, en cualquier generación anterior, habría sido vista como una locura?

Lo que los poseía era el espíritu de la diosa. Por tanto, multitudes de niños y jóvenes entonces estaban siendo introducidos en la metamorfosis sufrida por los sacerdotes y ministros de ella para convertirse en sus sirvientes.

No obstante, a diferencia de la antigüedad, a la diosa no le interesaba una sola clase de personas para que le sirvieran como su sacerdocio, ahora estaba detrás de una generación completa. Por lo que estaba preparando a toda una generación para encarnar, de una forma u otra, la confusión de género de ella y, sin saberlo, para que le sirviera como su sacerdocio.

Y no era la diosa sola. Los dioses siempre tuvieron un interés especial en destruir a los niños. Si sus cuchillos sacrificiales no pudieron tocarlos antes de su nacimiento, lo harían ahora.

Un ídolo del propio ser

Si, en un universo pagano, uno fabrica su propio ídolo, construye su propio dios y, por lo tanto, crea su propia realidad, entonces en un universo así uno puede crear o recrear la realidad de uno mismo. Así que, a medida que avanzaba el trabajo de los dioses y la paganización de Occidente, una mujer podía decidir que su realidad era que en verdad era hombre o, para el caso, era un animal o cualquier otro ser.

Sin embargo, para poner en práctica la realidad propia, uno debe anular la que en verdad existe. Así, para crear lo que no es realidad, uno debe anular lo que sí lo es. Y para recrearse uno mismo, uno debe anular la propia existencia. Así es como se convierte la autocreación en un acto de autodestrucción.

Además, crear la propia realidad es hacer un ídolo. Y crearlo a partir de uno mismo es hacer un ídolo del propio ser. Por tanto, en el acto de la transición, uno debe tallar el ídolo para que se ajuste a la realidad que desea. Por lo que la alteración del género siempre implicaría el acto de autodestrucción.

La destrucción de las mujeres

Esa destrucción iría más allá de la de los individuos. Afectaría a la sociedad en su conjunto. Las feministas comenzaron a notar un nuevo fenómeno: la destrucción o eliminación de las mujeres. La palabra *mujer* estaba siendo eliminada de los documentos y discursos oficiales, reemplazada por frases como "personas con útero" o no reemplazadas en absoluto. Los hombres también estaban siendo borrados. También eliminaron los vocablos hermanas y hermanos, madres y padres, hijos e hijas, niños y niñas, damas y caballeros.

La abolición del hombre

La misión de los dioses era erradicar la naturaleza humana, la humanidad, la abolición del hombre. Prometían que uno podía hacer con su ser y su vida todo lo que creía o imaginaba. Pero si uno pudiera dar su vida y su ser a *cualquier* propósito, significaría que su vida y su ser *no* tienen un propósito real, intrínseco, absoluto ni definitivo. Y si no hay un propósito absoluto o final para la vida de uno, entonces la vida de uno no tiene un significado ni un valor concluyente.

De forma que la existencia de uno se vuelve desechable: hombre, mujer, humanidad, cada persona, cada vida. Así, lo que los dioses presentaron como libertad era, en realidad, destrucción, y lo que prometieron como cumplimiento fue, al final, la abolición del hombre.

◆◆◆

¿Será posible que uno de los movimientos más fundamentales de los tiempos modernos no solo lo haya iniciado la diosa, sino que su presencia la habite en su nacimiento?

¿Es posible que el evento que desencadenó este movimiento no solo estuviera saturado con los elementos de su mitología, sino que también se repitiera?

Ahora estamos a punto de quitar el velo de un acontecimiento que alteró la cultura estadounidense y mundial. En su remoción veremos cómo una antigua deidad mesopotámica habitó las calles de la ciudad de Nueva York.

Octava parte

LA EXPLOSIÓN

Capítulo 33

La noche de la diosa

EL REGRESO DE la diosa podía vislumbrarse desde el comienzo de la revolución sexual. Pero lo que estamos a punto de ver es cómo un solo evento encarnaría su entrada en la cultura moderna de una manera que ningún otro acontecimiento lo hizo antes. Más que ningún otro, este único suceso abriría la puerta a la alteración de los valores en el ámbito de la sexualidad, el matrimonio, el género, la familia, incluso la Biblia, el cristianismo y los caminos de Dios.

Stonewall

Sería conocido como *Stonewall*. Llegaría a ser conmemorado cada año en casi todas las partes del mundo. Representaba una explosión que comenzaría una levadura a través de la sociedad estadounidense, la cultura occidental y después el mundo.

¿Será posible que ese acontecimiento no fuera solo una conflagración en pro del malestar social, el desorden y la agitación sino también de la manifestación de las fuerzas espirituales? ¿Es probable que detrás de todo eso estuvieran el espíritu de la diosa *y su mitología*?

Lo que ahora se conoce como *Stonewall* —o los *disturbios de Stonewall* o el *levantamiento de Stonewall*— tomó su nombre del Stonewall Inn, un bar gay de Greenwich Village en la ciudad de Nueva York. Al igual que con otros bares gay de la ciudad, la mafia lo poseía y lo administraba. A fines de junio de 1969 la policía lo allanó. Esas redadas no eran poco comunes por varias razones. Más allá del hecho de que los actos homosexuales no eran legales, el bar operaba ilegalmente sin la licencia de licor apropiada. Los propietarios de esos bares solían sobornar a la policía para que les permitiera funcionar y la autoridad, por su parte, a menudo alertaba a los propietarios antes de realizar las redadas.

La explosión

El allanamiento comenzó en las primeras horas de la noche. Había unas doscientas personas en el bar. Durante la operación, la policía sacó a la mayoría de ellos y enfocó sus esfuerzos en los empleados del bar así como también en varios travestis a los que presionaron para que se identificaran. Luego empezaron a introducir a algunos de los que habían detenido en una camioneta de la policía para interrogarlos. Numerosos clientes permanecieron afuera junto con los curiosos. En el transcurso de las detenciones algo se apoderó de la multitud; una agitación, luego un espíritu de ira y después una explosión. La multitud comenzó a burlarse de los policías y a arrojarles objetos: botellas, piedras y, según se informa, ladrillos. La rabia era tan feroz y la situación tan peligrosa que la policía se retiró del bar, atrincherándose por temor a arriesgar sus vidas. Entonces, la multitud los persiguió, atacando al bar, intentando forzar la puerta principal para llegar a ellos.

Al fin, llegaron los refuerzos de la policía atrincherada, pero la furia y el motín continuaron. Los "disturbios de Stonewall" siguieron varios días. En aquel momento, aquello parecía una rareza, una perturbación al margen de la sociedad. La mayoría de la gente no tenía ni idea de lo que había sucedido. Pero las repercusiones de lo que pasó esa noche crecerían y se profundizarían con el paso de cada año. Con el tiempo, los que se unirían a las conmemoraciones de Stonewall y al movimiento que representaba se multiplicarían por millones.

Las puertas antiguas y los espíritus

Hemos hablado de la puerta que se les cerró a los dioses en la antigüedad. Stonewall fue un elemento clave en su reapertura. En vista de ello, no debería sorprender que haya sido un evento lleno de ira, agitación y violencia. La antigua puerta ahora estaba siendo golpeada y forzada para abrirla. Los espíritus entraban y los dioses regresaban.

Y así, con respecto al reino de los espíritus y los dioses, lo que sucedió en Stonewall fue de gran importancia. No solo la policía y las multitudes estaban allí esa noche. En medio de esa multitud estaba la diosa.

Lo que sucedió aquella noche fue algo superior al ámbito natural. Los involucrados en aquello, independientemente del lado que estuvieran, no tenían ni idea de lo que estaba pasando. Eran solo recipientes, o peones, en un antiguo misterio.

Ahora vamos a descorrer el velo de lo que ocurrió aquella noche de junio en la ciudad de Nueva York. Detrás de ese velo descubriremos otro reino, un mundo de convergencias, espíritus y carne, el mundo antiguo y el moderno, el mitológico y el real.

◆◆◆

¿Había alguna razón por la que lo que sucedió esa noche tuvo que ocurrir en la ciudad de Nueva York?

¿Acaso será posible que el motivo de todo eso se remonte a la diosa y su mitología?

Capítulo 34

La puerta maravillosa

EL REGRESO DE la diosa dio paso a la revolución sexual, pero la revolución que ahora estaba a punto de comenzar requeriría su propia entrada. La diosa necesitaría un portal por el cual entrar y por el cual traer de vuelta a la civilización occidental lo que se había mantenido fuera. Tenía que venir a la puerta.

Ishtar en la puerta

A Ishtar siempre la atrajeron las puertas. Entre sus símbolos más destacados se encontraban un par de estándares denominados postes de entrada. Y uno de los restos arqueológicos más famosos es el de la Puerta de Ishtar, que abrió el camino a la ciudad de Babilonia.

Las puertas también desempeñaron un papel muy importante en su descenso al inframundo. Ella exigió su apertura. Las abriría de una forma u otra. Esa era su naturaleza; ella transgredía los límites.

Lo que ahora estaba a punto de abrir a la fuerza era la puerta que estuvo cerrada por mucho tiempo, la entrada cerrada a la civilización occidental. Tendría que llegar a esa puerta de entrada para ello. A fines del siglo veinte, Estados Unidos era la principal potencia de Occidente y de lo que todavía podría llamarse civilización cristiana. Así que ella llegaría a su portal.

La diosa en la ciudad de Nueva York

Estados Unidos tenía una puerta de entrada más importante que el resto de las demás. Era la puerta a través de la cual millones de personas entraban y salían de la nación, y a través de la que ingresaban y surgían el comercio, las mercancías, la cultura y las ideas. Era la puerta por la que su estatua más icónica alzó su lámpara "junto a la puerta dorada".[1] Esa puerta era, por supuesto, la ciudad de Nueva York. Así que la diosa que, en la antigüedad, se sentía atraída por la puerta ahora, a su regreso, llegaría a la puerta central de la civilización estadounidense y occidental: la ciudad de Nueva York.

Una ofrenda de primicias

Una de las antiguas inscripciones de su mitología cuenta cómo se acercó a una "puerta maravillosa":

> Por la noche, salió con autoridad y se paró en la calle ante una puerta maravillosa. Y ofrendó sus primicias.[2]

De forma que ahora, nuevamente, la diosa vendría "en la noche" y se pararía "en la calle" ante la "puerta maravillosa" de Estados Unidos, la ciudad de Nueva York. En el mito ella hace una ofrenda de "primicias". Las primicias se refieren a una ofrenda o sacrificio que marca un comienzo. De manera que la diosa levantaría ahora su ofrenda en la puerta de Estados Unidos de América, las primicias, el comienzo de un movimiento que transformaría la cultura norteamericana y el mundo.

Por tanto, allí —en la puerta de Estados Unidos de América— comenzaría la apertura de la antigua puerta. No se abriría libremente. Pero ella era la diosa que se jactaba de su poder para abrir a la fuerza lo que había estado cerrado para ella.

Abre tu puerta

En la mitología se narra que en su descenso al inframundo, ella se para ante la puerta y grita:

> ¡Guardián, ah, abre tu puerta! ¡Abre tu puerta para que yo entre![3]

Ella no se iba a quedar afuera. Así que, en el verano de 1969, la diosa llegó a la puerta y a Stonewall. Esa noche, su espíritu moraría entre la multitud, misma que luego exigiría que se les abriera la puerta que había estado cerrada durante mucho tiempo. Esa noche, todo comenzaría. Y el movimiento que transformaría la cultura mundial empezaría, como tenía que hacerlo, en la puerta.

———————◆◆◆———————

¿Qué es el eshdam?

¿Acaso podría eso haber señalado el lugar exacto en el que debía ocurrir la explosión?

Capítulo 35

El eshdam

ISHTAR HABITÓ EN un lugar llamado *eshdam*. ¿Qué era eso?

La taberna

Eshdam era la antigua palabra mesopotámica para taberna, bar o posada. La taberna estaba especialmente ligada a la diosa. Ella era la protectora de los eshdam, la patrona de las tabernas. Acerca de esa relación especial de la deidad con la taberna, un escritor observó:

> Desde este período y hasta el primer milenio a. C., la taberna o cervecería era la provincia especial de Inanna (Ishtar), la que protegió personalmente.[1]

Los antiguos himnos que le cantan alabanzas destacan la conexión entre los dos. La diosa se sienta en el eshdam y allí se gana la vida. La conexión entre ambos era tan fuerte que el eshdam podía verse como su hogar. Un escritor señala:

> Puede ser que las imágenes de "su hogar", como a veces se llamaba a la taberna, automáticamente incorporaran ese aspecto de Inanna [*Ishtar*] que protegía específicamente al bar de la localidad.[2]

El eshdam Stonewall

La diosa no solo habitaba en la taberna, sino que la usaba para sus propósitos. Así que, a su regreso al mundo moderno, no solo entraría por la puerta, sino que seguramente encontraría un eshdam, una taberna, para sus fines. Por eso, no fue casualidad que en esa tarde de los últimos días de junio de 1969, la obra de la diosa convergiera como en la antigüedad, en un eshdam. En este caso, el eshdam se llamaba Stonewall. Stonewall fue el cumplimiento de la antigua palabra mesopotámica. Era una taberna, un bar, una cervecería. Era el escenario natural para la vivienda y la obra de la diosa. Difícilmente había otro lugar en la tierra más apropiado para hacer su entrada. Ahí tenía que empezar.

La casa de la cerveza

Los antiguos eshdams de Ishtar eran conocidos por una bebida alcohólica en particular: la cerveza. La palabra también se puede traducir más específicamente como *cervecería o cervecera*. La diosa habitaba en una cervecería.

De modo que Stonewall era especialmente conocido por una bebida por encima de todas las demás: la cerveza. Los visitantes describían el lugar como muy saturado con olor a cerveza. Tan pronto como uno atravesaba sus puertas, se encontraba con el aroma del eshdam.

La cerveza también ocupaba un lugar central en las libaciones sagradas ofrecidas a Ishtar y a los dioses. Las tinas en las que se fermentaba se usaban en rituales religiosos, hechizos y encantamientos. Se creía que el líquido poseía poderes mágicos y que el eshdam o cervecería era un espacio con una carga sobrenatural en posesión de la diosa. Por eso, en esa calurosa noche veraniega de 1969, el eshdam volvería a estar sobrenaturalmente cargado y poseído por ella.

La casa del género alterado

Otro elemento del eshdam era la sexualidad. La diosa confesó haber usado el eshdam para procurar relaciones sexuales. Por eso, en Stonewall, el elemento sexual siempre estuvo presente. Era el tema de la sexualidad lo que distinguía a Stonewall de la mayoría de los otros bares de la ciudad. Y fue ese tema de la sexualidad lo que encendió la explosión.

La diosa vincula su cambio de género a un lugar particular:

> Cuando me siento en la *taberna* [*eshdam*], soy mujer y soy joven exuberante.[3]

Así, en presencia de la diosa, el eshdam se convirtió en el lugar donde los límites del género se desdibujaban, se rompían; y donde se alteraba la naturaleza de la sexualidad, donde la mujer se convertía en hombre y el hombre en mujer.

Eso fue lo que pasó con Stonewall; era el eshdam donde los límites del género se disipaban, se cruzaban y se rompían. En el eshdam era donde se alteraba la sexualidad y desde el cual esa alteración se extendería al mundo.

La casa del juicio

El eshdam jugaba otro papel en la mitología de Ishtar:

La santa Inanna [*Ishtar*] en [*su*] eshdam, se presentó en el juicio, decretó [*su*] destino.[4]

Se describe a la diosa entrando en el eshdam o cervecería con el fin de vengarse. El eshdam se convierte así en el terreno de la diosa sobre el cual repara sus agravios, castiga las ofensas y exige su retribución. La noche en que comenzó el motín, el eshdam de Stonewall volvió a ser el lugar donde se castigaban las ofensas, se reparaban los agravios y se arreglaban las cuentas.

Esa noche, la multitud, inflamada por el espíritu de la deidad, intentó entrar en su eshdam y juzgar a una civilización que creían que había pecado contra ellos.

Ve a tu cervecería

Un texto mesopotámico dice esto acerca de la diosa:

Ramera, ve a la cervecería.[5]

Por tanto, en el verano de 1969, la deidad conocida como "la ramera" fue "a la taberna": Ishtar fue a Stonewall.

Aunque pueda parecer extraño para los oídos occidentales, en los antiguos textos mesopotámicos la palabra para *taberna* o *cervecería*, a veces, se une al vocablo mesopotámico para *santo*. Se dice que la diosa

posee el *"eshdam sagrado"*, la *"cervecería sacra"*, la *"taberna sagrada"*.[6]
La taberna se convirtió en algo parecido a su templo, su suelo sagrado.
De modo que, el bar conocido como Stonewall sería consagrado como
un lugar sacro. No fue casualidad que el movimiento que difundió los
caminos de la diosa santificara como santuario sagrado su templo, Stonewall, su *"taberna sagrada"*, el *"eshdam sagrado"*.

Había más en la vivienda o eshdam de la diosa. Se necesitaba un elemento más de su mitología para completar todo.

Sería allí en Stonewall. Y jugaría un papel central en la explosión de
esa noche.

Capítulo 36

La casa del Harimtu

ISHTAR ERA DIOSA y patrona de las tabernas y las prostitutas. Por lo tanto, esperaríamos que las dos se unieran.

La ramera de la cervecería

En uno de los mitos mesopotámicos que hablan de sus poderes y posesiones, se le dice a la diosa

...has traído contigo a la prostituta del culto, has traído contigo la santa taberna.[1]

Ella era la encargada de las prostitutas y de la *"taberna santa"*. Como deidad del *harimtu* o prostituta, y del *eshdam* o cervecería, Ishtar era la encarnación de ambas cosas. Era la *eshdam harimtu*, la ramera de la taberna o la prostituta de la taberna. En uno de sus himnos, la diosa dice lo siguiente:

Cuando me siento junto a la puerta de la taberna, soy prostituta.[2]

Aquí convergen los tres elementos de la diosa: la puerta; la taberna o cervecería; y la prostituta. La taberna, si no una casa oficial de prostitución, era una casa en la que vivían y operaban las prostitutas.

Las prostitutas de Stonewall

Por tanto, el otro elemento de la diosa, el de la prostituta, ¿podría haberse manifestado también en la noche de Stonewall?

Claro, eso hizo. Las charlas y los rumores de la prostitución siempre habían rodeado al bar. Hubo informes de una red de prostitución operada en el segundo piso. Incluso hubo reportes de que se ejercía la prostitución dentro del propio bar.

Sin embargo, más allá de eso estaba el otro vínculo más visible de Stonewall con la prostitución. La taberna se había convertido en un centro, un refugio y un lugar de reunión para los prostitutos, los trabajadores sexuales y los estafadores callejeros del bajo Manhattan. La prostitución que presidía Ishtar en la antigüedad no se limitaba a las trabajadoras sexuales. Las funciones de los assinnu, los machos feminizados de Ishtar, sin duda se superponían en el ámbito y las tareas de la prostitución. Una inscripción sumeria que describe los festivales de la diosa dice lo siguiente:

> Arreglándose sus cabellos, los prostitutos masculinos desfilan ante ella, la santa Inana [Ishtar]. Se adornan los mechones que caen sobre sus espaldas con tiras de colores para lucírselos a ella.[3]

La revolución harimtu

Los prostitutos masculinos no solo eran una parte importantísima de Stonewall Inn, en realidad, lideraron *el levantamiento*. Uno de los líderes más destacados de ese alzamiento y del movimiento posterior fue una artista *drag* llamada Marsha Johnson, que trabajaba de noche como prostituta. Ella era una entre otras.

Así que en esa noche veraniega en Stonewall, los dos elementos —el harimtu y el eshdam—, la prostituta y la taberna, convergieron tal como lo hicieron en la antigüedad bajo el patrocinio de la diosa.

Esa noche, los assinnu modernos de ella, sus prostitutos masculinos, estaban en las calles, reunidos alrededor de su eshdam, para iniciar la explosión.

De modo que el movimiento que transformaría la cultura occidental lo iniciaron las prostitutas, tal como lo inició la diosa prostituta, la ramera de la taberna.

————◆◆◆————

Sin embargo, ¿por qué Stonewall? ¿Por qué allí a diferencia de otras tabernas o cervecerías?

¿Acaso había algo más?

¿Es posible que la respuesta se encuentre en unas tablillas antiguas que señalaban a Stonewall como el lugar en el que tenía que suceder eso?

Capítulo 37

Stonewall, el muro de piedra

LA DIOSA SIEMPRE había sido conocida como la que derribaba barreras. Por eso vino a Nueva York, con ese propósito. Así que no podría haber un nombre más apropiado para el lugar en el que rompería esa barrera que Stonewall.

No obstante, ¿podría haber más en ese misterio?

La diosa en la pared

La *Epopeya de Gilgamesh* contiene una vívida descripción de la ira de la diosa. Ishtar intenta seducir al héroe Gilgamesh. Este, en un discurso contundente y tajante, desdeña sus avances. Entonces Ishtar toma represalias invocando al "*toro del cielo*" para causar destrucción en la tierra. Gilgamesh y su socio, Enkidu, matan al toro. Por eso Ishtar

...montó la gran muralla de Uruk.[1]

La diosa se para en lo alto de la muralla de la ciudad y allí da rienda suelta a su angustia, por lo que airada lanza maldiciones sobre los que la ofendieron. Así como la diosa, cuando descargó su furia en la muralla de la ciudad, en la noche en que descargaría su furia contra toda una civilización eligió como punto focal el lugar llamado Stonewall. Allí tomó su posición y la convirtió en su plataforma. Y desde allí desató su angustia y su furor.

El muro de Uruk

La antigua muralla de Uruk sobre la que se encontraba la diosa estaba hecha de ladrillos. En la noche de Stonewall, los ladrillos ocuparon un lugar destacado. El propio Stonewall Inn era conocido por su fachada, una pared de ladrillos.

Más allá de eso, los disturbios de Stonewall comenzaron con el lanzamiento de objetos a la policía. Nadie sabe exactamente qué eran esos primeros objetos, pero se informó que fueron ladrillos. Los ladrillos se convirtieron en una parte clave de la leyenda de Stonewall. La pregunta "¿Quién lanzó el primer ladrillo en Stonewall?" se convirtió en un grito de guerra para el movimiento. Se sabe que unas piedras parecidas a ladrillos fueron desenterradas de unos hoyos cercanos y se encontraban entre los objetos arrojados a los agentes de policía al comienzo del motín.

La piedra y el muro de piedra

El evento inmediato que llevó a Ishtar a pararse en la pared y arrojar sus maldiciones fue la muerte del toro del cielo por parte de Gilgamesh. Pero detrás de ese asesinato, la ofensa fundamental que desencadenó todo lo que siguió fue el mordaz rechazo de Gilgamesh a los avances de la diosa. Mientras se paraba sobre la pared, eso es lo primero que dice:

¡Ay de Gilgamesh que me insultó![2]

¿Cómo había insultado Gilgamesh a la diosa? Él presentó un caso contra ella. Si él se convertía en su amante, eso le traería calamidades y penas; como le había ocurrido a sus amantes anteriores, Tammuz y una larga lista de otros. La diosa causaba daño y destrucción a los que la amaban. Era tóxica, inestable y mortal.

En su devastador ataque a la historia y la naturaleza de ella, utilizó imágenes, símbolos. Uno de ellos es de especial interés. La diosa, dijo él, es una roca

... que estremece al *muro de piedra*.[3]

El otro muro de piedra

Miles de años antes de los motines de Stonewall, las palabras "*muro de piedra*" ya estaban escritas en unas tablillas de arcilla. La frase *muro de piedra* se usaba en relación a la diosa de la sexualidad, a las tabernas, a las prostitutas, al travestismo, a la transexualidad, a la homosexualidad y al cruce de géneros.

"Muro de piedra" eran el símbolo que se empleaba para hablar de las consecuencias destructivas de la diosa en el mundo que la rodeaba y específicamente en su propio pueblo, con sus amantes. El muro de piedra se usó en la condena que causó su ofensa y encendió su furia.

Ahora la expresión muro de piedra volvería a vincularse a la deidad. Una vez más, se usaría para ofenderla y encender su furia. Y de nuevo, se convertiría en el símbolo de su rabia. Los disturbios que estallaron esa noche dejarían a Stonewall roto, quemado y destrozado. Según la antigua acusación de la *Epopeya de Gilgamesh*, la diosa haría que el "muro de piedra" se estremeciera.

Era el más apropiado de los nombres y lugares. Porque en Stonewall la diosa haría que otro muro, uno de orígenes antiguos —el cerco moral que había servido a la civilización occidental durante casi dos mil años— se estremeciera y colapsara de la misma manera.

◆◆◆

Había un antiguo símbolo vinculado al poder de la deidad. La acompañaría cuando ella entraba en batalla. Fue la primera señal de su llegada.

Por lo tanto, cuando la diosa inició su guerra en Stonewall, ¿es posible que estuviera acompañada por su antigua señal y que fuera la primera indicación de su llegada allí?

Capítulo 38

La cabeza del león

Con la excepción del planeta Venus, la estrella de Ishtar, ninguna otra imagen se asoció tan prominentemente con la diosa como la del león.

Labbatu, la leona

La diosa se llamaba *Labbatu*, la *Leona*. El título manifestaba su poder, su ferocidad y su salvajismo en la batalla. Aparece en varias oraciones y poemas antiguos:

Inanna [*Ishtar*], gran luz, leona del cielo…[1]

Señora mía, leona de las batallas, que desafía tierras extranjeras…[2]

En el cielo y en la tierra ruges como un león y devastas a la gente … Como un león temible, apaciguas con tu hiel a los insubordinados e insumisos.[3]

… sobre leones engalanados, corta en pedazos al que no muestra respeto.[4]

La que monta el león

Ningún otro animal estaba tan asociado con la diosa. Ningún otro la encarnó tan gráficamente. Era el "símbolo de su divinidad".[5] Era el león el que la llevaba a la batalla.

Se la describe montando un carro conducido por siete leones. Y, en relieves tallados, se para sobre el lomo de uno o varios leones mientras cabalga en dirección a la guerra. Su poder era tan grande que incluso el rey de las bestias cedió a su voluntad y obedeció sus órdenes. Así, el león era su plataforma preferida desde la cual libraría la guerra e infligiría su venganza.

La cabeza del león

Sin embargo, había una parte del animal que mostraba con más fuerza su poder y su dominio: la cabeza del león. La diosa era representada en relieves, finamente tallados, en los que se veía sosteniendo las riendas, con las que hacía girar la cabeza del león y dirigiendo el curso de su entrada. En otros relieves coloca su pie encima de la cabeza del león. Era un signo de dominio absoluto y poder indiscutible. Ishtar era la diosa que estaba de pie sobre la cabeza del león. Luego estaba la dimensión táctica: la cabeza de león era la primera vista, la más deslumbrante y la más aterradora que un enemigo vería cuando Ishtar se acercara para causar destrucción.

La cabeza del león se convirtió, en sí misma, en un símbolo de su poder. Era esa cabeza la que coronaba su cetro. Y cuando cabalgaba rumbo a la batalla, a menudo blandía una espada curva —una cimitarra— coronada con la cabeza de un león. El símbolo serviría como un recordatorio para sus adversarios en cuanto a la ferocidad de su poder destructor.

El otro eshdam

Si esa diosa fuese a entrar en batalla, a participar en una guerra espiritual y cultural, ¿sería probable que la señal que acompañaba sus hazañas bélicas en la antigüedad se manifestara nuevamente? Si Stonewall y Greenwich Village fuesen el lugar donde se iniciara la batalla, ¿sería posible que la indicación de su acercamiento se manifieste específicamente allí?

Ya apareció el aviso. Y lo hizo en el mismo entorno que Stonewall; es más, en la misma calle. Apareció a solo dos puertas de la entrada principal de Stonewall. Al igual que Stonewall, era un bar, una cervecería, un eshdam, lugar de residencia de la diosa. Eligió como su símbolo y su nombre una parte de un animal. Se llamaba *Cabeza de León*, el mismo signo que, en la antigüedad, representaba el poder de la diosa cuando entraba en guerra.

La señal de su acercamiento

Así como la cabeza de león sería lo primero que anunciaría el acercamiento de la diosa en la batalla, la taberna Lion's Head apareció en Greenwich Village en 1966. Fue la primera señal de lo que se acercaba. Más tarde, ese mismo año, tres miembros de la mafia compraron la propiedad que se convertiría en Stonewall. Al año siguiente, 1967, Stonewall abrió sus puertas. Entonces, como en la antigüedad, la cabeza de león fue la primera señal de que la divinidad se acercaba.

En la antigüedad, la cabeza del león la acompañaba en la guerra. Cosa que haría otra vez. Su aparición en Christopher Street, en Greenwich Village, fue el primer aviso de que una guerra estaba a punto de comenzar y que sería liderada por la diosa.

De pie sobre la cabeza del león

Después del alzamiento de Stonewall, una de las principales organizaciones de defensa de los homosexuales estableció oficinas en Greenwich Village. Su sede se ubicó directamente sobre la cabeza del león. Ahora libraría la guerra de la diosa tal como lo hizo en sus guerras en la antigüedad, parada sobre el símbolo de su poder: la cabeza de león.

◆◆◆

A la diosa le correspondía el poder de adueñarse y poseer vasijas humanas.

Si ella era el principado que estaba detrás del alzamiento de Stonewall, si lo estaba incitando, ¿es posible que en la noche de ese motín ejerciera el poder de adueñarse y poseer lo que deseaba?

¿Es probable que aquellos que jugaron un papel clave en la ignición de la explosión estuvieran actuando como sus avatares?

Es más, ¿es posible que uno de ellos incluso apareciera en su imagen?

Capítulo 39

Los avatares

LA PALABRA *AVATAR* proviene de una raíz sánscrita que significa descendencia. En la religión oriental habla del descenso o manifestación de una deidad en forma corporal, una encarnación. Lo usaremos aquí para hablar de un ser humano que sirve como recipiente para la encarnación tanto de un dios como de un espíritu: un anfitrión.

Los avatares de Ishtar

El fenómeno, como hemos visto, era común en la antigüedad y en las culturas paganas donde el espíritu de un dios poseía a sus adoradores. Lo vimos en los antiguos sacerdotes y sacerdotisas que servían como mensajeros de los dioses. Y notamos que Ishtar era especialmente conocida por poseer vasos o recipientes humanos.

Por tanto, ¿podría la diosa, a su regreso, usar y habitar un recipiente humano? ¿Podría su espíritu poseer y animar a ese receptáculo para que actuase como su emisario? ¿Podría haber habido en Stonewall un avatar?

La mujer guerrera

Si es así, esperaríamos que fuera, como la diosa, mujer. Y, sin embargo, parece poco probable que una mujer desempeñase un papel central en el motín de Stonewall, ya que la abrumadora mayoría (algunos dirían que hasta el noventa y ocho por ciento) de los clientes del bar eran hombres. Pero esa noche había en Stonewall un recipiente humano, una anfitriona, un avatar de la diosa. Y era una mujer.

Podríamos esperar que el avatar hubiera sido, como la deidad, femenino pero con atributos masculinos. Y eso es exactamente lo que era: una mujer con atributos masculinos. Como Ishtar era una luchadora, podríamos esperar que su avatar también lo fuera.

Y en efecto así fue. Así como Ishtar, su avatar también era muy feroz. Y era a la semejanza de la diosa, por lo que serviría como el instrumento principal para encender la insurrección.

El arresto de la diosa

En el mito del descenso de Ishtar al mundo de los muertos, la diosa se arroja furiosa contra Ereshkigal, deidad del inframundo. Ereshkigal responde ordenando su arresto y encarcelamiento:

Ereshkigal abrió su boca y habló,
Por Namtar, su mensajero, se dirigió a sí misma:
"Ve Namtar, encarcélala en mi palacio".[1]

Ishtar es aprehendida y encarcelada en el palacio de Ereshkigal.

Por tanto, se repitió el misterio, la mujer que actuó como el avatar de Ishtar fue detenida y arrestada. Y fue esa aprehensión y ese arresto lo que desencadenaría el motín y el movimiento que alteraría la cultura mundial.

La incendiaria

Sucedió cuando la policía arrestaba a los clientes dentro del bar y los llevaba a la camioneta de la policía mientras la multitud miraba desde afuera. Sacaron esposada a una mujer de rasgos masculinos, el avatar. Según testigos presenciales, era feroz, peleó violentamente con al menos cuatro de los policías mientras gritaba, protestaba por el trato y los maldecía. Se dijo que la lucha duró unos diez minutos.

Fue entonces cuando gritó a la multitud las palabras que desencadenarían el levantamiento y el movimiento:

¿Por qué no hacen algo?[2]

Luego la pusieron en la parte trasera de la camioneta de la policía. *Fue en ese momento que todo cambió, y todo comenzó.*

Los vengadores

En el mito del descenso de Ishtar, fue la desaparición de la diosa, su aprensión y su encarcelamiento lo que condujo a la emisión de la convocatoria y el llamado para liberarla. La llamada sería respondida, según la versión del mito, por el kurgarra, el galatur o el assinnu. Todos eran seres intersexuales. Y sus nombres se les dieron a los sacerdotes de la diosa, que incluía hombres vestidos de mujer, hombres que tenían relaciones sexuales con otros hombres, prostitutos masculinos, hombres afeminados.

Así que en la noche de Stonewall, lo que produjo el llamado a la acción fue la detención y posterior arresto del avatar de la diosa, la mujer furiosa. Por tanto, aquellos que respondieron a esa convocatoria y se sumaron al furioso frenesí que se convirtió en los disturbios de Stonewall serían personas intersexuales o de género cruzado. Entre ellos estaban hombres vestidos como mujeres, hombres que tenían relaciones sexuales con otros hombres, prostitutos masculinos, hombres afeminados o feminizados, como lo eran los sacerdotes de la diosa, el kurgarra, el galatur y el assinnu, cada uno de los cuales llevaba el nombre de los seres que vinieron a rescatarla de su encarcelamiento.

El maldito

El mito identifica otra característica o grupo de personas. Tras el regreso de Ishtar de entre los muertos, los seres intersexuales que acudieron en su ayuda son maldecidos por su acto. La maldición es invocada por Ereshkigal. Y fue como sigue:

> Las cloacas de la ciudad serán tu bebida,
> La sombra del muro será tu puesto,
> El umbral será tu habitación,
> ¡Los enloquecidos y los sedientos te abofetearán la mejilla![3]

En otras palabras, vivirían en la ciudad como pobres y sin hogar. Habitarían a la sombra de la muralla de la ciudad. Así que el otro segmento, o característica, de los que participaron en el levantamiento fueron los *menesterosos*. Eran los prostitutos sin hogar que se refugiaron en Stonewall, moraban *a la sombra del muro*. Y ellos también jugarían un papel principal en el inicio de los disturbios.

Arrancan a la esposa

En el mito de su regreso, la diosa es acompañada por entidades demoníacas. Se describen como si tuvieran un plan para separar al hombre y la mujer, al esposo y la esposa, romper el matrimonio y la familia:

> Arrancan a la esposa del abrazo del hombre. Arrebatan al hijo de la rodilla del hombre. … Arrebatan a la mujer del abrazo del hombre.[4]

De forma que, el regreso más dramático de la diosa al mundo estaría unido a los espíritus que separaron al hombre de la mujer y a la mujer del hombre, los que trabajarían por la deconstrucción del matrimonio y la desintegración de la familia.

El momento del frenesí

Mientras subían a la luchadora a la camioneta de la policía, un espíritu se apoderó de la multitud y la convirtió en una muchedumbre enardecida. La situación rápidamente se tornó peligrosa y el gentío, según los relatos de los testigos presenciales, se enloqueció.

¿Quién era el avatar? ¿Quién fue la mujer que incitó a la multitud y provocó el movimiento y todo lo que vendría después? Solo hay un contendiente serio, una mujer identificada por su nombre por varios testigos presenciales. Aunque sus recuerdos posteriores no siempre fueron congruentes, confiaba y reconocía ante los demás que ella realmente era la sindicada. Decididamente estuvo en Stonewall esa noche y luchó contra la policía. Sea ella la mujer o una de ellas, se convirtió en el rostro de esa resistencia, la que —en la leyenda de Stonewall— desató el levantamiento.

El protector de la cervecería

En vista de todo eso, su perfil es llamativo. Al igual que la diosa, tenía atributos masculinos. Se trataba de una imitadora masculina. Como la deidad, era una luchadora feroz. La diosa era la patrona del eshdam, la protectora de la cervecería. Además, la mujer que se cree que provocó el levantamiento de Stonewall era conocida por servir como protectora de la taberna. Trabajaba como portera en los bares lésbicos de Greenwich Village. Patrullaba las calles del pueblo como su guardiana.

La tormenta cargada

Ishtar era la diosa de las tormentas. Esta ejemplificaba su naturaleza: impredecible, ardiente, violenta, tormentosa. Su rugido era como un trueno, su destrucción como el de un relámpago. Los antiguos escritos sumerios y acadios que vinculan a la diosa con la tormenta son numerosos:

> Avanzas indetenible como una tormenta cargada. Ruges
> con la tempestad que ruge, truenas continuamente...[5]

Cuando la diosa mostraba su poder, su ira o entraba en guerra, lo hacía como una tormenta furiosa:

> Provocaba una magnífica batalla y convocaba una gran
> tormenta.[6]

> ...cubierta por tormentas e inundaciones, gran dama Inana [*Ishtar*] ... destruyes tierras poderosas con flechas, y con fuerza dominas tierras.[7]

> Seguiste atacando como una tormenta acosadora,
> Seguiste soplando (más fuerte) que la tormenta rugiente,
> Seguiste tronando (más fuerte)...[8]
> Tormenta con truenos fuertes

La identificación de la diosa con la tormenta es tan fuerte que en un antiguo himno mesopotámico, ella se dirige a sí misma como si fuese una tormenta:

Oh poderosa tormenta ... orgullosa reina de los dioses de la tierra, suprema entre los dioses del cielo, oh poderosa tormenta ... que haces temblar los cielos y la tierra. Gran sacerdotisa, ¿quién puede calmar tu corazón atribulado? Brillas como un relámpago sobre las tierras altas; lanzas tus teas a través de la tierra.[9]

Por eso a la diosa se le dio el título de Tormenta. Y en Stonewall estaría a su altura, mientras mostraba su poder, su ira y su furia, y entraba en la batalla como una tormenta furiosa.

De modo que, ¿cuál era el nombre de la que sirvió como su avatar esa noche? El nombre de la que se dio a conocer por provocar los disturbios y el movimiento que surgió de Stonewall era único: *Stormé*.

Tanto la diosa como su avatar llevaban el nombre de *Tormenta*.

La tormenta desatada

Así que el levantamiento de Stonewall y el movimiento que se remontaría a ese suceso fueron iniciados por una mujer con atributos masculinos, una luchadora, protectora de las cervecerías, una líder feroz, enfadada y furiosa con aquellos que cruzaron los límites del género, la incitadora de una multitud de hombres feminizados: una figura misteriosa conocida como *Stormé*. ¿Era la diosa o su avatar? Esa noche no hizo ninguna diferencia. Fue ambas cosas. Actuaron como una.

Ishtar había regresado. El mismo espíritu que se apoderó de la multitud en Stonewall, con el tiempo, se adueñaría de millones. Todo comenzó esa noche cuando ella puso en marcha un disturbio y un movimiento que transformaría la cultura mundial.

Ella desataría una tormenta.

◆◆◆

En medio de la furia y la violencia del motín, sucedió algo extraño. Para un observador objetivo no habría sido sensato. Pero también era parte del antiguo misterio.

Era la danza de la diosa.

Capítulo 40

La danza de la diosa

Uno de los conceptos más extraños en la tradición de la diosa se resume en la frase *la Danza de Ishtar*. Lo extraño de eso es lo que significaba: guerra y destrucción. Era una yuxtaposición peculiar: la imagen de una diosa danzando en un escenario de muerte, carnicería y devastación. Una inscripción antigua invoca el concepto:

> ... resplandor ardiente que resplandece contra el enemigo,
> que inflige destrucción en la feroz, Danzante, Ishtar, que
> arrastra multitudes ...[1]

La danza de Ishtar

En la noche en que se iniciaron los disturbios de Stonewall, sucedió algo extraño. En medio del disturbio, en plena pelea, varios de los involucrados comenzaron a realizar un baile. Fue una extraña convergencia de música y danza por un lado, y violencia y destrucción por el otro. Era la danza de Ishtar.

En la antigua Mesopotamia no solo la diosa ostentaba el título de bailarina. Sus sacerdotes, los assinnu, también eran reconocidos por sus bailes. Por tanto, en medio del alzamiento de Stonewall, el assinnu moderno de Ishtar realizó un baile.

Los assinnu también entonaban canciones sagradas a la diosa como parte de su ministerio. Así que los que bailaron en Stonewall también entonaron una canción. Así como los antiguos assinnu cantaban en tono femenino, como si fueran mujeres, sus contrapartes modernos en Stonewall también cantaban y bailaban como si fueran mujeres.

Adoradoras de peinados hermosos, muchachas alegres y rameras

Cuando Ishtar se paró en la muralla de la ciudad e invocó maldiciones sobre Gilgamesh, convocó a sus ministras para que compartieran su angustia. En el relato se mencionan tres tipos de mujeres. Una traducción las presenta como "(mujeres adoradoras) de peinados hermosos, muchachas alegres y rameras".[2] Las tres se asociaban con la prostitución. La primera de las tres mencionadas era conocida en el idioma original como kezertu.

Las kezertu estaban estrechamente unidas a Ishtar. La ciudad natal de la diosa, Uruk, era conocida como la ciudad de kezertu. Servían en los templos de Ishtar y, aparte de su asociación con la prostitución, las kezertu eran conocidas por tocar música. Una tablilla sumeria antigua habla de una chica que

... actuaba como kezertu: *entonando canciones y practicando juegos.*[3]

Las kezertu, observa un escritor,

... se involucraban en una variedad de tareas, incluidas *cantar, tocar instrumentos, bailar ...*[4]

Las kezertu: las que llevan el pelo rizado

Otro escritor señala acerca de las kezertu:

Las mujeres llevan peinados característicos, entonan canciones y bailan en su adoración.[5]

En consecuencia, las kezertu eran especialmente ordenadas para entonar canciones a Ishtar y danzar para ella. En cuanto a sus "peinados característicos", la razón por la que la traducción citada anteriormente representaba a las kezertu como las de "peinados hermosos" se debe al propio vocablo *kezertu*, que proviene de la raíz del término *kezeru*, que significa *rizar el cabello*. Así que, *kezertu* se traduce más específicamente en cuanto a las mujeres del culto de Ishtar que usaban el *cabello rizado*.

Las bailarinas

La noche en que empezaron los disturbios de Stonewall, acompañando la manifestación de la diosa estaba la representación de la kezertu.

En algunas traducciones de la *Epopeya de Gilgamesh*, la invocación de kezertu por parte de Ishtar se traduce de la siguiente manera:

Ishtar reunió a su gente, las muchachas *que bailaban y cantaban.*[6]

Sus "muchachas que bailaban y cantaban" es otra traducción de kezertu. Aquella noche de Stonewall, la diosa volvió a reunir a sus "bailarinas y cantantes".

Los que estaban en el baile no tenían ni idea. Pero fue como si el espíritu de las kezertu se hubiera apoderado de ellos. En esta oportunidad eran hombres, pero se convirtieron en mujeres, mujeres que bailaban, muchachas que cantaban. Su canción era una lasciva burla a los policías. Pero las letras eran más significativas. Empezaban así:

Somos las chicas de Stonewall.[7]

Y luego venían las palabras que se remontaban al acadio de la antigua Mesopotamia y a la diosa; por lo que cantaron:

Usamos el pelo rizado.[8]

En lengua acadia, eso equivalía a decir:

Somos las kezertu.

Y así fue que en la noche de Stonewall, con el regreso de la diosa, también volvieron las kezertu, las bailarinas que llevaban el pelo rizado.

Y a medida que avanzaba la danza de Ishtar, la multitud enloquecía. Fue entonces que el motín se volvió tan peligroso que la policía se retiró y se atrincheró dentro del bar. Ante eso, el espíritu de la diosa se enfureció aún más. Los elementos del antiguo misterio convergían, la danza de la diosa se fusionaba con la batalla y la destrucción.

Romperé la puerta

La diosa y su gente quedaron afuera de Stonewall. Pero se trataba de la diosa que se negaba a que la mantuvieran fuera de cualquier reino debido a una puerta cerrada o asegurada con llave. Sus antiguas inscripciones describen sus amenazas generadoras de violencia contra las puertas y portales que no se abrían para ella:

> Si no me abres la puerta para que entre, romperé la puerta y el cerrojo, destruiré el poste del portal y derribaré las puertas.[9]

La diosa había llegado a la puerta de Estados Unidos de América. Ahora procedería a romperla. Poseída por su espíritu, la multitud comenzó a golpear la puerta principal del bar, intentando romperla, destrozarla y abrirla para llegar a los oficiales de policía que estaban adentro. Stonewall era su morada, su eshdam. Así que no sería bloqueada.

La dama de fuego

Ishtar también era la diosa del fuego. Un antiguo himno celebra la manera en que usaba este elemento para traer destrucción en la batalla:

> Llueve fuego ardiente sobre la Tierra...
> Señora que cabalga sobre una bestia...
> Destructora de tierras extranjeras,
> Tú le das fuerza a la tormenta...
> Sus grandes portales están incendiados.[10]

Así que ahora, inflamado por la "dama de fuego", el gentío intentó incendiar el bar con la policía adentro. Vertieron líquido para encendedores por las aberturas de la puerta y arrojaron basura envuelta en llamas, proyectiles encendidos y bombas incendiarias en dirección a los policías. Rociaron la puerta principal con líquido para encendedores y también le prendieron fuego. Un testigo ocular resumió la intención de la turba con dos simples palabras: "querían matar".[11]

Algunos considerarían extraño que cosas como la ocurrida en Stonewall se celebraran a partir de ese día en todo el mundo, pero incluso eso se remonta al antiguo misterio. Las obras de fuego, destrucción y furia de la diosa también la celebraban sus adoradores al punto que las alababan en sus himnos.

Señales de la diosa

Esa noche, todas las señales de la diosa convergieron entre sí: la puerta, el eshdam, el muro de piedra, las prostitutas, los travestis, los vagabundos, el revivido assinnu, la cabeza de león, el furioso avatar llamado Stormé, el arresto, el pedido de ayuda y su respuesta, el kezertu, la danza de la diosa, la batalla, el derribo de la puerta, el empleo del fuego, la furia y la tormenta.

La diosa había regresado. La puerta a la que había golpeado violentamente esa noche parecía ser solo la de un bar, pero era la puerta de una civilización que le había sido cerrada. Ahora la había forzado a abrir.

No descansaría ni dejaría de martillar hasta que todas las puertas de la civilización occidental se le abrieran a la fuerza. Y con esa puerta abierta, los otros dioses y los espíritus, expulsados en la antigüedad, también regresarían.

◆◆◆

Hemos visto cómo el lugar de la explosión y del regreso de la diosa, la ciudad, el suelo y el sitio mismo de Stonewall estaban todos determinados por el antiguo misterio. *Tenía* que pasar donde pasó. Pero ¿qué tiene que ver con el tiempo en que eso sucedió?

Más allá del lugar en que aconteció, ¿podría haber un antiguo misterio que determinara cuándo sucedió? En otras palabras, ¿ocurrió cuando tenía que suceder?

¿Podría el momento de la explosión en Stonewall haber sido determinado por un arcaico misterio relacionado con la luna, el sol, el antiguo calendario de Babilonia y el lanzamiento de un encantamiento?

Capítulo 41

La luna, el sol y el hechizo

¿PODRÍA EL MOMENTO de la explosión en Stonewall haber sido determinado por un misterio de épocas pasadas relacionado con la luna, el sol, el antiguo calendario de Babilonia y el pronunciamiento de un hechizo?

El tiempo de la pasión y la angustia

El amante de Ishtar era el pastor Tammuz. Un día Tammuz la ofendió. Entonces ella envió una horda de demonios sobre él. Intentó huir, pero lo alcanzaron y lo bajaron a la tierra de los muertos. Después de su partida, la diosa, arrepentida, comenzó a llorarlo. Su pena y su angustia fueron tan grandes que la propia naturaleza dejó de dar vida. Sus doncellas lloraron con ella. Finalmente, ella descendió a la tierra de los muertos y lo trajo de regreso al mundo de los vivos, donde podría vivir parte del año antes de regresar a los muertos.

¿Cuándo fueron los días de luto y angustia de Ishtar? Fueron en verano. Fue entonces cuando la tierra del Medio Oriente se secó y las hojas con sus frutos se marchitaron; era la señal de la muerte de Tammuz y la separación de los dos amantes.

Los días de Tammuz

El asunto, sin embargo, era más específico que eso. Los días del dolor de Ishtar cayeron en un mes específico. El mes estaba tan estrechamente relacionado con la diosa y su culto que llevaba el nombre de su amante. Era el mes de *Tammuz*.

El mes de Tammuz estuvo especialmente ligado al ámbito mitológico. Marcó la captura del amante de la diosa, su muerte, su descenso y morada en la tierra de los muertos. Era el mes en que los dos dioses se separaban. Para ella, era el mes de los anhelos insatisfechos, las pasiones sin respuesta y los deseos negados. Era el mes de los dolores de la diosa, sus anhelos y deseos, sus frustraciones, sus lágrimas y sus angustias.

¿Cuándo sucedió Stonewall?

Ocurrió en el antiguo mes de Tammuz.

Todo era parte del misterio de los dioses, lo que sucedió en Stonewall ocurrió en el antiguo mes de Tammuz. No fue casualidad que el regreso de Ishtar aconteciera en el mes que lleva el nombre de su amante y que está tan profundamente entrelazado con su adoración. Tampoco fue accidental que la repetición de su mitología en Stonewall pasara en el mes más saturado con su mitología.

Si la frustración y la angustia que estallaron en Stonewall fueron impulsadas por el espíritu de la diosa, entonces es aún más sorprendente que sucediera en los mismos días dedicados a su angustia y su frustración. Fue separada y le negaron el objeto de sus deseos. El mismo nombre del mes, Tammuz, representaba el objeto negado. Así que los días de Stonewall fueron los días de Tammuz; es más, el alzamiento también nació de la frustración y la negación del deseo.

El descenso del sol

En 1969, el mes de Tammuz comenzó el 17 de junio, once días antes de Stonewall. Uno de los días más importantes en el calendario de los dioses y del mundo pagano era el del solsticio de verano, cuando el sol inicia su descenso anual. Era una época de rituales, adoración y sacrificios. El solsticio de verano era uno de los momentos más cargados del año pagano. Y en el caso de Ishtar, el descenso del sol fue paralelo al de su amado Tammuz al inframundo. En 1969, el sol comenzó su descenso anual el 21 de junio. Unos días antes de los eventos que pondrían todo en marcha y, exactamente, siete días antes de que sucedieran los disturbios de Stonewall.

La hija de la luna y el decimoquinto día

Ishtar estaba fuertemente conectada con la luna. En varias de sus mitologías se identifica a su padre como el dios luna. Ella misma era conocida como la *Primera hija de la Luna*. Dado que los calendarios de Mesopotamia y Oriente Medio se basaban en ese astro, cada mes comenzaba con la luna nueva, que alcanzaba su plenitud alrededor del decimoquinto día, el punto central del mes, el día de su luna llena. En el mundo babilónico era un día sagrado llamado *Shapatu*. Ishtar fue llamada "la del día quince, la madre del mes".[1]

En 1969, el mes de Tammuz, el mismo de la pasión de Ishtar, llegó a su luna llena el fin de semana que comenzó el 27 de junio y terminó el 29 de junio. Era, precisamente, el fin de semana de Stonewall. Los disturbios comenzaron justo antes de la luna llena y continuaron después. Los acontecimientos se enfocaron en la luna llena y el punto central de Tammuz.

No fue casualidad que el movimiento que alteraría los límites de la sexualidad y el género naciera en el mes que lleva el nombre del amante de la diosa que trastornó los límites de la sexualidad y el género. Y los días de ese nacimiento se agruparían alrededor de la luna llena de ese mes.

La separación del hombre y la mujer

Tammuz fue el mes de la separación de Tammuz e Ishtar, el mismo que separó al macho y la hembra. Así, el movimiento que promovería una sexualidad en la que el macho fuera separado de la hembra y la hembra del macho nació en el mes que separó al macho de la hembra y la hembra del macho. El movimiento avanzaría y celebraría el alejamiento de los hombres de las mujeres y el apartamiento de las mujeres de los hombres.

El hechizo

El día que selló Stonewall y todo lo que de él vendría fue el 26 de junio de 1969. Fue entonces cuando el subinspector de policía Seymour Pine obtuvo la orden de allanamiento número 578. Ese fue el acto definitivo que pondría en marcha la redada que desencadenaría los disturbios, el levantamiento y luego el movimiento. Fue en ese único acto que todo quedó sellado.

¿Cuándo fue eso? ¿Cuándo se emitió la orden y se selló el acontecimiento que se convertiría en Stonewall? En el antiguo calendario mesopotámico y bíblico, correspondía al décimo día del mes de Tammuz.

¿Tiene algún significado ese día? Lo tiene. Un antiguo texto babilónico lo revela. El décimo de Tammuz es el día asignado para lanzar el hechizo que haría que

un hombre amara a otro hombre.[2]

Así que el día que sellaría los sucesos de Stonewall y que daría inicio al movimiento que surgiría de ello no solo fue uno de los días de Tammuz e Ishtar, sino el día específico ordenado desde tiempos antiguos para pronunciar el hechizo que hiciera que *un hombre amara a otro hombre.*

El mes de Tammuz —el de la luna llena, del solsticio de verano, de la separación del hombre y la mujer, de los días de la frustración y la angustia, y el día en que el antiguo hechizo hiciera que el hombre amara a otro hombre— fue cuando todo convergió en el verano de 1969 para preparar el camino a una diosa y provocar una explosión.

◆◆◆

Ese fue el comienzo. Lo que sucedió en Stonewall rápidamente comenzaría a irradiarse a la cultura circundante, provocando un movimiento y luego una metamorfosis. Actuaría como un catalizador para el derrocamiento de la civilización cristiana, los cimientos de la moralidad bíblica y los estándares casi universales que habían sustentado a la mayoría de las civilizaciones durante la mayor parte de la historia registrada. Eso traería lo que había habitado las sombras de la sociedad y que se manifestaría de manera pública.

Sin embargo, detrás de la metamorfosis, sus espectáculos, sus signos y sus símbolos, sus hitos y sus eventos seminales, sus celebraciones, y sus ritos y sus sacramentos, había misterios de orígenes antiguos. Detrás de todos ellos estaban los dioses.

Esos son los misterios que ahora desvelaremos.

Comencemos con las procesiones festivas de Sumeria y las puertas de Babilonia.

Novena parte

EL DOMINIO

Capítulo 42

Las procesiones de los dioses

UNA VEZ ROTO el muro y forzada la puerta para abrirla, lo que sucedió en Stonewall comenzaría a irradiarse desde Greenwich Village al mundo.

El pueblo de Sumeria desfila ante ti

En la antigüedad, la diosa ocupaba el centro de atención de la cultura y el pináculo de su religión. Por eso intentaría hacerlo de nuevo. Comenzaría a transformar la rabia y la violencia de Stonewall en un movimiento. Y como su antiguo culto involucraba sucesos sagrados y conmemoraciones, celebraciones y festivales anuales, ahora convertiría el levantamiento de Stonewall en un acontecimiento sacro que se conmemorara religiosamente cada año con sus propios rituales, celebraciones y festejos.

En el antiguo Medio Oriente se la conocía especialmente como la diosa de los desfiles y las procesiones. El antiguo himno "El Santo" comienza así:

> El pueblo de Sumeria desfila ante ti.
> Tocan los dulces tambores delante de ti.[1]

Sus desfiles se convirtieron en parte central de la cultura popular de Mesopotamia y Medio Oriente pero, al mismo tiempo, eran un elemento intrínseco de su culto y la correspondiente adoración.

Por lo tanto, podríamos esperar que el espíritu de Ishtar, a su regreso, intente conmemorar los disturbios de Stonewall con procesiones y desfiles. Y eso es exactamente lo que sucedería.

La diosa crearía un nuevo ritual, un desfile y una celebración que al fin se convertiría en un componente central de la cultura estadounidense y occidental. Al mismo tiempo, adquiriría cada vez más el aura de una festividad religiosa.

El desfile de Stonewall

Cinco meses después de Stonewall, los activistas homosexuales se reunieron en Filadelfia y planearon una marcha para conmemorar el levantamiento y que sucedería el verano siguiente en la ciudad de Nueva York. Se repetiría todos los años, cada último domingo de junio. Se planearon otras tres marchas para ese mismo fin de semana, una en San Francisco, una en Chicago y una en Los Ángeles, en Hollywood Boulevard. Iban a ser marchas de protesta y desfiles al mismo tiempo.

El 28 de junio de 1970, el primer aniversario de los disturbios de Stonewall, los participantes se reunieron en Greenwich Village, cerca del lugar de los hechos, para comenzar la Marcha del día de la liberación de Christopher Street. El nombre se tomó debido a la calle en la que estallaron los disturbios. Empezando con unos pocos cientos de participantes, la marcha avanzó por la Sexta Avenida, donde aumentó a unos miles antes de llegar a su destino en Central Park.

Según lo planeado, el desfile se repetiría cada verano como una celebración anual. Con cada año que pasara, se realizarían más marchas en más ciudades de Estados Unidos y luego en todo el mundo. Se llamarían Marchas de la liberación gay, luego Desfiles del orgullo gay y más tarde, simplemente, Desfiles del orgullo.

Todos se celebraron en la misma época del año para conmemorar el levantamiento que les dio origen. La primera marcha en Los Ángeles, por Hollywood Boulevard, se llamó Christopher Street West Association Parade, para identificarla como la extensión al oeste de Stonewall. Y muchas de las marchas del orgullo y festividades en Europa fueron parte de lo que se llamó la celebración del Día de Christopher Street. Todos los desfiles del orgullo, marchas, procesiones y festividades tuvieron como lugar de nacimiento Stonewall. ¿Podría incluso esto remontarse a un antiguo misterio?

La puerta de Ishtar

La entrada más famosa que conducía a la antigua Babilonia era la puerta de Ishtar. Fue el punto de partida del camino procesional de la ciudad. Los grandes desfiles babilónicos comenzaban en la puerta, avanzaban por un camino de casi un kilómetro rodeados de paredes ornamentadas con imágenes pintadas. La diosa presidía, como reina, las grandes procesiones y desfiles babilónicos; y por ello era quien los inauguraba en su portal.

Así también se constituyó en la deidad que inauguró las procesiones y desfiles que recorrerían el mundo moderno. Se iniciaron en Stonewall, el terreno donde se manifestó. Stonewall era su entrada moderna, la puerta contra la que golpeó hasta que la abrió. Stonewall era la puerta de Ishtar en el mundo actual. Así que no fue casualidad que se convirtiera en el punto de inauguración y la plataforma de lanzamiento desde donde empezarían los desfiles de millones. Y así, como en la antigüedad, el más extendido de los desfiles del mundo moderno se puso en marcha en la puerta de la diosa.

El camino procesional

Los antiguos desfiles que comenzaban en la puerta de Ishtar se abrían paso a través del camino procesional hasta el templo de Marduk, la vía central de la ciudad. Así que los desfiles inaugurados por la diosa a fines del siglo veinte empezaron en la ciudad de Nueva York, la Babilonia de los tiempos modernos, y continuaron a lo largo de la vía central de la ciudad. Y así como las procesiones de Ishtar se iniciaron en la puerta, también comenzaron los desfiles del orgullo en la ciudad de Nueva York, la puerta de Estados Unidos de América. Luego se abrirían camino a través de las vías centrales de las grandes ciudades del mundo de hoy y luego se filtrarían hacia las más pequeñas.

La puerta de los dos arcos

Así como los antiguos desfiles de la diosa comenzaban en la muralla de la ciudad, los actuales empezaban en lo que lleva el nombre de otra muralla de piedra: Stonewall. Los antiguos desfiles comenzaban en la puerta que lleva el nombre de ella, una entrada cubierta con ladrillos. Los desfiles modernos de Ishtar se inauguraron en Stonewall, cuya pared estaba —como la puerta de Ishtar— cubierta de ladrillos.

La puerta de la diosa estaba formada por dos arcos cubiertos de ladrillo, uno pequeño y otro más grande. El Stonewall Inn, del mismo modo, poseía dos arcos de entrada cubiertos de ladrillo, uno más pequeño que el otro. Es más, fueron esas entradas con sus arcos las que la mafia de los disturbios de Stonewall trató de abrir y atravesar. Como en la antigüedad, las procesiones masivas y los desfiles de la diosa comenzaron en la pared y los arcos cubiertos de ladrillo de su puerta.

El león, el toro y el dragón

La puerta de Ishtar era famosa por sus representaciones del león, símbolo de la diosa. Por eso las antiguas procesiones comenzaban bajo el signo del león. Las que se iniciaron en Stonewall también lo hicieron bajo el signo del león en el sentido de que la cabeza de esa bestia marcaba el lugar del levantamiento que dio origen a los desfiles.

Fue a través de la puerta de Ishtar que los dioses entraron en la ciudad en forma de ídolos e imágenes. La puerta y las paredes del camino procesional estaban adornadas con símbolos de divinidades: leones, dragones y toros. El león, como hemos visto, representaba a Ishtar. El dragón representaba al dios Marduk que, en la mitología babilónica, era un amante de Ishtar. En la Biblia, el dragón —por supuesto— también es un símbolo de Satanás. Y el toro era un símbolo del dios Adad. En la tierra de los cananeos, Adad era *Hadad* y *Hadad* era Baal.

La puerta de los dioses

De forma que la puerta de Ishtar era la entrada, el portal a través del cual ingresaban los dioses. De ahí la pregunta: ¿Podría la entrada de Ishtar en Stonewall, donde nacieron las procesiones modernas, servir también como portal para la entrada de los dioses?

En la antigüedad, los desfiles de Ishtar atraían a la gente a su adoración. Así lo harían de nuevo. Las celebraciones eran, en esencia, de carácter espiritual e incluso religioso. En una panoplia de música y color, la cultura estadounidense y occidental se extasiaba en la adoración de la diosa.

◆◆◆

Si detrás de los desfiles del mes del orgullo estaban las procesiones de la diosa, ¿podrían las descripciones de los antiguos desfiles revelarnos los espectáculos de nuestros días?

Capítulo 43

Los espectáculos de los encantados

Sɪ ᴠᴏʟᴠɪÉʀᴀᴍᴏs ᴀ la antigüedad y presenciáramos los desfiles de la diosa, ¿qué habríamos visto? ¿Tenemos alguna idea? Por supuesto.

El desfile de la diosa

Los antiguos escritos de Mesopotamia los describen:

> El pueblo de Sumeria desfila ante ti.
> Digo: ¡Salve! a Inanna [Ishtar], ¡Gran señora del cielo!
> Tocan el tambor sagrado y los timbales ante ti …
> Tocan el arpa sagrada y los timbales ante ti.
> El pueblo de Sumeria desfila ante ti.[1]

Los desfiles de Ishtar incluían arpas y tambores, música y ritmo. Podían ser procesiones sombrías o incluso llenas de angustia, o desfiles ruidosos, festivos y de celebración. Los desfiles eran conocidos por algo más: la flexión del género:

> El pueblo de Sumeria desfila ante ti.
> Las mujeres adornan su lado derecho con ropa de hombre.
> El pueblo de Sumeria desfila ante ti. …
> Los hombres se adornan el lado izquierdo con ropa de mujer.[2]

Los desfiles de la diosa presentaban hombres vestidos como mujeres, mujeres vestidas como hombres, cada uno vestido como ambos, sacerdotes varones desfilando como mujeres y mujeres del culto actuando como hombres. Eran desfiles públicos, espectáculos de transexuales, travestis, homosexuales, intersexuales y de género cruzado.

207

El regreso del desfile mesopotámico

Si la diosa regresara al mundo moderno y a la civilización occidental, ¿qué pasaría? ¿Podrían regresar también las procesiones de ella? ¿Podrían sus desfiles con personas de género cruzado, andróginos, homosexuales, transexuales, hombres vestidos de mujer y mujeres vestidas de hombre, manifestarse de nuevo en el mundo moderno?

El misterio ordenaría que lo hicieran.

Y eso es exactamente lo que sucedería. El regreso de la diosa a Stonewall inauguró el retorno de sus antiguos desfiles. Después de casi dos mil años, las procesiones protagonizadas por deidades de géneros cruzados comienzan a reaparecer en las calles urbanas del mundo actual. Una vez fueron vistos en las calles de Uruk, Akkad y Babilonia. Ahora se manifestarían en las calles de Nueva York, Londres y París.

Los desfiles del orgullo eran resurrecciones de los antiguos desfiles de adoración a la diosa.

Los desfiles de género cruzado

Incluso un comentarista transgénero moderno, al escribir sobre el antiguo festival de la diosa, no pudo dejar de ver la conexión:

> La descripción del festival parece mostrar a la gente de la ciudad travistiéndose específicamente con motivo de la celebración. De hecho, todo suena muy parecido a un desfile del orgullo gay.[3]

Un artículo sobre puntos de vista antiguos sobre la sexualidad, cita las procesiones de la diosa y señala que sus partícipes de género cruzado

> … participaban en procesiones públicas, cantaban, bailaban, vestían disfraces, a veces vestían ropa de mujer y portaban símbolos femeninos.[4]

Por tanto, los desfiles del orgullo emplean los mismos elementos: canto, baile, disfraces, hombres vestidos con ropa de mujer y portando símbolos femeninos.

Hombres con pañuelos de colores

Una antigua inscripción sumeria dice esto de los participantes en las procesiones de la diosa:

> Los prostitutos se peinan delante de ti.
> Se adornan la nuca con pañuelos de colores.[5]

Un comentario moderno sobre la inscripción dice lo siguiente:

> Para parecerse más a una mujer, algunos de esos sacerdotes homosexuales se dejaban crecer el cabello y después de "arreglarse sus cabellos, los prostitutos [desfilaban] ante ella, la santa Inana [Ishtar]. Se adornan los mechones que caen sobre sus espaldas con tiras de colores para lucírselos a ella".[6]

La mención tanto de hombres de género cruzado como de los que usan pañuelos de colores también es llamativa, ya que ambos elementos describen las marchas del orgullo gay modernas. El uso destacado de los pañuelos de colores se puede notar en la ropa, los letreros y las banderas que se muestran en las procesiones.

Los carnavales del orgullo

Un erudito mesopotámico describe el antiguo desfile de la diosa como

> … una procesión carnavalesca.[7]

Así que los desfiles del orgullo de los tiempos modernos, aunque nacieron de la protesta, también se convirtieron en *procesiones de carnaval*. El escritor continúa describiendo otros aspectos de las antiguas procesiones:

> No solo desfila el pueblo tocando instrumentos musicales sino también personal disfrazado asexual o hermafrodita, travestis, con atuendo masculino en el lado derecho y femenino en el izquierdo…[8]

Cada uno de esos elementos se pueden ver, de alguna manera, en los desfiles del orgullo que se celebran hoy. La etiqueta del orgullo en sí está conectada, aunque de manera inconsciente, con la diosa. El orgullo era central en su naturaleza. Uno de sus himnos se dirige a ella como

… la dama impetuosa, orgullosa entre los dioses Anuna … lleno de *orgullo* …[9]

Pinturas fangosas, ojos artísticos y rayas moradas

Apuleyo, el escritor romano del segundo siglo —en su novela *Metamorfosis*— da una idea del espectáculo que se presentaba en los desfiles de la diosa mientras describe los adornos del antiguo sacerdocio masculino relacionado a los *galli*:

Al día siguiente salieron, vestidos con ropa interior de varios colores con turbantes y túnicas azafranadas y ropas de lino sobre ellos, y todos horriblemente maquillados, las caras locas con pinturas fangosas y los ojos hábilmente delineados. Algunos vestían túnicas abrochadas con cinturones, con franjas moradas ondeando en todas direcciones como lanzas y con zapatos amarillos en sus pies.[10]

Insisto, vemos un espectáculo de hombres mostrándose públicamente como mujeres y adornándose con telas de colores. La descripción de Apuleyo también incluye la mención del delineador de ojos y el maquillaje excesivo. Estos también se han convertido en elementos definitorios del desfile del orgullo gay de estos tiempos en su prominente exhibición de travestis, imitadores de mujeres y *drag queens*.

Los pasos de sus sacerdotes

Los desfiles de la diosa eran conocidos porque se burlaban de las normas sociales y las distinciones de género. Sus desfiles modernos serían conocidos por hacer lo mismo. Las descripciones de las antiguas procesiones incluyen adjetivos como *licencioso, obsceno, desenfrenado y lascivo*. Las mismas palabras se utilizarían para describir sus encarnaciones modernas.

A través de los desfiles del orgullo, la diosa seguiría burlándose de las convenciones del mundo moderno. Los usaría para abrir a golpes las últimas puertas cerradas de la civilización occidental.

Millones de personas en todo el orbe ahora participaban en las procesiones restauradas de la diosa tal como lo habían hecho sus sacerdotes y el personal de su culto en la antigüedad.

Millones estaban ahora siguiendo los pasos de sus antiguos sacerdotes y convirtiéndose en sus sirvientes.

No solo los hombres participaban en las procesiones de la diosa, sino también las mujeres. Su presencia es otro componente del misterio y el retorno que ahora está afectando a nuestro mundo. Su apertura nos llevará de las islas de Grecia a las calles de la antigua Sumeria, y de una de las encarnaciones más famosas de la diosa a una danza de espadas.

Capítulo 44

La guirnalda púrpura
y el hacha de doble filo

¿PODRÍA EL PAPEL que jugaban las mujeres en las procesiones de la diosa revelar otro lado del misterio?

Las mujeres de la diosa

Las mujeres no solo participaban en los desfiles de la diosa, sino que también mostraban su poder para desdibujar, romper y cambiar las líneas de género, pero desde el otro lado. Mientras los hombres que desfilaban asumían roles tradicionalmente femeninos, las mujeres que participaban asumían roles tradicionalmente masculinos.

Nunca se habla explícitamente, pero la idea del lesbianismo siempre estuvo implícita. Si bajo el poder de Ishtar las mujeres pudieran asumir los roles y funciones de los hombres, entonces —llevado a su última conclusión— eso incluiría el rol y la función de esposo o amante.

Eso estaba implícito en la androginia de Ishtar. En naturaleza, temperamento y función, ella era tan masculina como femenina. Se transformaba de mujer a hombre y viceversa. Eso, insisto, implicaría la alteración de su deseo. Por tanto, aunque nunca fue manifiesto, el lesbianismo siempre estuvo implícito en el cruce de género y la sexualidad de la diosa.

También estaba presente entre los mecenas de Stonewall. Aunque formando un pequeño componente, las mujeres estaban entre ellos. Fue allí la noche en que todo comenzó cuando una lesbiana esposada incitó el levantamiento contra la policía. Y fue allí después en las marchas del orgullo gay, donde las lesbianas formaron gran parte de las participantes.

El signo de las dos Ishtar

Sin embargo, ¿podría haber algo más que una al renacimiento moderno del lesbianismo con la antigua diosa?

Entre las representaciones modernas más elementales del lesbianismo se encuentra la de dos cruces coronadas por dos grandes círculos entrelazados entre sí, dos símbolos de la mujer unidos entre sí. ¿Cómo se originó el símbolo femenino? Su primera aparición conocida en ese contexto se encuentra en las obras del botánico sueco Carlos Linneo, en el siglo dieciocho. Lo usó para representar flores femeninas.

Linneo tomó el símbolo de los griegos, que lo usaron para representar el cobre, que estaba asociado con el planeta Venus. Este estaba vinculado a la diosa Venus. Venus era la encarnación romana de la deidad griega Afrodita y esta, a su vez, era la encarnación griega de Ishtar. De esa forma, el signo que hasta el día de hoy representa a la mujer, conocido como el "símbolo de Venus", en última instancia se remonta a Ishtar. Por lo que el símbolo del lesbianismo, basado en el de Venus, también se remonta a la diosa. El signo es, en efecto, el de dos Venus, dos deidades, dos Ishtar entrelazadas entre sí.

Safo y la terrible hechicera

El renacimiento moderno del lesbianismo se inspira en la poetisa griega Safo de Mitilene. Safo dirigía una *tiasos*, una comunidad de mujeres jóvenes para la que se desempeñó como maestra. Su sexualidad es, hasta el día de hoy, un tema de debate, pero sus escritos parecen indicar una atracción romántica o erótica por las mujeres.

La deidad patrona que protegía a la comunidad de Safo era la diosa Afrodita, la encarnación griega de Ishtar. Safo adoraba a la diosa y escribió que la conocía íntimamente. Su poesía está llena de elementos del culto, los ritos y la adoración a ella.

Solo uno de los poemas de Safo existe todavía en su totalidad. Es una oración a Afrodita, a quien se dirige como la *"terrible hechicera"*.[1] En el culto de Ishtar eran prominentes las oraciones a la diosa, las que le suplicaban que usara su magia para alterar los afectos de los demás. Esa, en efecto, fue la oración de Safo. Pero el objeto de su afecto era una mujer. En el poema la diosa se le aparece a Safo y le asegura que hará que la mujer la ame.

Safo nació en la isla griega de Lesbos. Del nombre de esa isla proviene la palabra *lesbiana*. Así, detrás de este vocablo está la isla de Lesbos. Detrás de Lesbos está Safo. Detrás de Safo está Afrodita. Y detrás de Afrodita está Ishtar. De modo que todo se remonta a Ishtar.

La diosa de la corona violeta

Es de Safo y de la isla de Lesbos, también, que los colores púrpura y violeta —y de ahí, el lavanda— se asocian con el lesbianismo. Su poesía está adornada con menciones a la púrpura o al color violeta.

Es por Safo, también, que la violeta se convirtió en la flor simbólica del lesbianismo. Ella escribe más de una vez acerca de una mujer coronada con una guirnalda de violetas. Incluso en eso yace la divinidad. Afrodita era la diosa "*coronada de violeta*".[2] Así, incluso los colores y la flor del lesbianismo se remontan a la antigua deidad, la encarnación de Ishtar.

El hacha de doble filo

En la década de 1970, el movimiento lésbico emergente adoptó un símbolo. Fue el más destacado de los primeros emblemas del movimiento. En 1999, el símbolo se incorporó a una bandera de color púrpura que se usaría como estandarte para representar al movimiento y al lesbianismo en sí.

El símbolo era un hacha con dos hojas: el hacha de doble filo, también conocida como *labrys*. ¿Por qué se eligió para ser el signo del lesbianismo? Eso se remonta a la antigüedad. En la isla de Creta, el hacha de doble filo era un símbolo sagrado de la antigua religión minoica. El distintivo se asociaba con las mujeres. En los días del imperio romano, el hacha de doble filo se vinculaba a las mujeres guerreras mitológicas conocidas como las amazonas.

El hacha de doble filo, como símbolo de la mujer independiente del hombre y asumiendo la naturaleza y el lugar del hombre, fue elegido como insignia contemporánea del lesbianismo. El hacha antigua se convirtió en parte de los desfiles del orgullo gay, exhibida en pancartas llevadas por aquellas que se veían a sí mismas como herederas de las antiguas Amazonas.

El arma de la sacerdotisa

No obstante, el hacha de doble filo y su conexión con la alteración del género, se remonta más allá de la gente de Grecia y Creta. Se encuentra en los escritos de la antigua Mesopotamia, en la ciudad de Sumeria. Aparece en un himno a la diosa. Pertenece a una inscripción que ya hemos visto: la descripción de los desfiles de la diosa: los prostitutos masculinos, los hombres desfilando como mujeres, los travestis masculinos y femeninos, los transgénero, el sonido de los tambores y las telas de colores. Esa inscripción dice lo que sigue:

El pueblo de Sumeria desfila ante ti …

Te cantan los mozos que llevan aros.[3]

El uso de aros se asociaba con las mujeres. Los hombres jóvenes están feminizados. Pero sigue:

Las doncellas y sacerdotisas bien peinadas caminan delante de ti,
Llevan la espada.[4]

Las jóvenes y sacerdotisas, por otro lado, llevan objetos asociados con los hombres. Son las mujeres de la diosa que, siguiendo sus pasos, asumen el papel de los hombres. Así como la diosa blande una espada en la batalla, también lo hacen las mujeres que participan en su desfile. Pero según el relato, las mujeres también blanden otro objeto:

Llevan el … hacha de doble filo.[5]

Himnos, pancartas y espíritus

Es entonces en un antiguo himno a la diosa que el hacha de doble filo hace su aparición. Y el contexto de esa aparición es el de las mujeres asumiendo las funciones de los hombres. Más allá de eso, toman el hacha en el desfile de cruce de género de la diosa. Y ahora, en el mundo moderno, el mismo objeto de las procesiones de Ishtar es revivido para servir como símbolo del lesbianismo, las mujeres asumiendo los roles y funciones de los hombres.

Por tanto, la misma arma que esgrimían las mujeres en el mundo antiguo para doblegar los límites del género y la sexualidad se convirtió en el símbolo de las mujeres hoy para alcanzar los mismos fines.

Y así como las mujeres que se cruzan de género levantaban el hacha de doble filo mientras marchaban en los antiguos desfiles celebrando a la diosa, ahora elevarían pancartas adornadas con la imagen de la misma hacha en el renacimiento de sus desfiles con practicantes del cruce de género.

Las mujeres no tenían idea de que estaban reproduciendo un antiguo misterio. Pero los espíritus tienen su propio camino.

◆◆◆

Vimos en Stonewall cómo las funciones míticas del calendario babilónico convergieron para determinar el momento exacto del alzamiento. Pero el misterio del momento no terminaría en Christopher Street.

Se extendería a la cultura dominante hasta que el ciclo anual global quedara impreso por él. Sin embargo, pocos en el mundo moderno podrían haberse imaginado que el calendario en el que vivían había sido cambiado por un misterio que se remontaba a la antigua Mesopotamia y que estaba vinculado a la mitología y el funcionamiento de los dioses.

Para descubrir el misterio, debemos remontarnos a las celebraciones paganas de la antigua Fenicia y a los escritos latinos del padre de la iglesia primitiva conocido como *San Jerónimo*.

Capítulo 45

Junio

HABÍA UNA ÉPOCA del año especialmente ocupada por la diosa.

El mes de su posesión

Ishtar jugaba su papel en otros días sagrados y festivales, pero era en esta época del año que su mitología, sus pasiones, su frustración y su angustia, sus deseos y sus anhelos, sus rituales y su posesión de multitudes saturaban la cultura mesopotámica para un mes completo. Era durante esos días que su espíritu parecía estar en todas partes.

Fue entonces cuando la gente de Mesopotamia no solo la adoró sino que, en sus pasiones, se volvió *como* ella. Clamaban por su amado Tammuz como si fuera ella quien lo hacía a través de ellos. Anhelaban como si fuera el anhelo de ella en ellos. Se movían en procesión como si fuera ella la que se movía. Fue así que al profeta Ezequiel se le dio una visión en la que vio a las mujeres de Israel llorando, como si fuera Ishtar gimiendo por Tammuz. La gente se convirtió en canales de la deidad. La diosa de la posesión los poseía.

Fue en esa época del año que su mitología ejerció un poder amplificado que se infiltraba en la vida diaria. Eran los días en que, según su mitología, ella y Tammuz se separaron. Él estaba en el inframundo, la tierra de los muertos, y ella en la tierra de los vivos, buscando el reencuentro. Rituales, observancias, festivales y procesiones dedicadas a la diosa y al objeto de su deseo se realizaban en todo el Medio Oriente. Uno difícilmente podría escapar de aquello. En esos días, el aire se llenó especialmente con su presencia.

Los veintinueve días

¿Qué pasaría si esa diosa regresara al mundo de hoy? ¿Volvería a marcar y reclamar una época similar del año? ¿Volvería a crear rituales para oficiar durante ese tiempo, observancias que guardar, festivales que celebrar y procesiones que seguir? Y su espíritu, ¿volvería a morar especialmente en esos días?

La respuesta es *sí*. Eso es exactamente lo que ella haría. A su regreso a la civilización occidental, se dispuso a marcar y reclamar un espacio de tiempo cada año como propio; un tiempo que su espíritu pudiera ocupar especialmente. Como era la diosa del orgullo, el tiempo sería coronado con el nombre de *orgullo*.

El tiempo de ella y el objeto de sus pasiones duró aproximadamente veintinueve días. Así que le fue concedido un mes del antiguo calendario del Medio Oriente especialmente para que poseyera a su amante y su mitología. Los ritos, las fiestas y las procesiones se llevaban a cabo desde el inicio del mes hasta su último día.

De modo que, el misterio ordenaría que el espíritu de la diosa buscara nuevamente reclamar un espacio de tiempo similar en la época actual, un mes cada año en el calendario de la civilización que ahora buscaba poseer.

Y así sucedió exactamente, de acuerdo con el antiguo misterio.

El mes sagrado

A raíz de los sucesos de Stonewall, los activistas homosexuales establecieron marchas y desfiles para celebrar la homosexualidad y luego una semana completa, la semana del orgullo gay. Pero en la antigüedad, la diosa reclamaba un mes entero de celebraciones y desfiles. De forma que, la semana del orgullo gay se transformó en el mes del orgullo gay.

Para aumentar su aceptabilidad y popularizarlo aún más, su nombre se acortaría más tarde a *mes del orgullo*. Entonces, como en la antigüedad, al espíritu de la diosa se le dio un mes completo para usarlo a su antojo y poseer lo que quisiera. Y como en la antigüedad, ese mes sería conocido por sus procesiones, sus desfiles, observancias, rituales y el aumento de su poder.

Fue un fenómeno extraño. La celebración de lo que una vez ocupó los rincones prohibidos de la sociedad había llegado a impregnar y dominar la cultura estadounidense y occidental.

Estados Unidos y otras naciones de Occidente ahora dedicaban un mes entero a honrar, alabar y celebrar una forma de sexualidad que poco antes había sido vista casi universalmente como una modalidad de inmoralidad. Ahora, aquello estaba siendo tratado como sagrado.

Una veneración extraña

De una manera igualmente extraña, las naciones estaban colocando la celebración de este tipo de sexualidad por encima de sus propias fiestas. Las naciones típicamente dedican un día a la celebración de su nacimiento o independencia. Pero ahora dedicaban casi treinta veces esa cantidad de tiempo a celebrar una forma particular de sexualidad.

Y está sucediendo en todo el mundo. Naciones con poco en común celebran la misma festividad, rindiendo homenaje, veneración y alabanza, todo a lo mismo y a lo que poco antes habían considerado pecaminoso. ¿Qué podría explicar una transformación tan extraña y dramática? Se hizo más que natural. Fue una obra de los dioses.

En toda la historia, nunca había existido un fenómeno como ese. Y, sin embargo, el mes del orgullo fue la resurrección del antiguo mes de la posesión de la diosa. Así que ahora, nuevamente, como en la antigüedad, se concedió un mes entero a la actividad especial de un espíritu que desdibujaba y rompía los límites del género, que feminizaba a los hombres y masculinizaba a las mujeres, que convertía a los unos en los otros y los hacía desfilar en las calles de la ciudad.

El encuentro de Tammuz

¿Cuándo, en el año antiguo, caían los días de la diosa y su amante? En el verano. Era el antiguo mes de Tammuz. Como se basaba en el ciclo lunar, su sincronización, con respecto al calendario gregoriano occidental, por supuesto que oscilaría. Tammuz puede comenzar en junio o julio. Pero el setenta por ciento de las veces comienza en junio.

El *Comentario completo de la Biblia,* por Jamieson, Fausset & Brown's, publicado en 1871, dice lo siguiente acerca del mes y de sus antiguas celebraciones:

> Se le celebraba una fiesta anual en *junio* (de ahí el nombre de *Tammuz* en el calendario judío).[1]

El comentarista bíblico Joseph Benson, que vivió en el siglo dieciocho y principios del diecinueve, escribió esto sobre el mes y su adoración:

> *Tammuz* … que también se usa para el décimo mes, contando desde el equinoccio de otoño, *es decir, el mes de junio*; y *Tammuz*, como objeto de adoración, expresa la *luz solar* en su perfección, como en el solsticio de verano.[2]

Benson destaca el vínculo entre el mes de Tammuz y el solsticio de verano. Solo hay un mes en el que ocurre el solsticio de verano cada año: junio.

Junio

San Jerónimo, que vivió en el imperio romano en el momento de su conversión del paganismo al cristianismo, fue muy famoso por producir la Vulgata, la traducción latina de la Biblia. Pero también era conocido por escribir comentarios bíblicos. Uno de estos era en referencia al Libro de Ezequiel.

Era ese libro el que contenía la descripción de las mujeres hebreas, en el espíritu de Ishtar, llorando por Tammuz. Al comentar sobre el pasaje, Jerónimo se basó en su conocimiento de las observancias, rituales y prácticas que todavía se realizaban en el momento de escribir ese artículo. Sus palabras originales en latín decían:

> Quem nos Adonidem interpretati sumus, et Hebraeus et Syrus sermo Thamuz vocat …
> Adonis se llama *Tammuz* tanto en hebreo como en sirio …

Luego escribe sobre la muerte del dios y el momento de su ocurrencia:

> … *in mense Junio… occisus.*[3]

en el mes de junio … se mata.

De forma que Jerónimo identifica el momento de la muerte de Tammuz como el "*mense junio*", el mes de junio. Luego continúa:

… eumdem Junium mensem eodem appellant nominee, et anniversariam ei celebrant colemnitatem.[4]

… *llaman a este mes de junio con el mismo nombre* y celebran un *festival anual* en su honor.

Así, según Jerónimo y otros observadores de su época, el mes de Tammuz era equivalente a *"Junium mensem"*, *"este mes de junio"*. Tammuz corresponde a Junium y Junium a Tammuz. Junio también se identifica como el mes en el que se celebra el festival anual. Así la identificación de Tammuz con junio, y por tanto junio como el mes de la celebración anual ligada a la diosa y su mitología, son antiguas y se remontan a los romanos, que dieron nombre al mes de junio.

La recuperación de junio

Entonces, si la diosa regresaba, ¿qué pasaría con el mes de su posesión? El calendario del mundo moderno no se basó en el de la antigua Mesopotamia ni en el del Medio Oriente, sino en el de Roma. Por tanto, podríamos esperar que —de todos los meses— ella elegiría el del solsticio de verano. Es probable que supongamos que ella escoja el mes que, más que ningún otro, inauguró los días de Tammuz, su amante —*Junium mensem*—, el mes de junio.

De modo que ella tomaría posesión especial de él. Convertiría junio en el momento de su canalización. Y dado que junio había sido conocido durante mucho tiempo como la época de las bodas —la unión del hombre y la mujer—, su transformación moderna sería aún más dramática.

Y así junio se convirtió en el mes del orgullo, y el mes del orgullo se convirtió en junio. A medida que Estados Unidos y Occidente se apartaron de Dios y del cristianismo, el antiguo mes volvió a pertenecerle a la diosa. Y como en la antigüedad, el solsticio de verano y los días que inauguraba marcaban el momento de las procesiones y los desfiles de la diosa.

Las liturgias de verano

El festival del mes de verano del que escribieron Jerónimo y otros involucraba rituales de lamentación y luto por el descenso de Tammuz.

Sabemos que las mujeres practicaban esos rituales. Pero no fueron solamente ellas. El assinnu, el kalu y el gala, el sacerdocio de género cruzado de Ishtar, los hombres que se vestían como mujeres, también jugaban un rol importante en los rituales. Dirigían las lamentaciones cantando y lamentándose en tono femenino. Así que ahora, en las renovadas procesiones de junio, los hombres volverían a asumir los atributos de las mujeres.

Después de casi dos mil años, el mes que Jerónimo llamó Junium había revivido su función pagana como recipiente para "*la fiesta anual*". Junio volvería a servir como instrumento del poder de la diosa, el momento en que su espíritu poseería especialmente la cultura en la que moraba.

El festival de la inversión

El mes de Tammuz, o Junium, se centró en la mitología de Ishtar y su amante. Pero no se trataba de su unión, sino de su separación. Se trataba de la obstrucción de la pasión y el deseo. De modo que las celebraciones modernas de junio como conmemoración de los disturbios de Stonewall nacieron de lo mismo, de la frustración y la ira por la obstrucción del deseo. Los propios desfiles tenían como objetivo derribar todos los muros de resistencia y eliminar los obstáculos que separaban el deseo de su realización.

Más allá de esto había una extraña unión de las observancias de la diosa. La relevancia del mes del orgullo se remonta a los días en que Tammuz e Ishtar se separaron y, por lo tanto, al tema de la separación: la del hombre de la mujer y la de la mujer del hombre. Por lo tanto, era el momento perfecto para una celebración de la homosexualidad, el lesbianismo y otras sexualidades alternas. Pero la diversión del mes del orgullo se remontaba a los festivales que celebraban a la diosa.

En el mes del orgullo, los dos se unieron. La observancia moderna no era un lamento por la separación de hombres y mujeres, sino una celebración. Ahora era un festival que *celebraba* la separación, una fiesta de un mes que se regocijaba por los hombres separados de las mujeres y las mujeres separadas de los hombres. En este los ritos de la diosa convergieron en un festival de inversión.

Los ritos licenciosos del solsticio de verano

Sin embargo, los antiguos ritos y festejos observados en el mes de la separación de Tammuz también se destacaban por su libertinaje sexual. Un comentarista escribe lo siguiente acerca del festival tal como se practicaba en la antigua Fenicia o el Líbano:

> Las mujeres de Gebal solían acudir a este templo [*de Afrodita/Ishtar*] en pleno verano para celebrar la muerte de Adonis o Tammuz, y esos ritos licenciosos surgieron en relación con esta celebración.[5]

El escritor ubica los derechos licenciosos en *pleno verano*, en el solsticio de verano, en junio. El escritor sirio del segundo siglo, Lucian, ofrece su propio relato de los ritos y observancias de junio:

> Vi también en Biblos un gran templo, consagrado a la Afrodita [*Ishtar*] de Byblian: este es el escenario de los ritos secretos de Adonis [*Tammuz*] ...[6]

Continúa describiendo cómo las mujeres se afeitaban la cabeza en homenaje al dios Adonis (Tammuz) asesinado y aquellas que se negaban a hacerlo tenían que ofrecer sus cuerpos a extraños como prostitutas y entregar las ganancias a la diosa como sacrificio.

El historiador de la iglesia primitiva Eusebio, escribe sobre el mismo templo de Venus (Afrodita o Ishtar) en Fenicia, en el que se centraban los ritos y las procesiones de junio:

> ... los devotos de la impureza ... destruían sus cuerpos con el afeminamiento. Aquí los hombres que no merecían el nombre olvidaron la dignidad de su sexo ... así también el comercio ilegal de mujeres y las relaciones adúlteras, con otras prácticas horribles e infames ...[7]

El templo de Venus

El final de la fiesta del solsticio de verano y las procesiones de la diosa está implícito en los escritos de los primeros historiadores de la iglesia Eusebio y Sócrates el Escolástico. Ambos registran la limpieza del santuario de Venus, Afrodita o Ishtar, en el Líbano por parte del emperador Constantino:

> También demolió el templo de Venus en Aphaca en el monte Líbano y abolió los hechos infames que allí se celebraban.[8]

El templo, o santuario, de Venus en Aphaca en el monte Líbano sirvió como fuente de las fiestas de las que San Jerónimo escribió e identificó con junio. Así terminaron las fiestas de junio o Tammuz.

De manera que, uno de los signos más pasados por alto de la conversión de la civilización occidental al cristianismo fue el final de las celebraciones de un mes de verano con sus desfiles de junio y sus espectáculos de cruce de géneros.

Por tanto, el regreso de la celebración de un mes del solsticio de verano, el resurgimiento de los desfiles de junio y la reaparición de los espectáculos de cruce de géneros no fueron un accidente. Fueron una señal de la descristianización de la civilización occidental y su posterior repaganización.

El templo de Venus fue, en última instancia, el templo de Ishtar. El final de las procesiones de junio estuvo ligado a su destrucción. Y esta al exilio de la diosa y los dioses. Así que, si regresan la santificación de junio, la fiesta anual, los desfiles y procesiones de los travestis, sería un aviso seguro no solo de una descristianización y repaganización, sino de lo que acompaña a ambas cosas: el regreso de la diosa y de los dioses.

El regreso de Junio

Para los cristianos de los primeros siglos, como Eusebio, los ritos de Junio y sus prácticas asociadas solo podían verse como celebraciones de inmoralidad. Para los de los siglos veinte y veintiuno, los ritos de junio revividos y sus prácticas relacionadas serían vistos de la misma manera. No eran los únicos. Muchos otros en tiempos antiguos y modernos lo verían de manera similar. Para aquellos que no se dejaron llevar por su fervor, la transformación de junio fue un misterio. La celebración de un mes parecía casi de naturaleza religiosa. Y lo era. Era el regreso de una antigua observancia religiosa. La procesión "sagrada" de junio no fue un fenómeno extraño a la cultura pagana. La vista de los desfiles en los que los hombres se vestían como mujeres y las mujeres como hombres y en los que las diferenciaciones de género se desvanecían, era familiar para los ojos paganos.

Su regreso fue el resultado natural de la repaganización de la civilización occidental. Lo que había comenzado con el alejamiento de Dios ahora había dado nacimiento a los ritos y procesiones del festival de verano pagano.

Los desfiles se habían desvanecido con los dioses. Su desaparición era una señal de que se habían ido. El regreso de los desfiles era, pues, el signo de lo contrario: los dioses habían regresado. Y la magnitud creciente de la celebración de verano era una señal del poder creciente de ellos y del control cada vez más intenso que ejercían sobre Estados Unidos de América y el mundo. La partida de Dios había permitido que el mes del misterio pagano resucitara de entre los muertos. Junio estaba volviendo a su estado precristiano. Junium estaba de regreso.

El mes de la apostasía

En la Biblia, el mes de Tammuz se conoce por otra cosa. Fue en Tammuz que la nación de Israel se alejó por primera vez de Dios y se tornó al reino de los dioses y los ídolos: el becerro de oro. Y ahora, de nuevo, junio marcaría ese alejamiento por parte de otra nación y otra civilización, y su retorno a otros dioses. Era el mes de la apostasía, la de una nación y la de una civilización.

Lo que le sucedió a junio es otro recordatorio de que cada vez que una nación o civilización o —para el caso— una vida se aleja de Dios, nunca permanecerá neutral. Nunca se quedará vacía. Será habitada por algo más, algo distinto de Dios. Será habitada por los dioses. Los que participaron en la eliminación de la oración y la Biblia de la vida pública estadounidense no podían imaginar a qué conduciría eso. Pero la casa vacía no podía quedarse así. Una civilización se había apartado de su adoración a Dios. Ahora habían entrado los sacramentos de un culto diferente. La puerta quedó abierta; la casa fue encontrada vacía; entraron los espíritus; los dioses volvieron y con ellos, sus días santos.

◆◆◆

¿Es posible que detrás de un aviso que ahora aparece en todo, desde logotipos empresariales, videojuegos y dibujos animados para niños hasta camisetas, tazas de café, cajas de cereales y los mástiles de las embajadas estadounidenses, un letrero erigido por personas de todos los trasfondos, por líderes y naciones, descanse una deidad antigua?

¿Y es posible que ese signo que ahora cubre al mundo sirva realmente como un instrumento de esa deidad para lograr propósitos desconocidos para quienes lo llevan?

Capítulo 46

El signo

Un signo por encima de todos los demás ha llegado a representar al movimiento que comenzó en Stonewall: la señal del arcoíris.

La bandera del arcoíris

La bandera del arcoíris fue diseñada por Gilbert Baker, un hombre declarado gay y *drag queen*; y se ondeó por primera vez el 25 de junio de 1978. En 1994, se adoptó el signo del arcoíris como símbolo oficial del orgullo gay. Pronto se convirtió en el emblema omnipresente del movimiento y todo lo que representaba, enarbolado y reconocido en todo el mundo.

Sin embargo, ¿podría ser incluso eso la manifestación de un antiguo misterio? ¿Y podría tener que ver con deidades antiguas?

La bandera del arcoíris original tenía ocho colores, los cuales representaban cada uno de los ocho elementos del movimiento. Uno hubiera esperado que los colores de la bandera representaran cosas como la liberación, la tolerancia, el respeto, el empoderamiento o diferentes grupos de personas. Pero la bandera y los colores del arcoíris que llevaba representaban algo que era completamente distinto.

La bandera era una representación de un extraño ensamblaje de temas y elementos que parecían tener poco que ver entre sí. Parecía difícil encontrar un hilo común o un tema unificador que los vinculara y les diera sentido a todos. Pero había un tema unificador y un hilo común que sí los unía a todos: la diosa.

Rosado

No hace falta decir que Ishtar era la diosa del sexo. Era la encarnación de la pasión, el amor, la lujuria, el deseo sexual y las prácticas sexuales en todas sus formas.

El primer color de la bandera arcoíris original fue el rosa. Representaba eso, el sexo.

Rojo

De Ishtar venía la vida. Ella era la fuente de toda fertilidad y procreación, la fecundidad de la tierra, de los animales y de la humanidad. Ella era la fuente de todos los poderes generativos de la naturaleza. Cuando estaba en el inframundo, la generación de la vida se detuvo. Ishtar era la diosa de la vida.

El segundo color de la bandera del arcoíris era el rojo. Representaba la vida.

Anaranjado

Había una preeminente diosa mesopotámica de la curación que se llamaba *Gula*. Pero, con el paso del tiempo, Ishtar se apropió de los poderes curativos de ella y Gula cayó en la oscuridad. Las inscripciones antiguas sobreviven con oraciones y prescripciones para la curación dirigidas o centradas en Ishtar. De ella es de quien está escrito *"quita la enfermedad"*.[1] Está escrito que, una vez, su efigie fue llevada tan lejos como Egipto para curar a un faraón enfermo.

El tercer color de la bandera del arcoíris era el anaranjado. Representaba la curación.

Amarillo

Ishtar estaba estrechamente asociada con las luces celestiales. La estrella matutina y vespertina llevaría su nombre, Venus. Y la luna era su padre. Pero había otra luz celestial que estaba intrínsecamente unida a ella: el sol. El dios sol asirio se llamaba *Shamash*, palabra acadia para sol. Era el hermano de Ishtar. Ishtar era, de hecho, la hermana gemela del sol. Tan fuerte es su identificación con el sol que podemos encontrar un disco solar a su lado en muchas de sus imágenes talladas.

El cuarto color de la bandera del arcoíris era el amarillo. Representaba la luz del sol.

Verde

Ishtar era, como muchos de los dioses paganos, una encarnación de la naturaleza. Representaba las fuerzas vitales de la naturaleza, la fecundidad de la tierra, la lluvia, los truenos y las tormentas de los cielos. Se encontraba entre los dioses prominentes y principales de todas las deidades de la naturaleza.

El quinto color de la bandera del arcoíris era el verde. Representaba la naturaleza.

Turquesa

Como hemos visto, Ishtar estaba profundamente vinculada al reino y a la práctica de la magia. Su nombre era especialmente invocado en el lanzamiento de hechizos y encantamientos, lo que hoy se conocería como artes ocultas. Ella era la diosa de la magia.

El sexto color de la bandera del arcoíris era el turquesa. Representaba la magia.

Índigo

Aunque Ishtar era la diosa de las tormentas, por otro lado, a sus altares acudían los suplicantes rogándole que les concediera serenidad. Un antiguo himno babilónico dice lo siguiente:

En su mirada surge la serenidad.[2]

El séptimo color de la bandera del arcoíris era el índigo. Representaba la serenidad.

Violeta

Y, por supuesto, Ishtar era un espíritu, tal como los adoradores solían ver a los dioses como espíritus. Más allá de eso, hemos visto la conexión de los dioses con los espíritus, el *shedim* hebreo y el *daemonia* griego.

Por lo tanto, el último color de la bandera del arcoíris tiene una nota especial: el violeta. Representa el espíritu. ¿Qué tipo de espíritu simboliza? El color violeta estaba especialmente relacionado con Afrodita, la "diosa de corona violeta". Afrodita era, por supuesto, una encarnación de Ishtar.

Así que el primer color preparó el escenario, ya que representaba la sexualidad. El último color lo resumía. Representaba un espíritu, el de la sexualidad, la mismísima diosa conocida desde la antigüedad como Ishtar.

¿Podría haber más en el misterio?

El arcoíris Ishtar

Ishtar era diosa del cielo, reina de los cielos, dueña de las tempestades, lanzadora de relámpagos, dadora de lluvia. Un antiguo himno la alaba por ello:

> Fuerte Tormenta Trueno, derramas tu lluvia sobre todas las tierras y todas las personas.[3]

Ella controlaba la tormenta. Dirigía cada ráfaga, cada trueno y cada gota de lluvia. Por lo que el arcoíris estaba bajo su señorío y dirección.

Hay una antigua inscripción elamita que dice "*Manzat Ishtar*". Existe un debate sobre si el nombre Ishtar debe tomarse tal como aparece o como un sustantivo genérico. Sin embargo, la inscripción se traduce como el nombre *Arcoíris Ishtar*.

Las joyas del cielo

En la *Epopeya de Gilgamesh*, a raíz de una lluvia y un diluvio colosales,

> Vino también Ishtar y levantó su collar con las joyas del cielo.[4]

El collar con las joyas del cielo se ha entendido durante mucho tiempo como el arcoíris. Por tanto, después de la tormenta, la diosa levanta el arcoíris hacia el cielo. Así Ishtar ha sido acreditada como la creadora del arcoíris.

La diosa con ojos de arcoíris

Luego está la extraña descripción de la diosa en un antiguo himno de alabanza babilónico dedicado a ella:

… sus ojos son multicolores e iridiscentes.[5]

Los ojos de la diosa son de múltiples colores como los del arcoíris. La antigua palabra se traduce como *iridiscente*, que proviene de la raíz latina *iris* y que significa arcoíris. Iris es también el nombre de la diosa romana del arcoíris. Por tanto, los ojos de Ishtar son como arcoíris.

Como un arcoíris

Y luego está el mito de la diosa y el jardinero. El que plantó un árbol bajo el cual ella se acuesta y duerme. Mientras yace dormida, el jardinero la viola. Cuando se despierta y se da cuenta de lo que le han hecho, se enfurece y comienza a enviar plagas sobre la tierra. Luego acude a su padre para que la ayude. Él le dice dónde se esconde el jardinero. Así que sale a buscarlo. Lo sorprendente es cómo emprende su misión de venganza:

Se extendió como un arcoíris a través del cielo y así llegó hasta la tierra.[6]

De forma que, para cumplir su misión contra quien la violó, la diosa *se extiende como un arcoíris* en el cielo. Se convierte en un arcoíris. Este, a su vez, se transforma en su modo de actuar y de ser. Se convirtió en el medio por el cual ejecutó su voluntad.

Ishtar es considerada la primera de las deidades de quien tenemos evidencia escrita. Su conexión con el arcoíris es muy antigua, precediendo mucho a la de la diosa griega Iris y otras. Estuvo unida al arcoíris desde el principio, desde los albores de la historia y la mitología registradas.

La señal

Entonces, ¿qué pasaría si la diosa volviera? ¿Regresaría también el arcoíris como señal de su poder? Es probable. No fue casualidad que el movimiento que había dado a luz la diosa tomara como símbolo el signo de ella. Los que lo diseñaron, quienes lo portaron y los que lo adoptaron para que sirviera como símbolo definitorio del movimiento no tenían ni idea de la conexión.

El movimiento que había traspasado los límites de la sexualidad y alterado los parámetros de género ahora adoptaba como símbolo el signo de la antigua diosa que había violado los límites de la sexualidad y alterado los parámetros del género.

El movimiento que había hecho de junio su mes sagrado de observancias y procesiones ahora estaba cubierto con el signo de la diosa cuyo mes sagrado comenzaba con mayor frecuencia en junio. Ella había marcado su religión y el culto resucitados con el signo de su propiedad.

El estandarte de guerra

La diosa se extendió por el cielo para castigar a su ofensor. El arcoíris era un modo de guerra por el cual exigía venganza y juicio. Así también, detrás del arcoíris que comenzó a manifestarse a raíz de Stonewall, había una antigua diosa que se armaba para la batalla. Y sería a través de esa señal que se libraría su guerra.

Los que desfilaron con ella, quienes la vistieron con su ropa, los que la levantaron frente a sus edificios de oficinas, quienes la difundieron en internet y la colocaron en sus productos no tenían idea del espíritu que ocultaba ni del fin al que los llevaría. Detrás de sus colores atrayentes había un estandarte de guerra.

Al igual que en su antigua mitología, el arcoíris sería el medio y el modo por el cual la diosa volvería a buscar vengarse de aquellos que creía que la habían agraviado, especialmente de aquellos que la habían expulsado.

◆◆◆

¿Podría un misterio que se remonta a los templos de la antigua Babilonia estar determinando los casos, el funcionamiento e incluso los fallos de la Corte Suprema de los Estados Unidos?

Capítulo 47

Los días de la diosa

Los ritos de la diosa estaban meticulosamente cronometrados. Solo podían oficiarse en los días señalados según el calendario mesopotámico. Por tanto, como hemos visto, la entrada de la diosa y la inauguración de su movimiento resucitado en Stonewall ocurrió en el tiempo exacto ordenado por el calendario mesopotámico y el antiguo misterio.

Según el misterio, sucedió en el mes de Tammuz y, en el calendario occidental, en junio. Se puso en marcha a los pocos días del solsticio de verano y se centró en la luna llena de Tammuz, todo relacionado con la diosa. Eso quedó sellado el 26 de junio de 1969, el diez de Tammuz, el día que el calendario babilónico indicaba que el lanzamiento de hechizos para hacer que *"un hombre ame a otro hombre"*.

Sin embargo, ¿podría haber aún más en el misterio? ¿Podría ser que detrás de algunos de los eventos más importantes de la cultura estadounidense se encuentre el calendario de la diosa? ¿Y podría su sincronización revelar sus huellas dactilares?

Las marchas de Tammuz

Antes de Stonewall, hubo una serie de protestas o motines en nombre de los derechos de los homosexuales, conocidos como el recordatorio anual o la marcha del recordatorio. Las protestas sucedieron en Filadelfia, en el Independence Hall todos los años, el día de la Independencia. Eran pocos y, en su mayoría, ignorados por los medios. Pero después de Stonewall, la marcha recordatoria se trasladaría a la ciudad de Nueva York y se transformaría en la marcha del orgullo.

La primera marcha recordatoria se celebró en el verano de 1965, en el antiguo mes de Tammuz. Cayó el 4 de Tammuz. El segundo tuvo lugar en 1966, también en el mes de Tammuz, el 16. El tercero, en 1967, fue entre los días de Tammuz. El cuarto, en 1968, el 8 de Tammuz. Y el quinto y último, en 1969, el 18 de Tammuz.

Así que, el ochenta por ciento de esas primeras marchas sucedieron en el mes de la diosa y su amante Tammuz. Todos ellos en o cerca de Tammuz, el mismo mes en que estallaron los disturbios de Stonewall.

Sin embargo, las marchas recordatorias se realizaron *antes* de Stonewall. El momento de uno no tenía nada que ver con el otro. La programación de la marcha recordatoria se basó en la historia estadounidense. El momento de Stonewall se basó en una redada planificada por un subinspector de policía y una explosión que nadie planeó. No obstante, ambos días cayeron en el antiguo mes mesopotámico vinculado a la diosa.

Más allá de eso, la primera marcha recordatoria se celebró en un día sagrado de la antigua Mesopotamia que estaba relacionado con el funeral ceremonial del amante de la diosa. Por eso hicieron otro. Un tercero ocurrió en otro día sagrado de la antigua Mesopotamia, este designado para una procesión ceremonial en honor al amante de Ishtar.

Hacia finales de junio

Luego vino Stonewall y a partir de este los días, las semanas y luego los meses del orgullo. Todo ello sucedería —como hemos señalado— en junio, el mes que —más que ningún otro— dio inicio a las observancias y celebraciones de Tammuz.

Sin embargo, el momento era más específico. En su obra fundamental, *Tammuz e Ishtar*, tras comparar los calendarios sumerio, asirio, babilónico y los ciclos agrícolas mesopotámicos, Stephen Langdon concluye:

> Esta es una evidencia concluyente de que los lamentos por Tammuz se celebraron *hacia finales de junio*, desde la más remota antigüedad.[1]

Aunque los calendarios lunares de Mesopotamia oscilan con respecto al gregoriano solar, hay varios factores que convergen "*hacia finales de junio*". Aunque la festividad de Tammuz podría comenzar a principios de junio, el tiempo central o promedio para su comienzo es en los días hacia finales de junio. Además, el solsticio de verano, de importancia crucial en el calendario pagano y vinculado al descenso de Tammuz, siempre sucede a finales de junio.

No fue casualidad que, más allá del hecho de que el mes del orgullo gay fuera junio, su enfoque siempre fuese en los últimos días del mes, los días *"hacia finales de junio"*. Las conmemoraciones, las observancias, las celebraciones y los desfiles del orgullo se agrupan con mayor frecuencia alrededor de los días *"hacia finales de junio"*. Por lo general, se llevarían a cabo dentro de una semana o solo unos días después del solsticio de verano, el momento de la celebración pagana.

La primera puerta: La legalización de la homosexualidad

En Stonewall, la diosa forzó una puerta antigua. Fue la primera de varias puertas y aberturas de este tipo. Una de las más trascendentales fue la de la Corte Suprema de los Estados Unidos, en tres casos emblemáticos.

La primera puerta y el primer caso fue el de *Lawrence v. Texas* en 2003. Resultó en la decisión de la Corte Suprema que legalizó la homosexualidad en todo Estados Unidos. Se citaría más tarde, ese mismo año, por la Corte Suprema de Massachusetts en el fallo que legalizó el matrimonio entre personas del mismo sexo en ese estado, la primera legalización de este tipo en Estados Unidos. El caso *Lawrence v. Texas* representó la apertura de la puerta que se había cerrado a la sexualidad pagana en la antigüedad. Por lo tanto, estaba cubierto con las huellas dactilares de la diosa.

¿Cuándo se dictó esa decisión del Tribunal Supremo? En verano, en el mes de junio. Fue *"hacia finales de junio"*, el momento preciso que Langdon había citado para las ceremonias y el culto de Tammuz e Ishtar. El momento de la decisión de la Corte Suprema no tuvo nada que ver con el de los disturbios de Stonewall más que lo que este tuvo con el momento de las marchas recordatorias. El momento, en este caso, estuvo determinado por el horario y funcionamiento de la Corte Suprema. Y, sin embargo, cada evento convergería dentro de los días de los demás y todo en la misma época del año ordenada para tales cosas en el calendario antiguo.

El 26 de junio de 2003

Más específicamente, el veredicto que legalizó la homosexualidad en todo Estados Unidos se dictó el 26 de junio de 2003. El 26 de junio fue la misma fecha en que se selló el levantamiento de Stonewall, cuando se emitió la orden judicial y se otorgó la autorización legal para poner en marcha todo lo demás. Así que la sentencia que legalizó la homosexualidad en todo el país cayó en el aniversario del día en que se selló Stonewall. El misterio lo había ordenado.

La segunda puerta: La anulación de la defensa del matrimonio

La segunda puerta se abrió a la fuerza en el histórico caso de la Corte Suprema conocido como *Estados Unidos v. Windsor,* en 2013. El resultado fue el fallo que anularía la Ley de Defensa del Matrimonio. Conduciría al reconocimiento por parte del gobierno federal de los matrimonios entre personas del mismo sexo realizados en estados donde, en ese momento, habían sido legalizados. También abriría la puerta a un veredicto de la Corte Suprema aún más trascendental que vendría dos años después.

¿Cuándo se dictó la sentencia que revocó la Ley de Defensa del Matrimonio? En el verano de 2013, *en el mes de junio,* en los días del solsticio de verano, *"hacia fines de junio",* especialmente los días identificados con el festival de Tammuz. Fue revocada en los días del antiguo mes de Tammuz.

El 26 de junio de 2013

¿En qué fecha exacta llegó el veredicto? La Ley de Defensa del Matrimonio fue anulada el *26 de junio* de 2013, *diez años después del mismo día* en que la Corte Suprema legalizó la homosexualidad en 2003. Los dos fallos que abrieron la puerta a la normalización y el establecimiento de la homosexualidad cayeron en la misma fecha, y ambos en la fecha que selló Stonewall, el evento que dio inicio a la apertura de esa puerta.

La tercera puerta:
El derrocamiento del matrimonio

La tercera puerta se abrió a la fuerza en el caso *Obergefell v. Hodges,* presentado a la Corte Suprema. Resultó en un fallo trascendental que anularía la definición histórica, bíblica y milenaria del matrimonio como la unión de un hombre y una mujer. Legalizó el matrimonio entre personas del mismo sexo en todo Estados Unidos. Como el matrimonio era la relación central de la familia, y esta la unidad nuclear de la civilización, la transformación del matrimonio significaría, en última instancia, la transformación de la civilización. El veredicto afectaría la ley, la educación, el comercio, la libertad religiosa y prácticamente todos los demás ámbitos de la cultura estadounidense. Fue algo monumental y detrás estaba la mano de la diosa.

¿Cuándo sucedió? La definición histórica del matrimonio fue anulada en el verano, en el mes de junio, a los pocos días del solsticio de verano, *hacia fines de junio.* El matrimonio, como siempre se había conocido, fue derribado en el antiguo mes de Tammuz, el mes de la pasión de la diosa.

El 26 de junio de 2015

¿Cuándo exactamente? El matrimonio, como pacto entre el hombre y la mujer, fue anulado el *26 de junio de 2015, la misma fecha* en que se anuló la Ley de Defensa del Matrimonio en 2013, *la misma fecha* en que se legalizó la homosexualidad en 2003, y la *misma fecha* en que Stonewall fue sellado en 1969. Y la fecha que selló Stonewall fue la misma que el antiguo calendario designó para el lanzamiento del hechizo que haría que "un hombre amara a otro hombre".[2]

De modo que, los tres eventos históricos que empujaron la puerta antigua se abrieron exactamente en la misma fecha. Además de eso, cada uno se concretó en el aniversario de la fecha en que se selló Stonewall, que era el comienzo de la apertura de esa puerta y que era —en sí mismo— en el calendario antiguo, el día señalado para que un hombre amara a otro hombre. Y así los cuatro eventos se unieron el día del antiguo hechizo.

Las huellas dactilares de los dioses

Los tres fallos de la Corte Suprema ocurrieron en uno de los días de Tammuz, el mes antiguo en el que se rompía la unión entre hombre y mujer. El nueve de Tammuz fue el día de la primera procesión de antorchas que conmemoraba la separación del dios masculino y femenino. Fue en ese día que el matrimonio, como unión de hombre y mujer, fue anulado.

Es difícil para la mente moderna comprender la idea de que los eventos políticos, culturales y judiciales de los tiempos modernos podrían estar determinados por un antiguo misterio del Medio Oriente. Pero la convergencia exacta de todos esos acontecimientos y factores es asombrosa.

No había una sola persona allí, presente en cada uno de esos eventos, para hacer que todos convergieran. Cada serie de sucesos fue determinada por distintas personas, diferentes circunstancias, diversas decisiones, consideraciones y dinámicas. Uno estaba basado en la fundación de Estados Unidos de América; otro, en un levantamiento caótico que nadie podría haber orquestado; y otro, sobre la logística y funcionamiento del Tribunal Supremo. Sin embargo, todo encajaba de acuerdo con el antiguo misterio: los tres veredictos de la Corte Suprema exactamente el mismo día y el día en que se selló Stonewall.

Todos convergieron en un momento de especial importancia e intensidad en el antiguo calendario pagano. Todos sucedieron en el momento específicamente relacionado con un espíritu antiguo y con el espíritu especialmente conectado con la modificación del género y la alteración de la sexualidad.

La noche del arcoíris

La noche en que se anuló el matrimonio, apareció una señal en todo Estados Unidos. Era el signo de la diosa: el arcoíris. Esa noche, ese aviso marcó a la nación como nunca antes.

El letrero de la diosa iluminó al Empire State Building. Encendió las aguas de las Cataratas del Niágara. Iluminó el icónico castillo de Disney World®. Y lo más espectacular, iluminó el edificio desde el que se gobernaba Estados Unidos: la Casa Blanca.

La noche del antiguo hechizo

En los antiguos calendarios babilónico y hebreo, cada día comienza a la puesta del sol. El fallo llegó temprano en el día que, en el calendario antiguo, era el nueve de Tammuz.

Sin embargo, la noche que coronó la anulación del matrimonio por parte de la Corte Suprema, la noche en que los colores del arcoíris iluminaron la Casa Blanca, fue un nuevo día en el calendario antiguo. Era el diez de Tammuz, el día designado desde la antigüedad para lanzar el hechizo para hacer que "un hombre amara a otro hombre". Así que el veredicto monumental de la Corte Suprema para anular el matrimonio, permitiendo que un hombre se case con otro hombre, fue coronado al anochecer por el décimo de Tammuz, el antiguo día del encantamiento para hacer que un hombre amase a otro hombre.

El hechizo fue lanzado y el signo de la diosa marcó la tierra, incluso la casa desde la que se gobernaba la nación. Era una señal de propiedad. El espíritu de la diosa se movía para tomar posesión de Estados Unidos de América.

◆◆◆

A Ishtar pertenecía el poder de la metamorfosis, por el cual podía transformar al hombre en mujer y a la mujer en hombre. Pero, ¿y si sus poderes de metamorfosis se aplicaran a una cultura, una nación o una civilización?

¿Qué pasaría si la transición de un hombre o una mujer fuera un microcosmos de la transición de toda una cultura, nación y civilización?

Capítulo 48

La gran metamorfosis

CONVERTIR A UN hombre en mujer o a una mujer en hombre es cambiar de identidad. Por tanto, la diosa tenía el poder de transformar la identidad. Así que ahora se dispondría a transformar la identidad de Estados Unidos. La metamorfosis estadounidense que abarcó desde mediados del siglo veinte hasta principios del veintiuno fue tan radical y profunda que el último Estados Unidos de América sería en gran medida irreconocible para el primero.

La alteración de la memoria

La identidad de uno está enraizada en el propio pasado. Por tanto, para transformar completamente la identidad de otra persona, uno tendría que alterar su pasado o su memoria, o cómo lo percibían. Así que el espíritu de la diosa se dispondría a alterar la memoria de Estados Unidos de América. Habría que reescribirla. Estados Unidos de América recibiría una memoria alterada, una historia alterada. Los antiguos hitos y monumentos serían reinterpretados o eliminados. Se establecerían nuevos hitos y nuevos monumentos. El Stonewall Inn, el sitio del levantamiento contra la policía, ahora se convertiría en un hito nacional.

Se inculcaría una nueva historia, una nueva memoria nacional en las mentes de los niños estadounidenses en las aulas de todo el país. Y a medida que pasara el tiempo y avanzara la metamorfosis, la nación sería menos capaz de recordar lo que había sido una vez o que alguna vez había sido otra cosa que lo que era ahora. Un pasado en transición produciría una nación en transición y un futuro en transición.

La transición de Estados Unidos de América

Transformar a un hombre en mujer o a una mujer en hombre implica la transformación de prioridades, inclinaciones, valores y deseos.

El hombre que deseaba a las mujeres y no a los hombres ahora, como mujer, presumiblemente desearía a los hombres y no a las mujeres. Cada uno aceptaría ahora lo que una vez rechazaba y rechazaría lo que una vez había aceptado.

Así sería en la transición operada por la diosa de Estados Unidos de América. Cambiaría las prioridades, inclinaciones, valores y deseos de la nación. Lo que la cultura una vez rechazó, ahora lo aceptaría; y lo que una vez aceptó, ahora lo detestaría. Lo que en el pasado vio como incorrecto, inmoral o malo, ahora lo vería como bueno, y lo que una vez vio como bueno, ahora lo percibiría como incorrecto, inmoral o malvado. Lo que en alguna ocasión apreció como aborrecible o chocante, ahora lo respetaba como sagrado, y lo que en cierta oportunidad veneraba como sagrado, ahora lo encontraba aborrecible y chocante. A medida que el espíritu de la diosa emprendió la transición de hombre a mujer y de mujer a hombre, puso en transición a una civilización cristiana; estaba alterándola, paso a paso, y convirtiéndola en pagana, "una nación bajo Dios" en "una nación bajo los dioses".

La conversión en lo opuesto

Para que la diosa transformara a un hombre en mujer o a una mujer en hombre, tenía que anular la naturaleza original y el estado biológico en el que nació el individuo. Así que, para la transición de Estados Unidos, haría que la nación hiciera la guerra contra su propia base, su naturaleza original y su identidad histórica. Haría que la nación odiara y condenara lo que una vez fue. Luego haría lo mismo con la civilización occidental. Tanto Estados Unidos de América como el hemisferio occidental pasarían a ser lo contrario de lo que habían sido.

Acompañando a la transformación estaba su signo: el arcoíris. Este se convirtió en el signo omnipresente de la transformación. Ella había usado su antigua estrategia, su modo de luchar y su represalia. Se *estiró como un arcoíris a través del cielo* y llegó hasta la tierra.[1] Así fue, nuevamente a través del signo del arcoíris, que la diosa pudo extenderse a través del paisaje de la cultura norteamericana y del mundo moderno para agrandarse a su movimiento y a sí misma.

Cada año parecía como si el arcoíris creciera en presencia y poder. Era una señal de que el poder de la diosa también estaba creciendo.

El símbolo de la marginalidad de la cultura estadounidense se estaba imponiendo ahora. El signo de la diosa comenzó a aparecer por todas partes, en las tiendas, en las tazas, en las camisetas, en las mantas, en la papelería y en las mercancías de todo tipo.

Los cruces en el arcoíris

En la antigüedad la diosa estaba vinculada al gobierno y al poder político. Así volvería a ser. El gobierno estadounidense caería bajo su hechizo. Mientras las cruces y otros símbolos que representaban a Dios, las Escrituras y la fe cristiana se retiraban de las instalaciones públicas y de las plazas, se trajo el signo de la diosa para colocarlo en su lugar. El arcoíris fue consagrado en los espacios públicos. Comenzó a manifestarse en los recintos citadinos, en los pasillos municipales y en los edificios gubernamentales.

Así también la aplicación de la ley comenzaría a caer bajo su hechizo. Los oficiales de policía ahora marcharían en sus procesiones. Y el arcoíris empezó a aparecer en los coches de policía. El levantamiento de Stonewall había comenzado como una guerra contra la policía. Ahora la diosa comenzaba a apoderarse de ellos.

Emblemas y logotipos

La bandera estadounidense representaba a la nación ante el mundo. Ondeaba frente a las embajadas estadounidenses en todas las naciones donde había una representación diplomática oficial. Pero ahora flameaba un nuevo estandarte junto con la bandera estadounidense en esas embajadas estadounidenses: la bandera del arcoíris. Algo sin precedentes. La señal de la diosa se convirtió, en efecto, en una representación de Estados Unidos de América. Era un símbolo de que Estados Unidos estaba en transición.

Así también el mundo empresarial se sujetaría al espíritu de la diosa. Las principales corporaciones comenzaron no solo a adoptar su agenda sino también a santificar su signo. Crearon nuevas versiones de sus propios logotipos con los colores del arcoíris.

Durante el mes del orgullo, mostrarían con engreimiento sus logotipos de arcoíris al mundo. Los logotipos representan identidad. Los nuevos logotipos con arcoíris alterados eran una señal. La diosa estaba alterando sus logos mientras descomponía sus identidades. También los estaba transicionando.

Los hijos del arcoíris

La diosa y sus compañeros dioses estaban especialmente interesados en los niños. Si podía hacer la transición, si podía cambiar su naturaleza, podría alterarles el futuro. Podría poseer al mundo. Entonces, el signo de la diosa comenzó a aparecer en las astas de las banderas frente a sus escuelas: las secundarias, las intermedias y luego las primarias. En las aulas de todo Estados Unidos, ahora se enseñaba a los niños a reverenciar la bandera del arcoíris, a santificarla y a seguir los caminos de la diosa.

Y cuando los niños regresaban a casa de la escuela, veían su letrero en sus dibujos animados en la televisión y en sus juegos, videos y publicaciones en internet, lo que también los inducía a su servicio. Incluso los envases de los bocadillos, galletas y dulces para niños ahora llevarían el signo de la diosa. Hasta las cajas de cereales ahora estaban cubiertas de arcoíris y palabras que instaban a los niños a adoptar identidades sexuales distintas a las que habían tenido al nacer. Los niños de la nación estaban siendo puestos en manos de la diosa.

En Toutoi Nika

La ascendencia del arcoíris y todo lo que representaba no era un fenómeno natural. Era sobrenatural. Su veneración no se basaba en la lógica, sino en un espíritu, el espíritu de una diosa. Era el signo de su presencia, su poder y su dominio. Dondequiera que aparecía la imagen, dondequiera que se izaba la bandera del arcoíris, sus poderes aumentaban. Había comenzado con un puñado de seguidores en Stonewall. Ahora había puesto su marca de propiedad en incontables millones y en el propio Estados Unidos de América.

La conversión del emperador romano Constantino fue uno de los acontecimientos más importantes de la historia mundial. Ocurrió a través de una señal. Antes de su batalla contra el emperador Majencio en el Puente Milvio, en el año 312 d. C., Constantino tuvo una visión.

Vio que sobre el sol había una cruz iluminada y las palabras griegas *en toutoi nika*, que significa "Con este signo vencerás". El signo fue, pues, crucial en la conversión de una civilización pagana en cristiana.

Sin embargo, ahora se trata de otra señal: el arcoíris. Y por esa señal la diosa lucharía contra la cruz. Con ese signo ella también se lanzaría a conquistar. El arcoíris era igualmente un signo de conversión, pero en este caso se trata de la conversión de una civilización cristiana en una pagana.

Así que la aparición del arcoíris fue, en sí misma, una señal de que una nación y una civilización que alguna vez fueron cristianas estaban en metamorfosis hacia el paganismo. Las manos de la diosa estaban trabajando, realizando una cirugía del espíritu. Todos estaban en transición.

◆◆◆

A medida que nos acercamos a la última sección, nos enfocaremos en el final de las cosas, el fin del misterio, la terminación del juego de los dioses, el último de todos los estados y las conclusiones que debemos sacar. Entonces haremos y contestaremos las preguntas finales:

¿Por qué han regresado los dioses?

¿Cuál es su objetivo?

¿Qué nos espera?

¿Y qué tiene que ver con cada uno de nosotros, ahora, en los días venideros y más allá?

Décima parte

LA GUERRA DE LOS DIOSES

Capítulo 49

La venganza de los dioses

AHORA DEBEMOS PLANTEARNOS la siguiente pregunta: si los dioses que fueron expulsados con la llegada del cristianismo regresaran, ¿no lo harían con una venganza y, si así fuese, acaso esa represalia no se enfocaría en aquellos que los expulsaron?

Si el nacimiento de la fe cristiana significó el fin de los dioses, entonces —a su regreso— ¿no buscarían ellos el fin de ella?

La venganza de los dos mil años

Como los dioses habían prosperado en una era *pre*cristiana, ahora buscarían marcar el comienzo de una edad *pos*cristiana.

Y si la entrada del cristianismo provocó la expulsión de los dioses de la civilización occidental, entonces, al volver a entrar, buscarían provocar la expulsión del cristianismo de la civilización occidental.

O en el contexto de la parábola, como los espíritus habían sido expulsados de la casa, solo podían regresar expulsando aquello por lo que ellos mismos habían sido desterrados, es decir, el Espíritu de Dios. Los espíritus harían la guerra contra lo que les había hecho la guerra a ellos: el Espíritu de Dios, la Palabra de Dios, los caminos de Dios, la casa de Dios y el pueblo de Dios.

En las catacumbas

Como los dioses habían sido expulsados de la cultura predominante en el mundo antiguo, ahora buscarían expulsar a Dios y a quienes lo seguían en la cultura moderna dominante. Así como ellos alguna vez habían sido conducidos a las afueras y a las sombras de su cultura, ahora intentarían conducir a los cristianos a esas afueras, a esas sombras, a los armarios y catacumbas de la cultura moderna.

El silenciamiento de la Palabra

Los dioses una vez fueron silenciados por la Palabra de Dios. Así que ahora buscarían silenciarla a ella y a los cristianos que la defendían. Trabajarían para expulsar la Palabra de la cultura occidental tal como la Palabra los había expulsado una vez. Los dioses habían visto leyes promulgadas contra ellos, invadiendo su culto y sus templos. Así que ahora trabajarían para difundir leyes en las naciones occidentales que invadirían al cristianismo, su adoración, sus iglesias y sus ministerios.

Los hijos de los dioses

En última instancia, fueron los jóvenes los que deshicieron a los dioses. Los niños del imperio romano tardío ya no estaban efectivamente adoctrinados en el paganismo. Ahora se les enseñaba sobre la nueva fe y contra los ritos y la adoración de los dioses.

Por tanto, a su regreso, los dioses intentarían deshacer su ruina. La eliminación de la oración y las Escrituras fue solo el comienzo. Tratarían de hacerse del control de los jóvenes. Y lo harían a través de los medios de comunicación, de la televisión, de internet y del aula de clases.

A los niños se les enseñaría cada vez más a rechazar al cristianismo y a despreciar los valores bíblicos. Con o sin la mención de los dioses, serían adoctrinados en sus caminos, con sus valores paganos, de modo que los caminos de Dios se volvieran extraños para ellos.

Al mismo tiempo, los dioses atacarían la transmisión de la fe cristiana de padres a hijos y de maestros a alumnos en las escuelas y universidades cristianas. Como una vez se les impidió influir en los jóvenes y fueron expulsados por una nueva generación, los dioses ahora tratarían de separar a los jóvenes de la fe cristiana y utilizar a la nueva generación para expulsar esa fe y eliminar la fe judeocristiana de la civilización.

La guerra de la trinidad oscura

Estaban en guerra. Y los dioses de la trinidad oscura estaban listos para la batalla. Baal era un guerrero. Moloc un asesino. Y en cuanto a Ishtar, era tanto guerrera como ejecutora de la venganza. Y sería su espada la que serviría como el arma más destacada en la guerra para destruir la fe que la había expulsado. Como diosa de la sexualidad, el cruce de géneros y la batalla, emplearía las tres cosas en una campaña masiva y de múltiples frentes de aniquilación contra los cristianos y su fe.

Cuando la definición histórica y bíblica del matrimonio fue anulada en junio de 2015, muchos vieron eso como algo grave no solo en la historia de Estados Unidos sino también en la civilización occidental. Los antiguos estándares y valores bíblicos relacionados con la sexualidad, el matrimonio y el género fueron descartados y reemplazados de la noche a la mañana por los paganos. A los cristianos se les dijo que tendrían que cumplir con la nueva moralidad, sus principios y sus actos, aprobarlos y propagarlos, por la fuerza de la presión social o económica o por la fuerza de la ley. Si se negaran o expresaran su desacuerdo, estarían sujetos a graves consecuencias: la pérdida de sus trabajos, el boicot de sus negocios, la eliminación de sus plataformas, el enjuiciamiento u otros castigos.

Ahora había un nuevo fenómeno que no tenía precedentes en Occidente: el enjuiciamiento de cristianos en naciones que alguna vez fueron cristianas por el delito de citar la Biblia. Tales juicios casi siempre se referían a la sexualidad y el género, los problemas y el funcionamiento de la diosa.

Ella lo corta en pedazos

Eso no era nuevo para los dioses. Antes de partir de la civilización occidental, habían hecho la guerra contra la nueva fe y los primeros cristianos. Al principio pudieron representarlos como diferentes, ajenos, extranjeros y un peligro para la sociedad. Incitaban a la gente a temerles y odiarlos. Se movieron con los antiguos magistrados y turbas para hacer la guerra contra ellos, silenciarlos, encarcelarlos y asesinarlos brutalmente como un deporte público.

Una de las deidades que luchó contra los primeros creyentes fue Venus. Venus era Ishtar. Así estaba escrito en uno de sus antiguos himnos mesopotámicos:

Ella corta en pedazos al que no muestra respeto.[1]

En la guerra que se libró en la antigüedad contra el evangelio, los dioses hacían que los cristianos fueran literalmente cortados en pedazos.

Sin embargo, a medida que más y más personas abrazaban la nueva fe, los dioses ya no podían presentar a los cristianos como extraños, diferentes ni como un peligro para la sociedad. Y cuando finalmente los dioses fueron enviados al exilio, la persecución de los cristianos llegó a un final definitivo.

La gran persecución: Segunda parte

Durante la mayor parte de los siglos siguientes, los dioses y los espíritus no estaban en condiciones de hacer la guerra ni de incitar una persecución contra los que defendían las Escrituras o seguían a Jesús. Estaban escondidos en las sombras. Y en los primeros días de su regreso al mundo moderno, su posición era demasiado marginal y débil como para iniciar cualquier tipo de persecución.

No obstante, solo era cuestión de tiempo antes de que eso cambiara. Tan pronto como se establecieran, comenzarían a trabajar en cuanto a la marginación, la usurpación y la persecución de los creyentes.

A medida que Occidente comenzó a descristianizarse y volver a paganizarse, los dioses podrían nuevamente comenzar a representar a los cristianos como diferentes, ajenos, extraños y un peligro para la sociedad. Otra vez podrían comenzar a poner la cultura en guerra contra ellos. Nuevamente podrían incitar a una generación a temerles y odiarles. Ahora las deidades tenían poderes que no poseían en la antigüedad: los medios de comunicación, las redes sociales, la red mundial. Y tal como en los tiempos de Roma, podían presentar la disidencia cristiana del pecado como intolerancia y odio, y calificar a la Palabra de Dios como blasfemia, como algo criminal.

En una época anterior, los valores defendidos por los cristianos habrían sido alabados como virtudes. Pero ahora serían despreciados. Los cristianos no habían cambiado, pero sí la cultura que los rodeaba. Se había transformado tanto que ni siquiera recordaba haber sido de otra manera: que alguna vez había sido cristiana. Así que, por primera vez en dos mil años, los creyentes se encontraron en medio de una civilización pagana. Y tal como había sido dos mil años antes, eso significaría persecución.

Contra el trono de Dios

Los dioses tenían una antigua cuenta que saldar con sus enemigos. Ahora recuperarían el tiempo perdido. Eran peligrosos. El peligro que representaban no podía medirse con nada visto hasta ahora, ya que estaba ligado a la cantidad de poder que poseían. Y su poder aumentaba continuamente, aunque también el peligro.

En la leyenda del jardinero, la diosa se extendía por el cielo como un arcoíris con el fin de ejecutar su venganza. El arcoíris volvería a estar ligado a eso, la venganza. Pero esta vez estaría dirigida contra los creyentes. Detrás de sus colores había siglos de furia reprimida.

Era, también, una señal de guerra contra Dios. Siempre estuvo en la naturaleza de la diosa tomar lo que pertenecía a otros y usarlo para sí misma. El arcoíris pertenecía a Dios. Se describe en las Escrituras como parte de la gloria que rodea su trono. También fue la señal de su misericordia después del juicio. Pero la diosa de la transformación había convertido la señal de Dios en un símbolo de desafío contra los caminos de Dios: era un estandarte de guerra. Aquellos que se unieron a su exhibición no tenían idea de lo que estaban haciendo ni de que eran arrastrados a una antigua guerra contra el trono de Dios.

◆◆◆

Los dioses habían sido expulsados, pero ahora habían regresado. Buscarían retribución contra aquellos que los habían expulsado y enviado al exilio. En la antigüedad, su furia fue tan feroz que hacía que los cristianos fueran conducidos a las arenas para que los devoraran los animales salvajes ante los vítores de las masas romanas. ¿A qué conduciría ahora?

◆◆◆

¿Podría estar relacionado con el misterio de los dioses el creciente movimiento para limitar la libertad de expresión en Occidente, ya fuese en forma de corrección política, diplomacia, oposición cultural o el creciente peligro del *totalitarismo disfrazado*?

¿Y podría llegar el día, como pasó en la antigüedad, en que la negativa a arrodillarse ante los dioses incurriría en la más grave de las consecuencias?

Capítulo 50

Toda rodilla se doblará

LOS DIOSES HABÍAN regresado no solo para cobrar venganza sino también para imperar. Habían vuelto a reinar.

En la antigüedad habían reinado sobre las culturas en las que estaban consagrados. Pero cuando esas culturas se volvieron a Dios, se vieron obligadas a abdicar, a dejar sus tronos y a exiliarse. Habiendo regresado, volverían a levantar sus cetros y aspirar al control y al dominio.

El imperio de los dioses

Baal, el primero de la trinidad oscura, era conocido como "Rey de los dioses" y "Señor de la tierra". El nombre "Baal" o "Señor", "Dueño" y "Maestro", no solo era una serie de títulos sino una descripción de su naturaleza. Intentaría dominar, poseer y señorear. En sus leyendas mitológicas, luchaba contra otros dioses cananeos para ganar o recuperar el señorío y la autoridad. La antigua "Epopeya de Baal" revela su ambición:

> Poderoso Baal ... deseaba el reinado de los dioses.[1]

Y lo tendría. Se convertiría en el señor indiscutible de las deidades cananeas.

El mismo espíritu haría la guerra contra el Dios de Israel.

Los días de Baal

Fue a través de un espíritu de tolerancia y apertura que Baal logró entrar en la cultura del antiguo Israel.

Pero una vez que su adoración y el culto se generalizaron y establecieron, cuando tocó los más altos niveles de autoridad, todo cambió. La tolerancia de días anteriores llegó a su fin. Había cumplido su función como puerta a través de la cual podía entrar. Baal ahora reinaba como deidad de la nación, y no habría lugar para el antiguo Dios. Buscaría lograr la dominación total. Ahora requeriría que todos lo llamaran "Baal" o "Señor".

Cualquier cosa que se interpusiera en su camino debía ser eliminada. Le haría la guerra a Dios y a su pueblo y a cualquiera que aún se mantuviera en los caminos anteriores. Usaría todos los medios a su disposición, el poder de la cultura, el del estado y el de su culto. Aquellos que se mantuvieran y defendieran los caminos de Dios serían tildados de alborotadores, agitadores y enemigos del estado. Así llegaron los días en que los justos fueron perseguidos y los profetas acosados: eran los días de Baal.

La apertura y el cierre

Eso se remonta a la antigua parábola. Los espíritus buscan volver a la casa.

Cuando uno está tratando de entrar en una casa, lo primero que busca es algo que ceda. Luego empuja la puerta para abrirla. Por eso, cuando los dioses trataban de entrar en la casa estadounidense y en la de la civilización occidental, la atención se centraba en algo que les hiciera ceder, como la *apertura* y la *tolerancia*. Aunque eso nunca tuvo que ver realmente con ninguna de las dos cosas. La *apertura* y la *tolerancia* eran solo los medios para abrir la puerta y poder entrar. Eran la forma de hacer que una nación y una civilización abandonaran los valores que habían apreciado durante mucho tiempo y lo cambiaran por lo nuevo aunque extraño. Fue por eso que la entrada de los dioses se vio de manera más dramática en la década de 1960, cuando la *apertura* y la *tolerancia* eran mantras sagrados.

No obstante, una vez que uno atraviesa la puerta y entra en la casa, ya no busca más apertura. Si el objetivo de uno es quedarse en esa casa, lo que entonces busca es cerrar la puerta. Por tanto, una vez que los dioses llegaron a Estados Unidos de América y se establecieron, una vez que la gente comenzó a aceptar sus costumbres y su autoridad, el ideal de la apertura ahora trabajaría en su contra.

Tuvieron que consolidar su poder. Tuvieron que cerrar la puerta. Así que hubo un cambio en la atmósfera. Un escalofrío se apoderó de la libertad de expresión. Las puertas comenzaron a cerrarse. Cualquier disidencia con la nueva moralidad podría recibir un castigo. Uno era libre de respaldar las nuevas formas de los dioses, pero no de desafiarlas.

La mayoría de la gente no tenía idea de por qué estaba sucediendo ni cómo podía cambiar tan dramáticamente. Pero era la conclusión lógica de la entrada de los dioses.

Los baales del universo

Así como fue en los días de Baal en el antiguo Israel, sucedió en Estados Unidos de América. La tolerancia anterior sería reemplazada por una nueva intolerancia "ilustrada". Se manifestaría como corrección política, luego despertaría y anularía la cultura. Cada palabra que pudiera interpretarse como una expresión de disidencia con respecto a la nueva opinión sancionada estaba sujeta a juicio y censura. Todo lo que pudiera interpretarse como desafiante o diferente de la nueva moralidad tenía que ser anulado.

En el antiguo Israel, Baal podía usar reyes y reinas —un Acab y una Jezabel— como sus instrumentos para acabar con la disidencia y destruir la oposición. Pero ahora, además de los poderes del Estado, Baal podría emplear la tecnología, las redes sociales e internet para acabar con la disidencia y la oposición. Y con más y más comunicación en línea, Baal y sus compañeros podían controlar el habla, el comportamiento y el pensamiento humano de una manera que nunca antes había sido posible.

No fue casualidad que en los últimos días antes de la destrucción de Jerusalén, el profeta Jeremías fuera encarcelado. Los dioses se habían apoderado de la cultura y, a través de los líderes de la nación, habían tratado silenciar a los profetas y toda oposición. La tolerancia por los nuevos dioses ahora se había transformado en una cultura opresiva, anulada.

En el caso moderno, los líderes de Silicon Valley estaban más que dispuestos a cumplir con las nuevas instrucciones de Baal. Lo que desafiaba la autoridad de los nuevos dioses sería, en sus manos, cancelado. Baal había sido anunciado como *"Señor de la tierra"*. Los líderes de las grandes empresas tecnológicas habían sido etiquetados como los *"Amos del universo"*. En hebreo bíblico, la palabra *amo* es Baal. Por lo que el título podría traducirse como los *"Baales del universo"*.

Ishtar desatada

Baal, sin embargo, no era el único dios que buscaba dominar. Así como el nombre *Baal* significa *señor*, *Moloc* significa *rey*. Moloc buscaba su propio reino. Podía usar tanto la industria del aborto como el libertinaje radical y extremo, y sus instrumentos.

Luego estaba Ishtar. Ella también quería dominar. Ansiaba eso, aunque tuviera que apoderarse de los dominios de otros dioses. Ella le quitó los poderes de la civilización a su padre. E intentó tomar el control del inframundo de su hermana. Y se creía que se había apoderado del templo de Eanna del dios del cielo, An.

Ishtar no aceptaría nada menos que la sumisión total de sus súbditos. Si se negaban, respondería con furia. En uno de sus mitos, se enfurece contra una montaña que no le mostró reverencia:

> Cuando yo, la diosa, me acerqué a la montaña, no me mostró ningún respeto … Ya que no me mostró respeto, ya que no estregó sus narices en el suelo por mí, ya que no restregó sus labios en el polvo por mí, personalmente llenaré esa elevada cordillera con mi terror.[2]

Como Ishtar era la diosa de la guerra, su respuesta a cualquier percepción de falta de honra o sumisión podría ser especialmente calamitosa y mortal. Ella buscaría destruir a cualquiera que no la reverenciara.

Su regreso al mundo moderno llegó, como lo hizo con los otros dioses, a través de la puerta de la tolerancia. Y al obtener poder, su enfoque se convertiría en dominio. Cualquiera que se negara a rendirle homenaje, cualquiera que se negara a aceptar la alteración de su sexualidad, el matrimonio y el género, sufriría el desenfreno de su furia. Los vilipendiaría, los retrataría como enemigos, incitaría a la cultura en su contra e intentaría privarlos de su sustento, su expresión y su libertad.

Los dioses totalitarios

Fue una transformación extraña. Las culturas que durante tanto tiempo habían abrazado las virtudes de la libertad y la tolerancia, de repente comenzarían a abrazar las virtudes de la intolerancia. Las naciones que durante mucho tiempo veneraron la libertad de expresión como un pilar sagrado de su democracia ahora reverenciaban su supresión. Pero todo era parte del misterio introducido por los dioses que regresaban.

La cultura "abierta" que los acogió comenzó a cerrarse. En lugar de la tolerancia y la libertad de expresión vino la conformidad ideológica y el aplastamiento de la palabra y el pensamiento. Eran señales. Los dioses estaban consolidando su control sobre Estados Unidos de América y la cultura occidental.

Ahora había que vigilar cada palabra que salía de la boca, cada comentario que se publicaba en línea, incluso los propios pensamientos. Si uno hablaba o escribía de una manera que violaba los nuevos dogmas de los dioses, debía ser castigado u obligado a confesar públicamente sus pecados. Era un nuevo totalitarismo, nacido del nuevo dominio de los dioses.

La furia del nuevo orden caería sobre quienes lo resistieran. Caería, en primer lugar, sobre los que defendían los caminos de Dios, los cristianos, los que seguían la Palabra de Dios. Los conservadores también serían objeto de ataques. La razón era simple: los conservadores intentan mantener; los dioses buscan derribar.

Incluso los liberales, sin embargo, que no eran lo suficientemente radicales ahora se encontraron bajo el asedio de la nueva guardia más radical. Los profesores liberales ahora se vieron atacados por sus estudiantes por defender la libertad de expresión y en peligro de perder sus trabajos. Las feministas de la vieja escuela ahora fueron criticadas por defender la existencia de las mujeres contra la campaña para abolirlas.

Todos, absolutamente todos, habían sido usados por los dioses. Y sus planes se movían en la dirección que ellos quisieran sin tomar en cuenta a nadie. Los demás eran desechables. La revolución que los dioses inauguraron estaba devorando a sus propios hijos.

Toda rodilla se doblará

Y aunque ahora vestía ropa moderna, el fenómeno era tan antiguo como Baal. Cuando hubo ganado el dominio en Israel, toda rodilla se dobló ante él. Los que se negaban a inclinarse se arriesgaban a morir. Así también en Babilonia, a los compañeros judíos del profeta Daniel se les ordenó inclinarse ante un ídolo de oro. No lo harían y, por lo tanto, serían condenados a ejecución. En Roma, los cristianos se vieron obligados a adorar a los dioses romanos. Los que se negaban lo hacían a riesgo de ser encarcelados y ejecutados.

En cada caso, la persecución se relacionaba con los dioses y con el acto de inclinarse. Siempre había sido su naturaleza obligar a todas las rodillas a doblarse en su presencia. Eso era lo que subyacía al nuevo totalitarismo. En su nuevo dominio, los dioses se impusieron sobre el gobierno y las organizaciones empresariales para obligar a sus empleados a asistir a sesiones de adoctrinamiento acerca de los caminos del renacer y los nuevos códigos de ética, expulsaron a los estudiantes de las escuelas y universidades por afirmar la existencia de hombres y mujeres, obligaron a los padres a hacer la transición de sus hijos, entablaron demandas contra los comerciantes por negarse a violar su fe y forzaron a otros a rendir homenaje al símbolo del arcoíris.

Muchos estaban desconcertados por la transformación que estaba alcanzando su cultura. Pero el fenómeno era antiguo. Los dioses estaban haciendo lo que habían hecho en la antigüedad. No descansarían hasta que toda rodilla se hubiera doblado ante ellos y toda lengua confesara que eran los nuevos e indiscutibles señores.

El dominio

Los dioses habían prometido que, a cambio de abandonar a Dios, introducirían una cultura de libertad. Pero, en vez de eso, dieron paso a una cultura en la que cada rodilla, palabra y pensamiento se vieron obligados a inclinarse para venerarlos.

Las naciones cuyas identidades centrales se basaban en la libertad y la oposición al totalitarismo descartaron ahora la primera y adoptaron libremente la segunda. Habiéndose alejado de Dios, se vieron obligados a arrodillarse ante sus nuevos amos.

Los espíritus habitaban ahora las cámaras gubernamentales, las salas de las juntas corporativas, los campus universitarios, los tribunales, la televisión, las pantallas de cine y las computadoras, la música, la cultura popular, la juvenil, la infantil y prácticamente todos los rincones de la sociedad estadounidense y occidental. El nuevo totalitarismo era una señal de que los dioses habían logrado su dominio. Habían transformado con éxito una civilización cristiana en pagana.

Y en cuanto a aquellos que habían desafiado su dominio y no se arrodillaban, los dioses dictarían sobre ellos el mismo juicio que impusieron a aquellos que los resistieron en la antigüedad: no habría lugar para ellos en el dominio de los dioses.

————————◆◆◆————————

¿Cuál es el final del misterio? ¿A dónde conduce todo esto?

La respuesta estaba allí desde el principio, en los valles, en los bosques, en sus templos y en los lugares altos. La respuesta estaba en los altares.

Capítulo 51

Los altares de los dioses

EL PROFETA CAMINÓ entre las ruinas de la ciudad santa y lloró. Él predijo su destrucción. Había advertido al pueblo contra los dioses. Pero rechazaron la advertencia. Continuaron su curso, apartándose cada vez más de Dios y acercándose más a sus dioses y sus ídolos. Estos les prometieron prosperidad, libertad y plenitud. Pero les regalaron destrucción. Jerusalén yacía en ruinas y cenizas ardientes, y la nación ya no existía.

Los altares

La conclusión era inevitable. La naturaleza de los dioses era traer destrucción. Su adoración involucraba sus altares. Estos, a su vez, implicaban sangre, incluso la de los niños. Ese era el precio de seguirlos. Esa fue la demanda de los espíritus.

No es casualidad que los más unidos a los dioses fueran los más propensos a participar en actos autodestructivos. Los sacerdotes de Baal se cortaban a sí mismos. Los de Ishtar derramaban su propia sangre en las procesiones de la diosa. Y los adoradores de Moloc ofrecían como holocaustos su propia carne y su propia sangre inmolando a sus hijos.

Los dioses destruían a los suyos. Les hacían destruirse a sí mismos y luego celebrar su propia destrucción.

Las llaves de la destrucción

¿Cómo lo hicieron? ¿Cómo lograron que sus seguidores se destruyeran a sí mismos? Les quitaron el propósito y el significado a sus súbditos. Cuando la vida no tiene significado, ni propósito, ni valor absoluto, se precipita hacia la muerte y la destrucción. Las vidas de los niños pueden entonces ser desechadas y sacrificadas. Si los dioses pueden eliminar el propósito de la sexualidad, pueden reutilizarla en cualquier dirección y dejará de producir vida. Entonces, en vez de ello dará a luz muerte. Si los dioses pueden sacar al hombre de la masculinidad y a la mujer de la femineidad, se producirá la destrucción, la desintegración de la familia, la sociedad y la vida. Si pueden eliminar el propósito del matrimonio, también se desintegrará. Cuando se elimina el propósito, los que sigue es la destrucción.

Así lo hicieron con el antiguo Israel. Apartaron a la nación y a Dios, tergiversaron el propósito para el cual habían sido creados. Los dioses le quitaron la razón de ser a la nación. Por lo que dejó de existir.

Altares llenos

De modo que cuando los dioses regresaron al mundo moderno, se dispusieron a hacer lo mismo. Eliminaron nuevamente la sexualidad del matrimonio, la virilidad del hombre, la feminidad de la mujer, el compromiso del matrimonio, la humanidad del individuo y la vida del ser. Detrás de todo eso estaba la eliminación del propósito. De ahí vendría la destrucción. Y en la destrucción sus altares se llenarían.

El propósito de la vida solo se puede encontrar en aquel que la creó: Dios. Por lo tanto, estar separado de él es apartarse del propósito y la razón de ser de la persona. Por tanto, los dioses que regresaron fijaron su atención en separar a todos de Dios y a cada uno de su propósito.

Tiempo de juicio

A medida que se acercaba el día de la destrucción de Israel, la sombra de los dioses se hacía más profunda. Entonces el profeta Jeremías se paró frente al valle donde los israelitas les construyeron altares a Baal y a Moloc, en los que habían sacrificado a sus hijos. Luego profetizó la destrucción de la nación y destrozó la vasija del alfarero en el suelo.

También el profeta Ezequiel fue llevado en una visión a los atrios del templo cuando vio a las mujeres de Israel, en el espíritu de Ishtar, llorando por Tammuz. Fue entonces cuando vio a los ancianos de Israel en los patios interiores del templo adorando al sol. Y fue entonces cuando escuchó la orden para que comenzara el juicio.

El juicio de la nación estaba ligado a los dioses. La destrucción de la nación vendría de Babilonia y Mesopotamia, la tierra de la diosa y sus divinos compañeros. Los que efectuaron la destrucción fueron los adoradores y servidores de los dioses babilónicos y mesopotámicos.

Todo comenzaría en el mes dedicado a la diosa y su amante, el mes de Tammuz, la época de la fiesta de verano, los "*desfiles de junio*". Fue en el noveno día de Tammuz cuando los soldados de Babilonia rompieron los muros defensivos de Jerusalén. Se eliminó el cerco protector de la ciudad. La destrucción ahora solo sería cuestión de tiempo. El nueve de Tammuz sería conmemorado como un día nacional de tristeza y duelo.

Siglos más tarde, los muros de Jerusalén serían nuevamente violados, esta vez por otro ejército pagano, el de Roma. El juicio comenzaría en el mismo mes: Tammuz. La invasión romana de la ciudad el día diecisiete de ese mes también se conmemoraría como un día nacional de dolor y duelo.

En cada caso, la destrucción comenzó en el mismo mes, el mes del dios vinculado a Ishtar. Que el juicio de la nación comenzara en Tammuz también fue significativo ya que ese fue el mes de la apostasía y del juicio de la nación, comenzando con el becerro de oro. Así sobrevino el juicio en los días de los dioses. Era apropiado, ya que eran los dioses a los que se había vuelto la nación los que provocarían su destrucción.

Advertencia de juicio

¿Y qué ha de pasar con Estados Unidos de América? Los dioses trajeron juicio y destrucción a Israel. ¿Podría Estados Unidos estar igualmente en peligro de enfrentar juicio y destrucción? Ambas naciones habían sido dedicadas a Dios desde sus inicios, las dos se apartaron de él, ambas habían seguido a Baal, Moloc y a la diosa.

Estados Unidos de América, sin embargo, fue mucho más allá. Se convirtió en el principal recipiente del mundo para el regreso de los dioses. Se convirtió en el principal defensor mundial del materialismo, la adoración de la prosperidad y el dinero, la inmoralidad sexual, la pornografía, el aborto, la homosexualidad, la transexualidad y la alteración del género. Estados Unidos había resucitado sin ayuda los festivales y procesiones veraniegas de la diosa, que ahora abarcaban al mundo.

Estados Unidos santificó y defendió el símbolo del arcoíris, no solo dentro de sus fronteras, sino en todo el mundo. Agarrar la señal concedida por la misericordia divina a raíz del juicio y volverla en contra de los caminos de Dios es invocar sobre uno mismo un juicio inmisericorde.

Así también Estados Unidos de América había elegido derribar los caminos de Dios en el mes de la diosa y su amante, el mes de los dioses y el juicio. Y no fue casualidad que derribara el cerco bíblico del matrimonio el nueve de Tammuz, el mismo día en que se destruyó el cerco protector de Israel, lo que abrió el camino para el juicio de la nación.

Los profetas advirtieron a Israel que alejarse de Dios para seguir a otros dioses los llevaría a la destrucción. Estados Unidos se ha alejado de él y ahora sigue a otros dioses. ¿A qué conducirá entonces? También debe, por supuesto, conducir a la destrucción.

◆◆◆

Sin embargo, el juicio se aplica no solo a las naciones, también a las personas. Se aplica a cada uno de nosotros. Participar en la guerra de una nación contra Dios, unirse a su desafío, celebrar la destrucción de los caminos de Dios, llevar a los niños pequeños a la confusión y alterar sus cuerpos físicos, "hacer que estos pequeños tropiecen", como dijo Jesús; hacer que aun los más pequeñitos sean asesinados o tolerar pasivamente toda esa barbarie sin hacer ni decir nada para detenerla, es participar en el juicio e invocarlo sobre la propia vida.

Por tanto, ¿qué debemos hacer?

¿Hay alguna respuesta a los dioses y al juicio?

¿Hay alguna esperanza?

Para eso debemos avanzar más. Debemos llevar todas las cosas a su conclusión. Y debemos dar un paso más allá de los dioses, hacia el otro Dios.

Capítulo 52

El otro Dios

Entonces, ¿qué nos dice el regreso de los dioses?

Nos dice que hay más en los acontecimientos humanos, en la historia del mundo e incluso en nuestras propias vidas, más de lo que podemos imaginar. Detrás del reino natural yace uno más que natural. Y lo que es más que natural puede ser bueno o malo. No somos conscientes, en gran medida, del modo en que el otro reino está afectando nuestro mundo y nuestras vidas. Pero a veces se manifiesta con tanta fuerza que se vuelve difícil de racionalizar o ignorar.

La Alemania nazi es uno de esos casos. Es tan extremo que cualquier intento de explicarlo sin dar cuenta de lo que está más allá de lo natural está destinado al fracaso. No tenía que ver con lo natural sino con un reino que es más que natural. Y lo que ahora le está sucediendo a Estados Unidos de América y a la civilización occidental no es menos de lo natural ni del otro reino.

Una cosa más peligrosa

El misterio también nos dice, como en la casa de los espíritus, que para una nación o civilización que ha conocido a Dios y se ha apartado de él y, más específicamente, que ha conocido el evangelio y se ha apartado, es una cosa sumamente peligrosa.

Y es esto lo que subyace a las transformaciones extrañas e inquietantes que están alcanzando la cultura estadounidense y la civilización occidental: el surgimiento de ideologías irracionales; la anulación de la biología; la negación de la realidad; el surgimiento de movimientos "seculares" cuasireligiosos; el deterioro y transmutación del matrimonio, la familia y el género; la alteración de los niños; la abolición del hombre y la mujer; el asesinato de los más inocentes; la desintegración de la sociedad tal como la hemos conocido; el aparecimiento de un totalitarismo nuevo y sutil; y el silenciamiento de todos los que cuestionan tales cosas.

Incluso muchos observadores seculares y hasta sin fe han notado que parece como si algo hubiera llegado a poseer la cultura estadounidense y occidental; algo se ha apoderado de ella. Pero no deberíamos sorprendernos de lo que está sucediendo. El misterio lo ordena. Una casa que se ha vaciado de Dios no puede quedarse vacía. Será agarrada y poseída por lo que no es Dios. Y cuando una civilización lo expulsa a él de su medio, nunca termina bien.

Lo que estamos presenciando ahora es tan trascendental como la cristianización de la civilización occidental al comienzo de esta era, solo que es todo lo contrario. Es la expulsión de los espíritus a la inversa. Es su invocación, su conjuro y su reingreso. Es la recuperación de la casa por parte del maligno. Y, según la parábola, cuando los espíritus tomen posesión de la casa, su postrer estado será peor que el primero.

La gran apostasía

Es una tendencia básica de la naturaleza humana no percatarse de lo que tiene hasta que ya no lo tiene. Rara vez percibimos el peligro del que estamos siendo protegidos hasta que se elimina la protección. Cuando se quita la luz, su ausencia siempre será remplazada por la oscuridad. Y cuando Dios sea quitado, su ausencia será ocupada por el mal.

De modo que la Biblia predice que en los últimos días habrá una gran apostasía de la fe, una gran desviación. La que está ocurriendo ahora. También anuncia que en los últimos días aumentará la maldad y la inmoralidad, y que vendrá la persecución para los cristianos, para todos los que se mantengan fieles a los caminos de Dios.

La parábola advierte que el postrer estado será peor que el primero, y ese postrer estado aún no ha terminado. Es más, podemos esperar que la oscuridad se ensombrezca aún más. Por lo tanto, aún no hemos visto al último ni al peor de los dioses.

Contra los dioses

Así que, ¿cómo vivir en los días en que la civilización que nos rodea se ha convertido en una casa habitada por espíritus? ¿Cómo puede uno enfrentarse a la oscuridad de esa casa, resistir sus intimidaciones, rechazar sus tentaciones, desafiar sus poderes? ¿Cómo puede uno oponerse a los dioses?

Uno no puede enfrentarse a ellos y estar sirviéndoles al mismo tiempo. Debemos recordar: aquello a lo que más servimos, en lo que más moramos, en lo que más nos regocijamos y por lo que más vivimos; lo que más nos mueve, nos atrae, nos impulsa; aquello que es nuestro mayor gozo y nuestro fin definitivo, ese es nuestro dios. Y si servimos a alguno de esos dioses, no podemos oponernos a ellos.

Debemos renunciar a todos y cada uno de ellos y a cualquier control que tengan sobre nuestras vidas. Aunque estemos en su casa, no debemos ser de su casa. No debemos participar en sus caminos, ni tener comunión con sus espíritus, ni dejar espacio para que entren y no prestar atención a sus mandamientos.

Si esta era está gobernada por los dioses y nuestra cultura por los espíritus, si sus líderes son dirigidos por ellos y la mayoría está impulsada por ellos, entonces, ¿cómo se sostiene uno? ¿Con qué poder? Solo con uno lo suficientemente fuerte como para resistirlos. Y solo hay uno. Solo hay un antídoto.

El misterio de Elohim

La única respuesta a los dioses es Dios. Los poderes de ellos solo pueden ser superados por el poder de Dios. En las Escrituras hebreas la palabra que se usa para Dios es *Elohim*, que es plural. Habla del único Dios verdadero en su trascendencia e infinitud. Pero la misma palabra, usada como "Dios" es, en otros contextos, traducida como "*dioses*". La extraña propiedad de ese término revela una profunda verdad. Al final, se reducirá a un *Elohim* o al otro: el *Elohim* de Dios o el *elohim* de los dioses.

Cada uno de nosotros fuimos creados con un vacío que solo puede ser llenado por la presencia de Dios. Nuestros corazones poseen un vacío en forma de Dios. Así que no importa qué más tengamos, sin Dios nuestras vidas y nuestros corazones permanecen vacíos. Pero si no estamos llenos de Elohim, de Dios, terminaremos siendo llenos de los elohim, de los dioses. El elohim de los dioses se manifiesta en muchas formas y apariencias. Ya sea el elohim del dinero, el éxito, el placer, la aceptación, la obsesión por uno mismo, la adicción o cualquier otra cosa son —al final— elohim, sustitutos de la ausencia de aquel que es Elohim, Dios.

Cada uno de nosotros fuimos hechos para buscarlo y encontrarlo. Pero si no encontramos al Elohim de Dios, terminaremos sirviendo y adorando al elohim de los dioses. El mundo pagano estaba lleno de ellos. Pero el centro de ese mundo estaba vacío, oscurecido, inquieto, sin paz, propósito ni esperanza. Así que el apóstol Pablo describió la condición de los que vivían en el paganismo como

… sin esperanza y sin Dios en el mundo.[1]

La cultura moderna, habiéndose apartado de Dios y de los dioses, ahora está marcada por los mismos signos que una vez caracterizaron al antiguo mundo pagano: falta de propósito, vacío y desesperanza. Y la respuesta para el mundo moderno es la misma que para el antiguo y más aún: Dios.

Nadie entre los dioses

La respuesta es aún más específica. Cuando el mundo pagano fue liberado de su esclavitud a los dioses, fue a través de un nombre específico, el nombre de *Yeshúa*, Jesús. El nombre se destacó entre los dioses. En hebreo significa *"El Señor es salvación"*. Para el mundo pagano significaba que había un Dios y solo uno que podía traer libertad y redención.

Yeshúa, Jesús, fue único entre los dioses en todos los sentidos. No existió en un mundo mitológico de fantasía e imaginación sino en tiempo real y espacio real, en el reino de carne y hueso de la realidad histórica. No caminó por las regiones míticas del inframundo, los Campos Elíseos ni los pasillos de Valhalla, sino por los caminos secos y polvorientos de la Judea del primer siglo. El mensaje evangélico de su muerte y resurrección no se basó en un ciclo mitológico recurrente, sino en el relato histórico de aquellos que lo presenciaron y que no esperaban que sucediera ni lo entendieron cuando ocurrió, pero cuyas vidas fueron transformadas radicalmente por eso.

En su canto de alabanza a Dios, Moisés preguntó: "¿Quién como tú, oh Señor, entre los dioses?".[2] Nunca hubo entre los dioses otro como Yeshúa, Jesús de Nazaret. Nunca hubo uno entre los dioses con un mensaje tan totalmente centrado en un amor tan radical. Nunca hubo uno entre los dioses que les dijera a sus seguidores que debían amar incluso a sus enemigos y perdonar a quienes los perseguían.

Nunca hubo uno entre los dioses que fuera llamado "Amigo de los pecadores", ni uno que hubiera amado y tendido tanto la mano a los marginados, los rechazados, los quebrantados y los perdidos. Nunca hubo uno entre los dioses que pudiera decirle al mundo: *"Yo soy el camino, la verdad y la vida"*[3] y *"Venid a mí todos los que estáis trabajados y cargados, y yo os daré descanso"*,[4] e hiciera que esas palabras suenen verdaderas. Nunca hubo uno entre los dioses que no solo hablara de un amor tan radical sino que viviera y muriera realmente como su encarnación.

El otro altar

Donde había dioses, había altares. Ellos exigían sacrificios, incluso si eran los hijos de sus adoradores. Yeshúa también tenía un altar. Pero no había ninguno entre los altares de los dioses como el de él. Ningún dios había hecho lo que él hizo. En vez de exigir que se le diera un sacrificio, solo él dio su vida como holocausto. En vez de quitar la vida, *dio* la suya para que se le diera vida al mundo, a todos los que la recibieran.

En la primera Pascua, está escrito que los dioses de Egipto fueron llevados a juicio y el pueblo de Dios liberado de su esclavitud. No es casualidad que el día en que Jesús murió fuera el de Pascua. Porque es por eso que los poderes y fortalezas de los dioses se rompen. Y por eso, los que estaban esclavizados y bajo su servidumbre son hechos libres.

Él era lo opuesto a los dioses. Era su antídoto. A él pertenecía el poder de expulsar a los espíritus y poner en libertad a los endemoniados. No es casualidad que fuera él quien expulsó a los dioses del mundo pagano y liberó un imperio y una civilización que habían sido poseídos y gobernados por ellos.

El antídoto para los dioses

La singularidad de Yeshúa, Jesús, no se limitó al mundo antiguo. Su influencia e impacto en el orbe superaría y sobreviviría a la de cualquier otro líder, gobernante, poder, nación e imperio. Se convertiría en la figura central de nuestro planeta. Cada momento de la historia humana, cada evento que ocurrió en la tierra, estaría marcado y fechado por su relación con su nacimiento.

Incluso dos mil años después de su venida, aun en el mundo moderno, todavía no había nadie como él entre los dioses. No había ninguno tan temido y odiado por ellos. Los había expulsado del mundo antiguo y, a su regreso, harían la guerra contra él, contra su Palabra y su pueblo. Y así la persecución contra los cristianos sería mayor en el mundo de hoy que lo que había sido en el mundo antiguo, mayor que en los días de las arenas romanas.

Sin embargo, ese hecho reveló una verdad decisiva: él era, en el mundo moderno, tanto como lo había sido en el antiguo, el único antídoto para los dioses, la única respuesta. Tal como sucedió en el mundo antiguo, así también en el moderno: solo él tiene el poder para romper sus cadenas, derribar sus fortalezas, anular sus maleficios y maldiciones y liberar a sus cautivos.

La respuesta infinita

Así como la presencia de la oscuridad depende de la ausencia de luz, el poder de los dioses dependía y depende de la ausencia de Dios. Fue esa ausencia en el antiguo mundo pagano lo que les permitió gobernar y prosperar. Y fue esa misma ausencia en la apostasía del mundo actual lo que permitió el regreso de los dioses.

Por tanto, para lograr el dominio, los dioses tuvieron que separar a las naciones, las culturas y las civilizaciones de Dios, así como también a los individuos. Si uno se separa de Dios, está sujeto a los dioses, a los poderes de las tinieblas.

Sin embargo, el poder de Yeshúa —Jesús— es todo lo contrario. Es el poder que pone fin a la separación, que quita todo lo que nos ha separado de Dios, comenzando por el pecado, porque todos pecamos. Y un solo pecado es suficiente para crear una separación infinita de aquel que es infinitamente bueno. Una separación infinita requiere una respuesta infinita para cerrar la brecha. Y así, solo una vida infinita y un amor infinito, la vida y el amor de Dios dados en Yeshúa, en el sacrificio en la cruz, pueden llenar el vacío, poner fin a la separación y traer reconciliación y redención.

De forma que, el mensaje del evangelio que llegó al mundo pagano fue este: por la muerte de Jesús de Nazaret hay perdón por los pecados, por cada pecado; redención por cada vida y el fin de toda separación de Dios. Y, por su resurrección de la muerte, hay restauración de todo quebrantamiento, anulación de toda maldición y vida eterna, para todos los que la reciban.

Gehenna y el cielo

La generación de israelitas que siguieron a los dioses pereció en el juicio al sacrificar a sus hijos en el valle de Hinom. En hebreo, el valle de Hinom se llamaba *Gei Hinnom*. El nombre se convertiría en *Gehena*, que es otro calificativo para infierno. Los dioses los habían conducido allí. Los dioses conducen al infierno. Se empeñan en la muerte y la destrucción. Son los espíritus del infierno.

Sin embargo, el otro Dios está empeñado en el cielo y en la vida eterna. El mensaje de salvación es que Yeshúa, Jesús, cargó con tu juicio para que tú nunca tuvieras que enfrentarlo. Y por esa salvación, eres liberado de toda oscuridad, todo pecado, todo juicio y todo infierno; además de que te da vida, aquí, ahora y para siempre: en el cielo. Ese mensaje anula el poder del pasado, termina con la vida anterior y te ayuda a comenzar de nuevo, a nacer de Dios, del cielo, a nacer de nuevo.

El verdadero Dios y cómo recibirlo

No hay vida tan alejada de Dios que su misericordia no pueda alcanzarla. No hay pecado que uno haya cometido que sea tan grande que su perdón no sea aún mayor; ninguna atadura, ninguna adicción, ninguna cadena tan fuerte que pueda resistir su poder para romperla; ningún pasado tan profano, tan lleno de culpa y vergüenza, que su poder para redimirlo no sea aún mayor; y no hay oscuridad tan tenebrosa que su amor no sea aún más profundo. Él es la luz que expulsa toda oscuridad, la esperanza que vence toda desesperanza, la gracia que lava todo pecado, culpa y vergüenza, y el camino que rompe todo muro y barrera; el que hace posible lo que no era. Sus brazos todavía están abiertos y su amor está llamando. Solo hay que decir que sí para recibirlo, para recibirlo a él.

¿Cómo se hace eso? Es tan sencillo como abrir el corazón y la vida al amor de Dios, entregarle los pecados y las cargas, todo, recibirlo, dejar entrar su presencia en tu corazón, su luz en las tinieblas, su perdón, su limpieza, su Palabra, su paz, su Espíritu en cada parte de tu ser, para alejarte de toda oscuridad, todo pecado, todos los ídolos y todos los dioses, para poner la fe en Yeshúa, Jesús, como tu Señor y Salvador, y comenzar a seguirlo como su discípulo todos los días de tu vida.

Es tan simple como hacer de aquel, que es el único Señor, el verdadero Señor de tu vida, y de aquel que es el único Dios verdadero, el verdadero Dios de tu vida.

Cómo vencer al mundo

Y así volvemos a la pregunta: ¿Cómo vivir, entonces, en una civilización que se ha convertido en una casa de espíritus?

La única manera es mediante el poder de Dios. Es solo por su poder que uno puede enfrentarse a los dioses. Es solo por su amor que uno puede vencer todo odio. Solo por su gracia se puede vencer todo pecado. Solo por su mano se pueden romper las cadenas de toda esclavitud. Y solo por su luz se puede vencer la oscuridad de esta edad.

No importa cuán profunda sea la oscuridad, el mal o las probabilidades, la luz de Dios será aún mayor. Porque él es mucho más grande que todos los dioses. En él está la potencia para vencer los poderes de los dioses. Y en su Espíritu está el poder para vencer a los espíritus de la época.

Porque en los días de los dioses, uno nunca debe doblar la rodilla ante ningún ídolo, ninguna oscuridad o ningún mal. En los días de oscuridad, la luz no debe vacilar ni debilitarse, antes debe fortalecerse. Y si la oscuridad se vuelve aún más oscura, entonces la luz debe brillar mucho más sobre ella. Los que no se rindan, al final, prevalecerán.

El fin de los dioses

Los dioses han regresado. Han ascendido a los tronos del mundo de hoy. Procuran que toda rodilla se doble ante ellos. Pero su reino es falso, su autoridad ilegítima y sus días están contados.

Su reino terminará. Y a aquellos que hayan defendido la luz, que hayan vivido por ella, y que hayan creído, anhelado y esperado la luz, les vendrá la Luz y con esa Luz se levantarán y resplandecerán. A ellos vendrá el reino en el que no habrá más tinieblas, ni lágrimas, ni dolor, ni muerte.

◆◆◆

Los dioses han regresado. Pero sus días llegarán a su fin. Y el mal dará paso al bien, la falsedad a la verdad y la oscuridad al amanecer. Así que las ilusiones de la noche, sus sueños y pesadillas, se desvanecerán con el despertar del día, y los dioses desaparecerán con el resplandor de su venida, la venida de aquel que es la única Luz y el único Dios.

Epílogo

ESCRIBO ESTO DESPUÉS que terminé el libro. No iba a hacer un epílogo. Pero algo sucedió el día que concluí y tuve que cambiar de idea. Entonces me pidieron que escribiera algo más.

Terminé de escribir *El regreso de los dioses* el 24 de junio de 2022. De todos los días en los que lo desarrollé, ese fue precisamente el día en el que se dictó el fallo —quizás— más dramático de la Corte Suprema que se recuerde. El tribunal anuló el caso Roe v. Wade, el veredicto que declaró ilegal la prohibición del aborto en cualquier parte del país.

Mi libro anterior, *El Presagio II*, en inglés, salió en 2020 (y en español en 2021). En el capítulo titulado "La plaga" escribí sobre el Jubileo del aborto. En la Biblia, el jubileo era el año de la restauración, la restitución, la redención, la liberación, la libertad, la revocación y la ruina. El jubileo llegaba una vez cada cincuenta años.

El aborto solicitado comenzó en Estados Unidos en el año 1970. Entre sus pioneros se destacó Nueva York. Rápidamente se convirtió en la capital nacional del aborto. El profeta Jeremías advirtió a su nación que el derramamiento de la sangre de sus hijos conduciría al juicio. A la muerte de los pequeños se respondería con el aniquilamiento de la generación que los había asesinado. Una de las formas en que vendría esa muerte, según la profecía de Jeremías, sería en forma de plaga.

El quincuagésimo año después de que Nueva York legalizara el aborto solicitado llegó a su fin en 2020. Fue el año jubilar de la entrada del aborto en Estados Unidos. Ese año la muerte llegó a Estados Unidos de América como en la antigüedad, en forma de peste. La plaga recibió el nombre de COVID-19.

Las conexiones entre lo que sucedió en 2020, cuando la peste azotó a Estados Unidos, y lo ocurrido en 1970, cuando Estados Unidos comenzó a abrazar el aborto, y lo que sucedió después, fueron sorprendentes y espeluznantes. Esas conexiones, que expresé en *El Presagio II*, implicaban correlaciones de lugares, tiempos y fechas exactas. En el año del Jubileo, si tomabas lo que no te pertenecía, lo que tomaste te sería quitado. Estados Unidos de América se había llevado la vida. Ahora, en el año del Jubileo, le sería quitada la vida a Estados Unidos de América.

Sin embargo, hubo otro año y otro misterio. Lo que comenzó en 1970 culminó en 1973 cuando la Corte Suprema falló a favor del caso Roe v. Wade y, de hecho, hizo del aborto la ley del país. Eso significaba que se acercaba otro Jubileo. ¿Cuándo fue el año jubilar del fallo del Tribunal Supremo?

El quincuagésimo año comenzó el 22 de enero de 2022 y durará hasta el 22 de enero de 2023.

En *El Presagio II* escribí esto sobre el quincuagésimo año del aborto en Estados Unidos:

El Jubileo fue la inversión de lo que se había hecho desde el último Jubileo.[1]

De forma que, en el año jubilar de 2022, se revirtió lo que había ocurrido en 1973: Roe v. Wade. Lo que se había hecho se deshizo. La Corte Suprema del año quincuagésimo había revocado y deshecho el fallo de la Corte Suprema cincuenta años antes.

El último de los tres dioses que componen la trinidad oscura es Moloc. Él era, como hemos visto, el dios especialmente conocido por el sacrificio de niños y, por lo tanto, el principado más especialmente ligado al aborto y lo que hay detrás de ello. Fue sorprendente que las últimas revisiones necesarias para el libro en los días previos al fallo de la Corte Suprema se centraran en los sacrificios al dios Moloc.

El fallo que anuló Roe v. Wade no puso fin al aborto. No puso fin al reinado de Moloc. Pero sí inauguró una vuelta atrás. En muchas partes de la nación, dejaría inoperables sus altares o los eliminaría por completo.

Hubo momentos en la historia del antiguo Israel en que la nación se salvó al borde del juicio. Sucedió en los días del avivamiento espiritual, cuando la nación se volvió a Dios. La señal más destacada de ese renacimiento y ese retroceso fue el derribo o la remoción de los altares que salpicaban la tierra en honor a los dioses, específicamente los altares de Baal y Moloc.

A raíz de la decisión de la Corte Suprema en 2022, Estados Unidos sería testigo, en muchas de sus regiones, de la remoción y destrucción de los altares modernos de Moloc. ¿Sería eso una señal de avivamiento, el comienzo del regreso de una nación a Dios y su restauración?

¿O sería una anomalía por la cual la nación se dividirá aún más mientras continúa su alejamiento de Dios y su caída? Si va a ser lo segundo, entonces el futuro es el juicio. Si va a ser lo primero, entonces debe venir a través de la oración, el arrepentimiento, un verdadero regreso, un auténtico cambio y un indiscutible avivamiento espiritual. El cambio de leyes, al final, fracasará si no hay también un cambio de corazones. Y la transformación de los corazones viene de Dios y a través del avivamiento.

Es significativo el hecho de que *El regreso de los dioses* se completó el día en el que la Corte Suprema, después de cincuenta años, anuló su sentencia sobre el aborto. El libro descubre a los dioses y sus obras en nuestros días. La sentencia de la Corte Suprema fue un retroceso para Moloc. Fue un acto de vida contra la muerte. Fue una resistencia contra los dioses, el derrumbamiento de sus altares.

Y fue una señal para todos aquellos que buscan caminar en las sendas de Dios y que son llamados por su nombre a cobrar ánimo, pasión, fuerza, esperanza y valentía, así como también a vivir sin dobleces ante los dioses. Es tiempo de ser fuertes y de tener buen ánimo. Es hora de ser audaces. Es hora de dejar de lado todo miedo y preocupación, y asumir una posición contra la oscuridad y por la luz.

La oscuridad terminará, pero la luz será para siempre. Y así como está escrito, "fortaleceos en el Señor y en el poder de su fuerza, porque mayor, mucho mayor es el que está en vosotros que el que está en el mundo".

—Jonathan Cahn
25 de junio de 2022

Notas

Capítulo 3

1. Deuteronomio 32:17, traducción del autor.
2. Salmos 106:36-37, traducción del autor.
3. *Brenton Septuagint Translation*, traducción del autor.
4. 1 Corintios 10:20, énfasis agregado, traducción del autor.

Capítulo 5

1. Hechos 16:16.
2. R. A. Tomlinson, "Delphi", Encyclopedia of Ancient Greece, ed. Nigel Wilson (Routledge, 2006), www.google.com.

Capítulo 6

1. Mateo 12:43-44.
2. Mateo 12:45.
3. Mateo 12:44.
4. Mateo 12:45.

Capítulo 7

1. Efesios 6:12.

Capítulo 8

1. John Winthrop, "A Modell of Christian Charity", sermon, 1630, https://history.hanover.edu/texts/winthmod.html.

Capítulo 9

1. Jueces 2:11-12, énfasis agregado.
2. Eusebius, Praeparatio Evangelica, Book I, 1903, www.tertullian.org.

Capítulo 10

1. "Pledge of Allegiance to the Flag; Manner of Delivery", United States Code, Title 4, chapter 1, section 4, 2018, www.govinfo.gov.
2. Jueces 3:7.
3. Jeremías 23:27.
4. 2 Reyes 17:15-16.
5. Éxodo 20:3.
6. 2 Reyes 17:16.

7. Ver, por ejemplo, Jon Meacham, "Meacham: The End of Christian America", *Newsweek*, 3 de abril de 2009, www.newsweek.com; Norman Wirzba, "Why We Can Now Declare the End of 'Christian America,'" Washington Post, 25 de febrero de 2016, www.washingtonpost.com.

Capítulo 12

1. 2 Reyes 17:16, énfasis agregado.
2. Wikipedia, s.v. "Charging Bull", modificado el 16 de abril de 2022, https://en.wikipedia.org.
3. Dianne L. Durante, *Outdoor Monuments of Manhattan* (NYU Press, 2007), c. 5, www.google.com.
4. George Washington, "Washington's Inaugural Address of 1789", National Archives, 30 de abril de 1789, https://www.archives.gov.

Capítulo 14

1. Oseas 11:2.
2. Isaías 2:8.
3. Hechos 17:16.
4. Hechos 17:29.
5. Salmos 115:4-5, 8; énfasis agregado.

Capítulo 15

1. Guglielmo Mattioli, "ISIS-Destroyed Palmyra Arch Recreated in NYC", *Metropolis*, 21 de septiembre de 2016, https://metropolismag.com.

Capítulo 16

1. Éxodo 32:7, énfasis agregado.

Capítulo 17

1. Eva Anagnostou-Laoutides and Michael B. Charles, "Herodotus on Sacred Marriage and Sacred Prostitution at Babylon", *Kernos* 31, www.doi.org, énfasis agregado.

Capítulo 18
1. Jueces 2:13, énfasis agregado.
2. Jueces 10:6, énfasis agregado.
3. 1 Samuel 12:10.

Capítulo 20
1. Morris Silver, "Temple/Sacred Prostitution in Ancient Mesopotamia Revisited", PDFCoffee, consultado el 25 de mayo de 2022, www.pdfcoffee.com.
2. "Hymn to Inana as Ninegala (Inana D)", Electronic Text Corpus of Sumerian Literature, consultado el 25 de mayo de 2022, https://etcsl.orinst.ox.ac.uk/section4/tr4074.htm.
3. Rivkah Harris, "Inanna-Ishtar as Paradox and a Coincidence of Opposites", *History of Religions* 30, (febrero de 1991), www.jstor.org.
4. "Hymn to Inana as Ninegala (Inana D)".
5. Melissa Hope Ditmore, ed., *Encyclopedia of Prostitution and Sex Work*, vol. 1 (Greenwood Press).
6. Harris, "Inanna-Ishtar as Paradox and a Coincidence of Opposites".

Capítulo 21
1. Edward Kern, "Can It Happen Here?", *LIFE*, 17 de octubre de 1969, 77, https://books.google.com .

Capítulo 22
1. 1 Reyes 11:7.
2. Levítico 18:21.
3. 2 Reyes 23:10.
4. John Milton, *Paradise Lost*, I.392-396, https://www.paradiselost.org.
5. Winston Churchill, The Gathering Storm (Houghton Mifflin, 1948).
6. Diodorus Siculus, The Library of History, consultado el 6 de junio de 2022, https://penelope.uchicago.edu/Thayer/E/Roman/Texts/Diodorus_Siculus/20A*.html#3.
7. Jeremías 32:35.

Capítulo 23
1. Deuteronomio 1:31.
2. Salmos 127:3, NLT.
3. Salmos 139:13, 15-16.
4. Mateo 19:14.
5. Mateo 18:3-5.

6. Citado en *A Dictionary of Early Christian Beliefs*, ed. David W. Bercot, s.v. "abortion, infanticide" (Hendrickson Publishers, 2013).
7. *A Dictionary of Early Christian Beliefs*, ed. David W. Bercot, s.v. "abortion, infanticide", énfasis agregado.

Capítulo 25
1. Carrie Ann Murray, *Diversity of Sacrifice: Form and Function of Sacrificial Practices in the Ancient World and Beyond* (State University of New York Press, 2017), 106.
2. Isaías 49:15.
3. Plutarch, *Moralia, De Superstitione*, 13, ed. Frank Cole Babbitt, Perseus Digital Library, 6 de junio de 2022, www.perseus.tufts.edu.
4. Diodorus Siculus, *The Library of History*, XX.14.4.
5. Plutarch, *Moralia, De Superstitione*.
6. Albert I. Baumgartner, *The Phoenician History of Philo of Byblos* (Brill, 1981).
7. Plato, Minos, 315b-315c, trans. W. R. M. Lamb, Perseus Digital Library, consultado el 6 de junio de 2022, www.perseus.tufts.edu.
8. Ginette Paris, The Sacrament of Abortion, trans. Joanna Mott (Spring Publications), énfasis agregado.
9. Sarah Terzo, "Clinic Owner: Abortion Is a Sacrament and Done for Love of the Baby", NRL News Today, April 27, 2016, www.nationalrighttolifenews.org, énfasis agregado.
10. Paris, The Sacrament of Abortion, énfasis agregado.
11. Ginette Paris, The Psychology of Abortion, 2nd ed., originally published as The Sacrament of Abortion (Spring Publications, 2007), énfasis agregado.
12. Paris, The Sacrament of Abortion, énfasis agregado.

Capítulo 26
1. Jeremías 19:4, énfasis agregado.
2. Jeremías 7:31.

Capítulo 27
1. "A Shir-Namshub to Inana (Inana I)", A:16-22, Electronic Text Corpus of

Sumerian Literature, 28 Mayo de 2022, https://etcsl.orinst.ox.ac.uk.

2. Harris, "Inanna-Ishtar as Paradox and a Coincidence of Opposites".

3. "A Hymn to Inana for Išme-Dagan (Išme-Dagan K)", Electronic Text Corpus of Sumerian Literature, 28 de mayo de 2022, www.etcsl.orinst.ox.ac.uk.

Capítulo 28

1. Joshua J. Mark, "Inanna", World History Encyclopedia, 15 de octubre de 2010, www.worldhistory.org.

2. "Inana and Ebiḫ", 1-6, Electronic Text Corpus of Sumerian Literature, consultado el 28 de mayo de 2022, https://etcsl.orinst.ox.ac.uk.

3. "A Hymn to Inana for Išme-Dagan (Išme-Dagan K)", énfasis agregado.

4. Silver, "Temple/Sacred Prostitution in Ancient Mesopotamia Revisited", énfasis agregado.

5. Betsey Stevenson and Justin Wolfers, "The Paradox of Declining Female Happiness", Yale University, consultado el 26 de mayo de 2022, www.law.yale.edu.

Capítulo 29

1. Gina Konstantopoulos, "My Men Have Become Women, and My Women Men: Gender, Identity, and Cursing in Mesopotamia", Die Welt des Orients (2020), www.doi.org.

2. "A Hymn to Inana for Išme-Dagan (Išme-Dagan K)", énfasis agregado.

3. Konstantopoulos, "My Men Have Become Women".

4. Zainab Bahrani, Women of Babylon: Gender and Representation in Mesopotamia (Routledge, 2001).

Capítulo 30

1. Hazel Loveridge, "Inanna, Androgynous Queen of Heaven and Earth", Academia, 28 de mayo de 2022, www.academia.edu.

2. Loveridge, "Inanna, Androgynous Queen of Heaven and Earth".

3. Jake Thomas, "Disney Addresses Removal of 'Ladies and Gentlemen, Boys and Girls' in Video", 29 de marzo de 2022, www.newsweek.com.

4. "A Hymn to Inana for Išme-Dagan (Išme-Dagan K)", 19-31.

Capítulo 31

1. Gordon H. Johnston, "Nahum's Rhetorical Allusions to Neo-Assyrian Treaty Curses", Bibliotheca Sacra 158 (October-December 2001): 415-436, www.academia.edu.

2. "A Hymn to Inana for Išme-Dagan", (Išme-Dagan K), énfasis agregado.

Capítulo 32

1. "A Hymn to Inana for Išme-Dagan", (Išme-Dagan K), énfasis agregado.

2. Kelsie Ehalt, "Assumptions About the Assinnu: Gender, Sex, and Sexuality in Ancient Texts and Modern Scholarship" (master's thesis, Brandeis University, 2021), https://scholarworks.brandeis.edu, énfasis agregado.

3. Nadav Na'aman, "The Ishtar Temple at Alalakh", Journal of Near Eastern Studies 39, www.jstor.org.

4. "A Shir-Namshub to Inana (Inana I)", A:16-22.

5. Ciaran McGrath, "Investigation as Number of Girls Seeking Gender Transition Treatment Rises 4,515 Percent", Express, actualizado el 16 de septiembre de 2018, www.express.co.uk.

Capítulo 34

1. Emma Lazarus, "The New Colussus", National Park Service, November 2, 1883, www.nps.gov.

2. "Inana and Mt. Ebih", The Ishtar Gate, consultado el 30 de mayo de 2022, www.theishtargate.com.

3. "The Descent of Ishtar", Sources for the History of Western Civilization, ed. Michael Burger, 2nd edition (University of Toronto Press, 2015).

Capítulo 35

1. Julia Assante, "Sex, Magic and the Liminal Body in the Erotic Art and Texts of the Old Babylonian Period", Sex and Gender in the Ancient Near

East, eds. Simo Parpola and Robert M. Whiting, www.academia.edu.

2. Assante, "Sex, Magic and the Liminal Body in the Erotic Art and Texts of the Old Babylonian Period".

3. "A Shir-Namshub to Inana (Inana I)", A:16-22, énfasis agregado.

4. Samuel Noah Kramer, *The Sacred Marriage Rite: Aspects of Faith, Myth, and Ritual in Ancient Sumer* (Indiana University Press, 1969).

5. Thorkild Jacobsen, "Pictures and Pictorial Language (The Burney Relief)", *Figurative Language in the Ancient Near East*, eds. M. Mindlin, M. J. Geller, and J. E. Wansbrough (Taylor & Francis).

6. Richard A. Henshaw, *Female and Male: The Cultic Personnel: The Bible and the Rest of the Ancient Near East* (Pickwick Publications, 1994), 313; "Inana and Enki", Segment I, 41-46, Electronic Text Corpus of Sumerian Literature, May 28, 2022, www.etcsl.orinst.ox.ac. uk; Loveridge, "Inanna, Androgynous Queen of Heaven and Earth".

Capítulo 36

1. "Inana and Enki", A:41-46, Electronic Text Corpus of Sumerian Literature, 11 de junio de 2022, https://etcsl.orinst. ox.ac.uk.

2. "A Shir-Namshub to Inana (Inana I)", A:16-22.

3. "A Šir-Namursaĝa to Ninsiana for Iddin-Dagan (Iddin-Dagan A)", 45-58, Electronic Text Corpus of Sumerian Literature, consultado el 28 de mayo de 2022, https://etcsl.orinst.ox.ac.uk/cgi-bin/etcsl.cgi?text=t.2.5.3.1#.

Capítulo 37

1. Epic of Gilgamesh, 29 de mayo de 2022, https://archive.org/stream/TheEpicofGilgamesh_201606/eog_djvu.txt.

2. Epic of Gilgamesh, trans. Maureen Gallery Kovacs, Ancient Texts, consultado el 28 de mayo de 2022, www.ancienttexts.org.

3. Epic of Gilgamesh, trans. Maureen Gallery Kovacs, énfasis agregado.

Capítulo 38

1. "Hymn to Inana as Ninegala (Inana D)", 1-8.

2. Ronald M. Glassman, The Origins of Democracy in Tribes, City-States and Nation-States, vol. 1 (Springer).

3. "Inana and Ebih", 7-9, Electronic Text Corpus of Sumerian Literature, consultado el 28 de mayo de 2022, https://etcsl.orinst.ox.ac.uk.

4. Jeremy A. Black, ed., *The Literature of Ancient Sumer* (Oxford University Press, 2006).

5. Citado en Theodore J. Lewis, "CT 13.33-34 AND EZEKIEL 32: LION-DRAGON MYTHS", Academia, consultado el 30 de mayo de 2022, www.academia.edu.

Capítulo 39

1. "Descent of the Goddess Ishtar Into the Lower World", Sacred Texts, 30 de Mayo de 2022, www.sacred-texts.com.

2. David Carter, *Stonewall: The Riots That Sparked the Gay Revolution* (St. Martin's Press, 2004).

3. "The Descent of Ishtar", Columbia University, consultado el 31 de mayo de 2022, www.columbia.edu.

4. "Inana's Descent to the Nethre World", Electronic Text Corpus of Sumerian Literature, consultado el 28 de mayo de 2022, https://etcsl.orinst.ox.ac.uk/section1/tr141.htm.

5. "The Exaltation of Inana (Inana B)", Electronic Text Corpus of Sumerian Literature, consultado el 28 de mayo de 2022, https://etcsl.orinst.ox.ac.uk/section4/tr4072.htm, 20-33.

6. "Inana and Ebih", 131-137.

7. "Inana and Ebih", 1-6.

8. James B. Pritchard, *The Ancient Near East: An Anthology of Texts and Pictures* (Princeton University Press, 2021).

9. Diane Wolkstein and Samuel Noah Kramer, Inanna: *Queen of Heaven and Earth* (Harper & Row, 1983).

Capítulo 40

1. Benjamin Read Foster, Before the Muses: An Anthology of Akkadian Literature (CDL Press, 2005).

2. Epic of Gilgamesh, trans. Kovacs.

3. Stephanie Budin, *The Myth of Sacred Prostitution in Antiquity* (Cambridge University Press, 2008).
4. Marten Stol, *Women in the Ancient Near East* (DeGruyter, 2016).
5. Norman Yoffee, *Myths of the Archaic State* (Cambridge University Press, 2004).
6. Epic of Gilgamesh, trans. N. K. Sanders, Maricopa Community College, consultado el 31 de mayo de 2022, https://open.maricopa.edu/worldmythologyvolume2heroicmythology/chapter/the-epic-of-gilgamesh/.
7. Donn Teal, *The Gay Militants* (St. Martin's Press, 1971), 21.
8. Donn Teal, *The Gay Militants*.
9. Stephanie Dalley, *Myths From Mesopotamia* (Oxford University).
10. "The Exaltation of Inana (Inana B)".
11. Carter, *Stonewall*, 175.

Capítulo 41

1. S. Langdon, Tammuz and Ishtar (Oxford University Press, 1914).
2. Vladimir Emeliav, "Cultic Calendar and Psychology of Time: Elements of Common Semantics in Explanatory and Astrological Texts of Ancient Mesopotamia", Comparative Mythology 5, no. 1 (December 2019), www.academia.edu.

Capítulo 42

1. Wolkstein and Kramer, Inanna, 97.

Capítulo 43

1. Wolkstein and Kramer, Inanna, 97.
2. Wolkstein and Kramer, Inanna, 99.
3. Cheryl Morgan, "Evidence for Trans Lives in Sumer", Notches (blog), 2 de mayo de 2017, https://notchesblog.com/2017/05/02/evidence-for-trans-lives-in-sumer/.
4. Gordon J. Wenham, "The Old Testament Attitude to Homosexuality", *Expository Times* 102, no. 9 (1991): 259-263, https://biblicalstudies.org.uk/article_attitude_wenham.html.
5. Wolkstein and Kramer, Inanna, 97.

6. "Ancient Babylon", Let There Be Light Ministries, consultado el 31 de mayo de 2022, http://www.lightministries.com/id955.htm.
7. Gwendolyn Leick, ed., *The Babylonian World* (New York: Routledge, 2007).
8. Leick, *The Babylonian World*.
9. "A Hymn to Inana (Inana C)", 1-10, 73-79, Electronic Text Corpus of Sumerian Literature, consultado el 28 de mayo de 2022, https://etcsl.orinst.ox.ac.uk/cgi-bin/etcsl.cgi?text=t.4.07.3#, énfasis agregado.
10. Géza G. Xeravits, ed., *Religion and Female Body in Ancient Judaism and Its Environments* (DeGruyter).

Capítulo 44

1. Sappho, "Ode to Aphrodite", All Poetry, consultado el 31 de mayo de 2022, https://allpoetry.com/poem/14327741-Ode-To-Aphrodite-by-Sappho.
2. Hugh G. Evelyn-White, "Hymn 6 to Aphrodite", Tufts University, 1914, www.perseus.tufts.
3. Wolkstein and Kramer, Inanna, 99.
4. Wolkstein and Kramer, Inanna, 99.
5. Wolkstein and Kramer, Inanna, 99.

Capítulo 45

1. *Jamieson, Fausset, and Brown Commentary on the Whole Bible*, Deluxe Edition, s.v. "Tammuz" (Delmarva, 2013), énfasis agregado.
2. *Joseph Benson, Commentary on the Old and New Testaments*, "Ezekiel 8:14", Bible Comments, consultado el 31 de mayo de 2022, www.biblecomments.org.
3. Hieronymus, Commentarii, in Ezechielem, III.8.36, Monumenta, consultado el 31 de mayo de 2022, www.monumenta.ch, énfasis agregado.
4. Hieronymus, Commentarii, in Ezechielem, III. 8.36, énfasis agregado.
5. International Standard Bible Encyclopedia Online, "Tammuz", consultado el 31 de mayo de 2022, www.internationalstandardbible.com.
6. Lucian, The Syrian Goddess (n.p.: Phoemixx Classics Ebooks, 2021), www.google.com.

7. Eusebius, "Chapter LV.—Overthrow of an Idol Temple, and Abolition of Licentious Practices, at Aphaca in Phœnicia", Christian Classics Ethereal Library, consultado el 31 de mayo de 2022, www.ccel.org.

8. Socrates Scholasticus, "Chapter XVIII.—The Emperor Constantine Abolishes Paganism and Erects Many Churches in Different Places", Christian Classics Ethereal Library, consultado el 31 de mayo de 2022, www.ccel.org.

Capítulo 46

1. S. G. F. Brandon, *Man and His Destiny in the Great Religions* (Manchester University Press, 1962).

2. "To Ishtar", Cuneiform Digital Library Initiative, consultado el 31 de mayo de 2022, https://cdli.ox.ac.uk/wiki/doku.php?id=to_ishtar.

3. Wolkstein and Kramer, Inanna, 95.

4. Epic of Gilgamesh, trans. N. K. Sanders.

5. "To Ishtar", Cuneiform Digital Library Initiative.

6. "Inana and Shu-kale-tuda", Electronic Text Corpus of Sumerian Literature, consultado el 28 de mayo de 2022, https://etcsl.orinst.ox.ac.uk/section1/tr133.htm, énfasis agregado.

Capítulo 47

1. Langdon, Tammuz and Ishtar, énfasis agregado.

2. Emeliav, "Cultic Calendar and Psychology of Time".

Capítulo 48

1. "Inana and Shu-kale-tuda", énfasis agregado.

Capítulo 49

1. "A Hymn to Inana (Inana C)".

Capítulo 50

1. "The Baal Epic", Hanover College, consultado el 31 de mayo de 2022, https://history.hanover.edu/courses/excerpts/260baal.html.

2. "Inana and Ebih", 25-36.

Capítulo 52

1. Efesios 2:12.

2. Éxodo 15:11.

3. Juan 14:6, énfasis agregado.

4. Mateo 11:28, énfasis agregado.

5. Epílogo

6. Jonathan Cahn, *El Presagio II* (Casa Creación, 2021).

Acerca de Jonathan Cahn

JONATHAN CAHN CAUSÓ revuelo en todo el mundo con el lanzamiento del éxito de ventas *El presagio*, calificado por el *New York Times* y sus posteriores best sellers. Se ha dirigido a miembros del Congreso y hablado en las Naciones Unidas. Fue nombrado, junto con Billy Graham y Keith Green, como uno de los cuarenta principales líderes espirituales de los últimos cuarenta años "que cambiaron radicalmente nuestro mundo". Se le conoce como voz profética de nuestro tiempo y por la apertura de los profundos misterios de Dios. Jonathan dirige Hope of the World, un ministerio que lleva la Palabra al mundo y patrocina proyectos de compasión para los más necesitados del orbe; y Beth Israel/Jerusalem Center, la base de su ministerio y centro de adoración en Wayne, Nueva Jersey, en las afueras de la ciudad de Nueva York. Es un orador muy solicitado en todo Estados Unidos de América y el mundo.

Para ponerse en contacto con él, recibir actualizaciones proféticas, recibir obsequios de su ministerio (mensajes especiales y mucho más), conocer sus más de dos mil mensajes y misterios, obtener más información, contactarlo o participar en la Gran Comisión, usa los siguientes contactos:

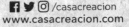

Te invitamos a que visites nuestra página web, donde podrás apreciar la pasión por la publicación de libros y Biblias:

www.casacreacion.com

f @CASACREACION

🐦 @CASACREACION

📷 @CASACREACION

Para vivir la Palabra